JOHAN TURI Erzählung vom Leben der Lappen

JOHAN TURI

Erzählung vom Leben der Lappen

Überliefert von Emilie Demant
und aus dem Dänischen übersetzt
von Mathilde Mann
mit 10 Federzeichnungen
des Verfassers

Eichborn Verlag
Frankfurt am Main 1993

Reprint der limitierten Bleisatzausgabe
Umschlag: Uwe Gruhle
Satz: Greno, Nördlingen
Druck und Bindung: Wiener Verlag, Himberg bei Wien
ISBN 3-8218-4430-2

JOHAN OLAFSSON TURI,

der dies Buch geschrieben hat, ist in der Nähe von Kautokeino[1] geboren. Das Datum seiner Geburt steht in irgendeinem Kirchenbuche. Wahrscheinlich ist es ein halbes Jahrhundert her, seitdem er zum erstenmal in ein Renkalbfell gewickelt wurde. Er selbst weiß nicht, wie viele Sommersonnen und wie viele Winterschneetreiben sein Gesicht gebissen und gebrannt und seiner Seele ihre Spuren eingeprägt haben. Johan Turi ist Berglappe; er hat sein ganzes Leben als Nomade gelebt und ist mit Rentieren in der Wildnis umhergezogen; aber ihm waren die Rentiere nicht ein und alles, wie den meisten andern Lappen. Turi hat das uralte Jägerblut in sich. Schon als er ein ganz kleiner Junge war, hat das Leben und Treiben der wilden Tiere ihn immer mehr interessiert als das Hüten der Rentierherden, obwohl er auch als Rentierwächter seine Arbeit gewissenhaft, redlich und pflichttreu verrichtet hat, so wie er in allem pflichttreu war; aber vor wenigen Jahren gab er doch das Rentierhüten auf und überließ sich ganz seiner Lust, gegen den schlimmsten Feind des Rentieres, den Wolf, zu kämpfen. Und es ist eine ganz imponierende Anzahl von Wölfen und anderen gefährlichen Raubtieren, die er ins Jenseits befördert hat. Im Sommer und im Frühherbst, wenn noch keine Jagdzeit ist, fischt er; aber sobald der erste Spurschnee die Wege der wilden Tiere verrät, sieht er seine Fanggerätschaften und Schneeschuhe nach und geht seiner Wege, und von dem Tage an weiß niemand mit Sicherheit, wo Turi den langen Winter über zu finden ist. Seine Lebensbedingungen sind dann nicht viel besser als die der wilden Tiere, die er verfolgt. Auf

[1] Kautokeino liegt in Finnmarken, dem nördlichsten Kreis in Norwegen, und hat 900 Einwohner, größtenteils Lappen.

seinen langen Schneeschuhen gleitet er über die gefrorenen Sümpfe und über die Berge dahin, und der Schnee, der Mond, die Sterne und die Nordlichter machen es ihm möglich, sich in der dunklen Zeit zurechtzufinden, und oft, sehr oft, übernachtet er da drinnen in der Wildnis. Dann bereitet er sich ein Lager aus Reisig auf dem Schnee, zieht den äußeren Pelz über den Kopf hinauf, damit das Gesicht nicht erfriert, und so schläft er sicher unter dem mächtigen Himmel, selbst wenn es so friert, daß das Eis singt und die Bäume ächzen. Ruhig legt sich Turi in der mächtigen Natur schlafen. Die Schrecken der Wildnis haben keine Macht über ihn; wohl lebt er in ihrem Geheimnis, er glaubt an all das Böse, das einem Menschen schaden kann, aber er glaubt auch, daß dem Unschuldigen nichts Böses etwas anhaben kann, und mit Güte und Ehrerbietung behandelt er alles, womit er da draußen in Berührung kommt: so wendet er die »Kräfte des Hasses« ab, damit ihm nichts Schaden tun kann. Johan Turi ist naiv und primitiv in seiner Lebensführung und in seinem Verhältnis zu der Natur wie das Volk, dem er angehört; aber er teilt nicht dessen Mißtrauen gegen Menschen einer anderen Rasse; er denkt gut von den andern; er ist im Besitz eines so kultivierten Herzens und so vieler Menschenkenntnis, daß er nachsichtig mit ihren Fehlern und Schwächen ist; er hat sich so viel in der großen Natur bewegt, daß die Macht der Wildnis ihn gelehrt hat, auch das Leben groß anzusehen. Er spricht nicht viel, aber seine von Wind und Wetter zusammengekniffenen blauen Augen sehen tiefer in Menschen und Verhältnisse hinein, als wir ahnen. Er zieht seine Schlußfolgerungen, er grübelt nach, teilt aber die Resultate niemandem mit. Wem sollte er sie wohl auch mitteilen? Seine eigenen Leute würden ihn nicht verstehen, und mit Ausnahme des Finnischen beherrscht er keine andere Sprache, weder das Norwegische noch das Schwedische, so, daß er ausdrücken könnte, was er denkt. Er lebt in seiner eigenen Welt — und die ist weder eng noch arm — ausgefüllt von dem morgigen Tag; er hat so vieles, worüber er nachsinnt, und ist immer mit irgendeinem Vorhaben beschäftigt. Er arbeitet nicht schnell; aber alles, was er macht, das macht er gut. Er denkt nicht schnell; aber er denkt gründlich. Er spricht nicht schnell; aber was er sagt, hat er durchdacht.

In Turis Gehirn hat dies Buch seit vielen Jahren gelebt. Er sah die Kämpfe seines Volkes, oder vielmehr sein Zurückweichen vor der Übermacht; er sah die Grenzen näher und näher rücken, als ein Verbot gegen die Berechtigung der Nomaden zu leben. Er sah, daß, wenn es so weitergeht, es zu Tod und Untergang für das Volk führen muß, dem er angehört und dessen Leben er lebt. Und ebensowenig wie Johan Turi das Mißtrauen des Lappen gegen Menschen teilt, ebensowenig teilt er ihre Ängstlichkeit und Vorsicht; er sagt in seiner Naivität: »Wahrheit ist Wahrheit, und wenn ich bloß die Wahrheit rede, habe ich nichts zu fürchten.« Er trifft ganz sicher ins Schwarze, wenn er meint, daß nur Mangel an gründlicher Kenntnis von dem Leben und den Verhältnissen der Nomaden die Wurzel all des Übels ist, das von den um sie her wohnenden Völkern über sie gebracht wird.

Turi wollte aufschreiben, was er dachte, er wollte von dem Leben des Bergvolkes erzählen; aber es nahm keinen rechten Fortgang. Die Arbeit war ihm ungewohnt, und der Hindernisse waren viele. Schreiben konnte er wohl; auch seine eigene Sprache lesen; beides hat er sich selbst als erwachsener Mensch gelehrt — Turi hat niemals irgendwelchen Schulunterricht genossen —; aber da waren andere Hindernisse. Zuerst schrieb er in finnischer Sprache — er war daran gewöhnt, seine eigene Sprache als zu gering zu betrachten, als daß ein geschriebenes Buch irgendwelchen Erfolg haben könne — und wohl kann er finnisch sprechen, aber doch fließen die Gedanken am leichtesten in der Muttersprache. Dann kam auch noch hinzu, daß ihn sowohl Finnen als auch Lappen verhöhnten, weil er sich mit etwas so Zwecklosem wie Schreiben beschäftigen wollte. Sie verurteilten es als brotlose Zeitvergeudung, und Turi dachte hin und wieder, daß sie am Ende recht hätten, obwohl er keine Familie hat, der er Rechenschaft über seine Zeit schuldet. Es gab ja auch Leute unter ihnen, die ihn ermunterten, freundlich gesinnte Schweden, denen er seine Pläne anvertraute, um sein ihn im Stich lassendes Selbstvertrauen zu stärken; aber es ist leichter zu träumen und zu wollen, als zu handeln.

Jetzt ist das Buch — Turis Buch von Lappland — dennoch Wirklichkeit geworden, und dafür muß man Hjalmar Lundbohm in Kiruna danken, der sich erbot, alles, was die Veröffentlichung des Buches betraf, zu übernehmen, wenn es nur von Turis Hand fertig vorliege. Als Turi das hörte, faßte er ernstlich seinen Entschluß. Jetzt sollte es geschrieben werden. Wenn der »Disponenti« selber an ihn glaubte und sich seiner Arbeit annehmen wollte, dann gab es keinen Zweifel mehr. So ließ er sie denn reden, alle, die ihn fragten, ob er Tagelohn für seine Arbeit bekäme. Jetzt sollte der Traum verwirklicht werden.

Die, der die Freude zuteil wurde, diese Arbeit zu ordnen und zu übersetzen, wohnte während der Monate, in denen Johan Turi schrieb, zusammen mit ihm. Ein schaffender Geist darf in seinen Betrachtungen von häuslichen Sorgen wie Speisenzubereitung und dergleichen nicht gestört werden. Deswegen war eine weibliche Hilfe keineswegs überflüssig. Turi und ich waren außerdem alte Bekannte. Ich hatte ihn getroffen, als ich mich im Jahr 1904 auf einer kurzen Sommerreise in Lappland befand. Schon damals hatte ich meinen Entschluß gefaßt, ein Jahr mit den Berglappen zusammenzuleben und sie auf ihren Wanderungen zu begleiten. Ein langjähriger Traum, den ich gern verwirklicht sehen wollte! Als Turi von meinem in seinen Augen sonderbaren Vorhaben hörte, erbot er sich, mir behilflich zu sein, soweit es ihm möglich wäre, sowie dafür zu sorgen, daß ich bei guten Lappen wohnte: ein Versprechen, das er auch redlich gehalten hat, als ich zu Anfang Juni 1907 wieder da hinaufkam. Ich hatte das Glück, meinen Plan durchführen zu können. Und am 20. Juli 1908 kehrte ich wieder zu meinem Ausgangspunkt zurück, nachdem ich das reichste und merkwürdigste Jahr meines Lebens durchlebt hatte. — Ich hatte Turi versprochen, ihm zur Seite zu stehen, wenn er schreiben wollte, damit er die nötige Ruhe haben könne; in einem Finnenhaus ist es unmöglich, ungestört zu schreiben, und noch weniger war dies in einer Lappenhütte zu bewerkstelligen; darum ließ er sich in einer Baracke nieder, die im Walde in der Nähe von Torneträsk[1] stand und von Erzsuchern gebaut war. Für mich waren die Monate zusammen mit Turi sehr inhaltsreich. Da ein lappischer Haushalt sehr einfach ist, war da gute Zeit zu Unterhaltungen. Für einen Berglappen war es ja eine sehr ungewohnte Arbeit, die jetzt begann. Er war nicht daran gewöhnt, stundenlang gebeugt über einer Schreiberei zu sitzen; die Gedanken ermüdeten, und die Hand wurde matt. Und oft meinte er, daß der Stoff erschöpft sei. Aber nun kannte ich nach den Erfahrungen dieses Jahres auch ein wenig von dem Leben der Lappen und meinte daher, daß da noch mehr über dies oder jenes zu erzählen sei, das er eigentlich nicht aufzunehmen beab-

[1] Ein großer Gebirgssee in dem schwedischen Bezirk Norrbotten.

sichtigt hatte, was er dann in der Regel auch zugestand, und dann begann er wieder zu schreiben. Aber wenn der Tag dunkel wurde und das Feuer aus dem kleinen rostigen Ofen leuchtete, wo der Kupferkessel mit dem Rentierfleisch für das Abendessen, die Hauptmahlzeit des Tages, stand und kochte, dann legte Turi die Feder oder den Bleistift nieder, reckte sich und schob die Zipfelmütze mit der roten Quaste in den Nacken, und dann war es nicht schwer, ihn zum Erzählen zu bringen. Er glitt von einem Thema auf das andere über. Seine bilderreiche Sprache floß dahin, voll Schönheit und Größe der Linien in allem, was er erzählte; er erschloß mir eine fremde, mythische Welt; er lehrte mich den Gedankengang seines Volkes kennen. Er erzählte von Menschenschicksalen, von Zauberei und merkwürdigen Begebenheiten; die Sage der Wildnis klang in meinen Ohren, wunderliche Bilder glitten vor meinen Augen dahin. Er war offen und vertrauensvoll, er hatte eine gute Meinung von mir; deswegen zeigte er mir die Seele des Landes und des Volkes, dessen äußeres Leben auch ich kurze Zeit zu leben versucht hatte. — Wenn Turi so erzählt hatte, bat ich ihn, das eine oder das andere niederzuschreiben; er tat das auch, und auf diese Weise wuchs das Buch. Aber leider gibt es nur einen schwachen Widerschein von dem Stil und dem Glanz des mündlichen Berichtes, und doch ist es das Buch, von dem er so viele Jahre geträumt hat. Alles, was darin steht, hat er selbst gedacht, selbst geschrieben und muß selbst die Verantwortung dafür übernehmen.

Ich hätte meine eigene, sehr bescheidene Reise hier nicht erwähnt, wenn sie nicht als eine Art Entschuldigung dafür dienen müßte, daß ich eingewilligt habe, diese Arbeit zu übersetzen. Meine Kenntnisse der lappischen Sprache beruhen nicht auf wissenschaftlichen Studien; den größten Teil habe ich in dem täglichen Zusammenleben mit den Lappen erlernt. Und ich fühle selbst am besten, eine wie geringe Berechtigung ich in sprachlicher Beziehung gehabt habe, diese Übersetzung vorzunehmen; und wenn es sich darum gehandelt hätte, einen geordneten, gesammelten Grundtext zu übersetzen, so würde ich kaum gewagt haben, es zu tun: aber so, wie Turis Manuskript vorliegt, glaube ich, daß es für einen andern allerlei Schwierigkeiten geboten hätte, da es nicht in einer bestimmten Anordnung geschrieben ist. Oft ist dasselbe Thema wiederholt und an verschiedenen Stellen in den vielen kleinen Taschenbüchern und auf losen Papierbogen fortgesetzt. Ich habe daher den Stoff ordnen und das eine durch das andere ergänzen müssen. Ich habe gemeint, dies einigermaßen in Übereinstimmung mit Turis Absicht ausführen zu können, da ich den Zusammenhang zwischen den Bruchstücken zu kennen glaubte, nachdem ich sie mit Turi durchgenommen habe. Außerdem geht Johan Turis eigenhändiges Manuskript später in eine öffentliche Bibliothek über[1]. Ich habe versucht, die Übersetzung so wortgetreu wie nur möglich zu machen, selbst wenn dies an mehreren Stellen auf Kosten der Klarheit geschieht. Ich glaube dadurch dem Stil und der Ausdrucksweise am nächsten zu kommen, so daß man sich eine Vorstellung von ihren Vorzügen und Mängeln bilden kann. Einzelne von Turis Mitteilungen habe ich als Fußnoten angebracht, da sie sich nicht so gut in den Text einfügen ließen. Einige glaubte ich hinzufügen zu müssen als nähere Erklärung, die zu dem völligen Verständnis des Textes

[1] Der dänischen Ausgabe, die den lappischen Originaltext enthält, ist ein sprachwissenschaftliches Vorwort von Professor Wilhelm Thomsen beigegeben, dem ich auch an dieser Stelle meinen Dank für seine freundliche Hilfe aussprechen will.

nötig erschien. Daß die Arbeit durch eingehendere und aufschlußreichere Anmerkungen gewonnen hätte, sehe ich sehr wohl ein; aber ich habe die Herausgabe nicht durch eine solche besondere Arbeit verzögern wollen, was ja unvermeidlich gewesen wäre.

Was die Zeichnungen anbetrifft, so ist es wohl überflüssig zu bemerken, daß sie von Anfang bis zu Ende von Turis eigener Hand stammen. Er fühlte ein naives Bedürfnis, das Erzählte zu veranschaulichen, und bei den Lappen, die sie zufällig zu sehen bekamen, haben sie großes Entzücken und ungeteilte Bewunderung erregt.

Eine Probe von Turis Handschrift (Bleistift) ist eingefügt. Es ist ein Bruchstück von dem Originaltext, das den Bären behandelt. Die Randzeichnungen demonstrieren, wie man einen Bären mit dem Spieß tötet. Solche kleine Zeichnungen hat Turi oft im Text angebracht, um die Darstellung anschaulicher zu machen.

Turi hat gewünscht, daß ich Herrn Dr. Lundbohm seinen Dank ausspreche für sein Interesse an diesem Buche und seine Fürsorge für dessen Erscheinen.

Auch ich schulde Herrn Dr. Lundbohm Dank für sein Verständnis meines Unternehmens dort oben und meiner Arbeit hier.

Emilie Demant

TURIS BUCH UND DIE LAPPENFRAGE

Der Streit zwischen den Lappen und den Ansässigen, zwischen dem Nomadenvolk und dem Kulturvolk, besteht seit Hunderten von Jahren. Die Lappen, die einstmals weit ausgedehnte Gebiete in dem nördlichen Skandinavien beherrschten, wurden bis in die unzugänglichsten Teile des Landes zurückgedrängt, und noch immer wird der Streit fortgesetzt. Solange er mit einigermaßen gleichen Waffen geführt wird, zwischen Bauern auf der einen Seite und Lappen auf der andern, können sich die letzteren gut behelfen, denn sie haben die Natur auf ihrer Seite, sie haben ihr Leben den Verhältnissen, die sie bot, angepaßt, während die Bauern versuchten, der Natur Vorteile abzuzwingen, die das Klima und der Erdboden nicht hergeben wollten.

Aber die Bauern erhielten allmählich Bundesgenossen. Eine neue Kultur kam mit Eisenbahnen und Dampfbooten, mit Schulen und mit Nothilfe. Wohlmeinende Menschen wollten die Lappen teilnehmen lassen an diesen Segnungen; Menschen, die nicht wußten, daß die Kultur etwas Relatives ist, das darin besteht, daß man sich zu einem glücklichen und reichen Leben den Verhältnissen anpaßt, die die Natur selbst bietet, sondern glaubten, daß das Wesentlichste der Kultur in einer Menge konventioneller Bildung bestehe, in einem verhältnismäßig bequemen Leben, in allerlei äußerlicher Reinlichkeit und in Kleidern, die der Mode folgen. Alles dies war unvereinbar mit dem Leben der Nomaden, konnte aber bis zu einem gewissen Grad in das Leben der Bauern eingeführt werden. Daher stellte man die Bauernkultur höher als die Nomadenkultur, und man versuchte, den Lappen zu heben, zu zivilisieren, ihm die Büchergelehrsamkeit zu erschließen und ihn von dem harten und beschwerlichen Leben in der Wildnis zu befreien. Konnte er sich den neuen Verhältnissen nicht anpassen, so mußte er den vordringenden Bauern weichen. Das war sein eigener Fehler, und er mußte die Folgen selbst hinnehmen.

Aber der Lappe konnte das nicht, und sterben wollte er auch nicht. So zog er sich weiter ins Gebirge hinauf zurück und schloß sich der Natur noch enger an. Seine Geschmeidigkeit wuchs noch im Kampf mit den Schwierigkeiten, und seine Lebenskraft steigerte sich.

Dann kamen neue Schwierigkeiten. Nationale Grenzen, nach dem Begriff des Lappen sinnlos, wurden ohne die geringste Rücksicht auf seine Interessen gezogen, sicherlich oft auch ohne Rücksicht auf irgend sonstwelche Interessen. Und die neuen Einwanderer drängten allmählich von allen Seiten herein, der eine mit seinen ökonomischen Forderungen und ein anderer mit seinem Wohlwollen, beides gleich wenig motiviert. Und jetzt endlich ist es so weit gekommen, daß die Existenz des Lappen als Rasse ernstlich bedroht ist.

Ein jeder, der mehr aus der Nähe etwas von dem Streit gesehen hat, der geführt wurde und geführt wird, begreift, daß gar leicht der Fall eintreten kann, daß die Grenze der Elastizität und Widerstandskraft des Lappen erreicht wird und daß er aus einem freien und kraftvollen Zweig der Menschheit zu einer Last für sich selbst und andere wird.

Uns, die wir über stärkere Machtmittel verfügen als der Lappe, geziemt es, uns wohl zu besinnen, ehe wir ihn ausrotten. Es ist nicht schwer, einen Überblick zu gewinnen, der eine klare Beurteilung der Frage ermöglicht. Und wenn man den erhalten hat, so wird es sich gar bald zeigen, daß es keines Opfers wichtiger Interessen bedarf, um dem Lappen zu helfen, sondern daß wir uns nur in Demut wie er den Bestimmungen der Natur unterzuordnen brauchen.

Ein Beweisgrund, den man oft hört, wenn die Rede auf die Lappenfrage kommt, ist: daß andere Nomaden, so wie die Indianer in Nordamerika, Anspruch darauf erheben könnten, das Gebiet zu besitzen, das die Kultur für höhere Zwecke fordert. Dies ist eine törichte Rede. Der Untergang der Indianer wurde dadurch bestimmt, daß die großen und reichen Hilfsquellen in den ausgedehnten Ländern von anderen Volksstämmen weit besser ausgenützt werden und mehr Einwohnern als ihnen selber Nahrung gewähren konnten. In den Gegenden, die die Lappen periodenweise durchstreifen, sind *sie* es im allgemeinen, die imstande sind, sich die Naturverhältnisse besser zunutze zu machen als irgendein anderes Volk; und an vielen Orten in dem ganzen Gebiet sind die Verhältnisse so, daß die fest ansässige Bevölkerung ganz sicher überhaupt nicht existieren könnte, wenn sie nicht Teil hätte an dem Produktionsüberschuß der Lappen.

Wir können uns von Amerika aber eine andere Lehre holen, die die Frage besser beleuchtet. Die Regierung der Vereinigten Staaten hatte nach der Erwerbung von Alaska gefunden, daß die Existenz der Eskimos von den veränderten Verhältnissen bedroht werde, die durch die Anwendung verschiedener Naturprodukte entstanden, und sie suchte nach Mitteln, dies Volk vom Untergang zu erretten. Man fand ein solches in der Einführung der Rentierzucht als Erwerbsquelle. Rentiere wurden aus Sibirien eingeführt, Lappen wurden aus Norwegen verschrieben, um die Eskimos anzuleiten. In den Schulen ordnete man Unterricht in der Rentierzucht an, und das Resultat dieser planmäßig durchgeführten Arbeit ist: man hat feststellen können, daß die Rentiere vortrefflich gedeihen, daß ihre Zahl sich in wenigen Jahren von 1200, die eingeführt wurden, auf fast 20000 vermehrt hat, wie auch daß die Existenz der Eskimos in Zukunft als gesichert angesehen werden dürfte.

Die Regelung der Lappenfrage ist eine Angelegenheit von großer Wichtigkeit. Nicht nur für Schweden, sondern auch für alle die Länder, die eine nomadisierende Lappenbevölkerung besitzen, das heißt: auch für Norwegen, Finnland und Rußland. Und um eine glückliche Lösung zu erzielen, ist vor allen Dingen ein vollständig organisiertes, wohlwollendes Zusammenarbeiten erforderlich. Hier gibt es, wenn man die Sache von einem höheren Gesichtspunkt aus betrachtet, keine wichtigen Interessengegensätze, sondern es ist für alle von gleich großer Bedeutung, daß die Existenz der Lappen gesichert wird und daß man durch eine Ordnung ihres Verhältnisses zu den Ansässigen Rücksicht auf alle Vorteile nimmt. Ganz sicher gibt es viele gemeinsame Interessen der Lappen und der Bauern und Fischer, die sich nahe an der Grenze der eigentlichen Kulturgebiete niedergelassen haben und die stets einen harten Kampf um ihr Dasein führen müssen; aber um diese Interessen zu fördern, ist es vor allem nötig, daß man bei der Behandlung dieser Frage nicht die Sachkenntnis außer Augen läßt, die die Bevölkerung selbst besitzt, daß man nicht, wie das bisher oft geschehen ist, vorzugsweise von dem Gesichtspunkte des juristischen Rechts ausgeht, statt von dem der Lappen, der Bauern und der Humanität. Es ist über allen Zweifel erhaben, daß die Grenzabsperrungen von großem Schaden gewesen sind, und seit einem einmal die Augen dafür geöffnet wurden und man einsehen gelernt hat, daß eine erzwungene Bauernkultur viel dazu beiträgt, eine unglückliche Bevölkerung zu schaffen, dürfte es keine große Selbstüberwindung erfordern, um in bezug auf die Lappen die Bande zu lösen, dic sie jetzt daran hindern, rationell und nach einem von ihnen selber ausgearbeiteten oder von ihnen anerkannten Plane große Naturprodukte auszunutzen, die sonst unverwertet bleiben würden.

Ein wesentliches Hindernis für die gesunde Entwicklung des Nomadenlebens hat lange darin bestanden, daß man den Unterricht für die Lappen nach dem Muster unserer modernen Schulen organisiert hat. Man hat ihnen ungefähr dieselbe Art Bildung zuteil werden lassen wie andern, wenn auch in geringeren Dosen und auf unvollkommenere Weise. Nehmt diese Schulen fort, führt einen praktischeren Unterricht ein, von einer solchen Art, daß die Lappen ihn selber schätzen und Nutzen daraus ziehen können, und versucht, ihr geistiges Niveau und ihr Selbstgefühl zu heben durch Berücksichtigung ihrer eigenen Lebensweise, Kultur und Geschichte und derjenigen verwandter Völkerstämme, statt sie zu der Erkenntnis ihrer eigenen Minderwertigkeit zu drängen, indem man ihnen nur die imposanteren Züge der christlichen Religion und der europäischen politischen Geschichte mitteilt.

Daß das Schicksal der Lappen sich so gestaltet hat, wie es ist, beruht wohl weniger auf einem Mangel an gutem Willen bei denen, die die Macht haben, als auf einer unvollkommenen Kenntnis der Verhältnisse der Lappen. Zwar ist das Land oft von Forschern bereist worden, die viel Interesse für das Volk besaßen, und die Literatur über Lappland ist unglaublich umfangreich. Aber nur eine geringe Anzahl von den Schriftstellern, die sich zu ausführlicher Darstellung haben verlocken lassen, war imstande, diese so zu gestalten, daß sie einen tieferen Einblick gewähren konnte.

Die vorliegende Arbeit des Lappen Johan Turi hat einen größeren Wert als die meisten andern, weil sie von einem Mann geschrieben ist, dessen Kenntnis der Wildnis darauf beruht, daß er sein ganzes Leben dort zugebracht hat, und der die Gesinnung und Erfahrung besitzt, die für eine objektive Schilderung erforderlich sind, und die Kraft und die Weichheit, um sich der scharfen Waffen der Ironie zu bedienen, wo man ihrer bedarf, und der innigen Sprache des warmen Gefühls, wo sich dies geltend machen kann. Wer Turis Buch mit Verständnis liest, wird begreifen, daß die hier dargestellten Gesichtspunkte für die Lappenfrage richtig sind, und darum hat man gemeint, daß es eine Bedeutung haben könne, wenn diese Arbeit veröffentlicht wird.

Kiruna Hjalmar Lundbohm

In lappischen Wörtern ist č wie tsj, đ wie ein aspiriertes d, š wie sj zu lesen.

Johan Turi

Ich bin ein Lappe, der sich mit aller Lappenarbeit abgegeben hat, und ich kenne alle Verhältnisse der Lappen. Und ich habe verstanden, daß die Regierung von Schweden uns so viel helfen will, wie sie kann; aber sie bekommen nicht die richtige Auffassung von unserem Leben und unserer Lage, weil der Lappe das nicht richtig so erklären kann, wie es ist. Und die Ursache davon ist, wenn der Lappe in einen geschlossenen Raum kommt, dann versteht er nicht recht viel, wenn der Wind ihm nicht in die Nase wehen kann. Seine Gedanken können nicht rinnen, wenn da Wände sind und wenn es über dem Kopf zu ist. Auch ist es nicht gut für ihn, in dichten Wäldern zu sein, wenn es warm in der Luft ist. Aber wenn der Lappe auf hohen Bergen ist, so hat er einen ganz klaren Verstand; und wenn da oben ein Versammlungsort auf irgendeinem hohen Berge wäre, dann könnte der Lappe wohl ganz gut seine eigenen Sachen erklären. Ich habe gedacht, daß es das beste sein würde, wenn da so ein Buch wäre, worin alles von dem Leben und den Verhältnissen der Lappen aufgeschrieben wäre, so daß man nicht zu fragen bräuchte: wie sind die Verhältnisse der Lappen; und damit sie nicht alles auf eine andere Weise wenden können, solche Leute, die wünschen, den Lappen Lügen nachzusagen oder alles zu verdrehen, als ob es nur die Schuld der Lappen wäre, wenn da Streit zwischen den Ansässigen und den Lappen in Norwegen und Schweden ist. Und dazu ist es notwendig, alle Ereignisse und Erklärungen niederzuschreiben, damit es möglicherweise so deutlich werden kann, daß jeder Mensch es versteht. Und für andere Lappen ist es auch gut, von den Verhältnissen der Lappen zu hören. — Was hier erzählt wird, handelt zumeist von den Lappen der Gemeinde Jukkasjärvi.

DIE ÄLTESTEN BERICHTE VON DEN LAPPEN, DIE EIN LAPPE DEM ANDERN ERZÄHLT HAT

Hier sind allerlei Erzählungen: aber es ist nicht sicher, daß sie ganz richtig sind, da sie ja nie zuvor niedergeschrieben worden sind.

Erzählung von den Lappen, wo sie zuerst gewohnt haben und wie ihre Verhältnisse gewesen sind, wovon sie gelebt haben und woher sie gekommen sind

Man hat nicht gehört, daß die Lappen irgendwoher gekommen sein sollen. Der Lappe ist überall in Lappland Einwohner gewesen, und als die Lappen sich hier an der Meeresküste aufgehalten haben, da sind da keine anderen Bewohner gewesen, auch nicht ein einziger an der Meeresküste, und damals war es für die Lappen gut zu leben. Und die Lappen haben auch auf der schwedischen Seite überall gelebt. Und damals waren da nirgendwo Ansässige; die Lappen wußten nicht, daß es andere Menschen gab als sie.

Ich denke, daß sie zuerst von dem Fang gelebt haben, von Fischen und Vögeln und wilden Rentieren, von Bären und allen den wilden Tieren. Ich meine das, weil man lappische Namen auf den Fischplätzen an den Seen findet, wo die heutigen Lappen nicht mehr fischen. Und da ist noch ein größerer Beweis dafür, daß die Lappen lange an einem und demselben Ort gewohnt haben, und das sind die Vertiefungen, die überall in der Erde sind, wo sich die Lappen der früheren Zeit aufgehalten haben. Diese Vertiefungen sind ihre Koten (Lappenzelte) gewesen. Sie machten sich Höhlen, so wie die wilden Tiere. Und den größten Teil von den Vertiefungen findet man an der Meeresküste, an Seen und Flußufern, und an solchen Stellen, wo wilde Tiere ihr Wesen haben, da, wo die Bergschluchten zusammenlaufen und zwischen Seen.

Einige von diesen Löchern sind Fleischaufbewahrungsorte gewesen, und andere sind Fanggräben gewesen. Diese waren tief und mit einer Decke darüber, und wenn ein Tier darauf trat, drehte die Decke sich um, es fiel in den Graben hinein, und auf dem Boden des Grabens waren spitze Stöcke von Holz oder von Horn, und auf diesen schlug sich das Tier tot, von welcher Art es auch war. Die Leute glauben freilich nicht, daß diese Vertiefungen von Menschen gemacht worden sind und daß es Koten waren; aber es sind viele Beweise dafür gefunden worden, Feuerstellen und ein Rauchholz[1] und ein Bandwebestuhl. Und alte Lappen hatten Beweise dafür, daß diese Löcher auch Gräber sind. Und darum wagen die Lappen nicht, sich darin umzusehen oder drin zu graben, um sie zu untersuchen; sie fürchten die Vertiefungen. Es ist so viele Male geschehen, daß ein Lappe in solch einem Loch geschlafen hat, und dann ist da eine menschliche Gestalt gekommen, und die hat gesprochen und ihm befohlen wegzugehen, und ihr Gesicht war wie Flechten, runzlig und grau, und sie hat gesagt: »Du mußt nicht oben auf mir schlafen!« Und wenn er das erste Mal nicht gehorchte, so befahl sie zum zweiten Mal und noch härter. Und diese Zeichen sind auch von jetzigen Menschen gesehen worden. Da ist ein Ort am Fuße des Vuoskonjarga, wo sich viele von den Vertiefungen befinden, und von da ist auch einigen Menschen befohlen worden wegzugehen. Und die Gestalt erzählte noch, sie sei getötet und da in das Loch hineingelegt worden. Und darum fürchten die Lappen die Vertiefungen; sie wagen nicht, dort zu graben, auch nicht in den Löchern zu schlafen.

Auf den Umzugswegen der Lappen findet man ebenfalls Vertiefungen. Kein jetziger Mensch weiß sicher, was für Löcher das sind, aber man meint, daß es die Aufenthaltsorte der Lappen gewesen sind, damals, als unfriedsame Zeiten waren, als *Ruoša-Tschuden* (Russen) herumstreiften und alle die Lappen töteten, die

[1] Eine Querstange oben im Zelt, an der die eiserne Kette zum Kessel angebracht wird.

sie fanden, und darum waren sie gezwungen, sich Koten unter der Erde zu machen und da zu wohnen. Nur wenige sind untersucht worden. Wenn viele untersucht würden, da fände man möglicherweise viele Dinge.

Aber der Lappe hatte eine solche Natur, daß er anfing, Lust zu den wilden Rentieren zu bekommen. Sie sahen die vielen wilden Rentiere, und sie fingen an, sie zu fangen und sie zu hüten. Im Winter in den Wäldern, wo dicker Schnee war, machten sie sich daran, sie zu verfolgen, und liefen auf Schneeschuhen, bis die wilden Rentiere ermattet waren, und dann nahmen sie die sanftesten; aber es ist trotzdem schwer gewesen, sie zu halten. Und als sie einige gezähmt oder sicher gemacht hatten, da ist es leicht gewesen, mit ihnen mehrere zu bekommen. In der warmen Zeit, wenn das Rentier in Herden läuft, dann pflegten sie zuweilen zwischen hohe Felsblöcke zu gehen, und da sperrten sie sie ein, bis sie hungerten und sich daran gewöhnten, den Menschen zu sehen und zu riechen.

Und damals hatten die Lappen erst angefangen, den *Seiten* (Götzenbildern aus Stein oder Holz) zu opfern, um mehr wilde Rentiere zu bekommen, oder damit sich die Herde vermehren sollte. Die früheren Menschen haben die *Seiten* angebetet, so daß die Herde groß wurde, und für sie ist die Herde aus fast nichts gewachsen, und sie hatten auch schönere Rentiere als andere; aber ihre Herde reichte nur durch ihre eigene Lebenszeit, die Kinder wurden arm. Und die Lappen pflegen zu fürchten, daß die Kinder der Leute arm werden, die eine Opferherde haben. Und der, der dies schreibt, hat davon reden hören, daß dieser oder jener eine Opferherde hat, und die ist flüchtig.

Nun hatten sie nicht mehr so viel Zeit, Fische zu fangen, jeder machte sich daran, wilde Rentiere zu fangen, und sie bekamen so viele, daß sie anfingen,

Sida zu bilden.[1] Sie versuchten dann, wo es am besten für die Herde zu jeder Zeit des Jahres war, und sie kamen auf den Einfall, umherzuziehen, so wie die Lappen noch heutigen Tages umherziehen. Damals war es gut zu leben und durchzukommen, da gab es keine Ansässigen, keine Norweger und auch keine Schweden.

Und da versuchten sie, sich im Winter weit nach Süden herunter aufzuhalten, bis die Ansässigen kamen und sie so einschüchterten, daß sie damit aufhören mußten, so weit nach Süden zu ziehen.

Im Sommer in Norwegen hielten sich die Lappen an der Meeresküste auf und hatten ihre Herden in den Wäldern und auf den Bergen, wo sie Lust hatten.

Damals wußten die Lappen nicht, daß es andere Menschen gab als sie. Und die Lappen, die sich nach Süden zu aufhielten, fingen an, nach Norden hinauf in das Hochgebirge zu ziehen, und die, die sich an der Meeresküste aufhielten, zogen auch nach dem Hochgebirge hinauf, dann begegneten sie sich da oben und wurden bange voreinander, und dann versteckten sie sich, meinten, es wären *Stallos* und *Uldas* (Riesen und Dämonen).

Und damals wußten die Lappen nicht, daß es einen Gott gibt; aber sie hatten doch den Glauben, daß man etwas anbeten soll, und wenn sie irgend etwas verehrten, so half ihnen das, und darum opferten sie den *Seiten*.

[1] Unter *Sida* versteht man eine Sammlung von Lappen-Koten mit dazugehörigen Herden. Es kann auch eine einzelne Kote mit ihrer Herde oder die Herde allein sein.

Die erste Flucht der Lappen. Erzählung davon, wie es den Lappen gegangen ist, als die Menschen sich vermehrten und anfingen, Land aufzusuchen

Die kamen am Meer entlang hierher bis an die nördlichste Ecke und jagten die Lappen von der Meeresküste weg, und da flüchteten die Lappen in das Oberste des Waldes; und da lebten sie viele Jahre in Frieden und weideten ihre Herden in den Wäldern und auf den Bergen, wo es öde war oder menschenleer.

Damals molken die Lappen viele Milch von den Rentierkühen und machten Käse, und damals brauchten sie keinen Kaffee und auch kein Mehl. Die Lappen aßen Fleisch, Blut und Milch. Da gab es statt des Morgenkaffees Rentierblutsuppe, und dahinein taten sie Rentiermilch, die im Sommer zubereitet war[1]. Und die früheren Lappen waren groß und gesund.

Aber als die Menschen sich vermehrten, kamen wieder die dunkel gekleideten Leute[2] dahin, wohin die Lappen zuerst geflüchtet waren, und machten sich Wohnungen gerade da, wo die Lappen sich aufhielten, weil sie sahen, daß da schöne Wiesen waren, wo die Rentiere gedüngt hatten, da wo die Lappen seit vielen Menschenaltern gelebt hatten; und sie jagten die Lappen weg von ihren Wohnplätzen.

Und dann wurde es für die Lappen wieder so, daß sie fortziehen mußten; aber da waren nicht mehr Waldgebirge höher hinauf, und da konnten die Lappen nicht mehr fliehen, und da wurden sie gezwungen, sich

[1] »Und das ist: Zuerst sammelt man das Kraut, dessen Name *Juobmo* ist (Sauerampfer, Rumex acetosa L.), und das wird gekocht und mit Milch vermischt und in einen Rentiermagen getan und zum Trocknen aufgehängt.« (Turi)

[2] Die Bauern werden so genannt im Gegensatz zu den buntgekleideten Lappen.

zu ducken. Und als die Norweger sie nicht wieder wegjagen konnten, da fingen sie an, alles zu rauben, was sie fanden, Käse, Milch und Felle und Kühe, und den einen und den anderen Lappen töteten sie auch. Einmal geschah es, daß ein Norweger an das Ende des Njuorjevuobmi[1] kam, wo die Lappen sich aufhielten. Und er machte da zuerst Feuer an, als er kam, um die Stelle zu untersuchen; dann grub er in der Erde und nahm sie in den Mund und schmeckte sie, und die Lappen meinen, der Norweger schmeckte, um zu untersuchen, ob es fruchtbare Erde wäre. Und der Name des Norwegers war Jubonaš. Und in dem Jahr unternahm er nichts, aber er kam im nächsten Jahr wieder, und da hatte er Kameraden mit, und sie bauten erst eine Erdhütte und jagten die Lappen auch von dort weg. Und die Lappen waren gezwungen, ihre Koten ein Stück weiter zu rücken. Aber als die Rentiere nach alter Gewohnheit um die Stelle herumgrasten, wo der Norweger seine Kote gebaut hatte, da wurde der böse, und als er die Lappen hörte, die die Rentiere hüteten, da ging er hin, um sie zu verfolgen, und er traf einen Lappen, der auf einen großen Stein sprang, und er (Jubonaš) lief dahin und schlug den Lappen tot, und als er sah, daß er starb, ging er seines Weges. Als die Lappen sahen, daß der Norweger wegging, da liefen sie zu dem Toten hin und trugen ihn schnell fort in das Gras hinein. Und Jubonaš ging später hin, um den Toten zu sehen, und als er ihn nicht sah, da meinte er, daß der Lappe noch am Leben wäre. Und er wußte, daß es der Lappe war, der die größte Herde hatte, und der Name des Lappen war Huika. Und der Norweger ging nach den Koten hin, um den Menschen zu suchen, den er getötet hatte, um Bezahlung zu fordern, weil des Lappen Herde auf seiner Wiese gegrast hatte. Er hielt sich selbst schon für den Herrn über das ganze

[1] Ein Talzug in Norwegisch-Finnmarken.

Ende des Tales. Aber nun hatten die Lappen keinen Boden mehr, nicht einmal so viel, daß sie noch weiter wegziehen konnten, und darum waren sie gezwungen, an Ort und Stelle zu bleiben und die Herden grasen zu lassen. Und sie beratschlagten, ob sie anfangen sollten, Krieg zu führen; aber das wagten sie nicht. Als jedoch der Sohn des Getöteten hörte, daß sein Vater ermordet worden war, da sagte er in seinem Haß: »Ich geh' hin und schieße sie alle tot, wie viele Norweger es auch sein mögen!« Als seine Mutter das hörte, da versteckte sie das Pulverhorn, und der Sohn kam nicht gleich weg. Und später war da nicht mehr solch ein Haß, und so kam Jubonaš mit dem Leben davon. Und die Norweger haben noch einen Lappen getötet, der unter Karesuando[1] gehörte. Und dieses Plündern ist viele Male geschehen. Und dies ist nur ein Beispiel davon, wie es mit den Lappen gegangen ist. Da sind viele solche Begebenheiten, die auch wir gehört haben, und da sind auch viele, die wir nicht gehört haben. Aber ich habe keine Lust, noch mehr zu erzählen, da es ja eigentlich häßlich ist, so etwas zu berichten; aber wenn man alles schreiben soll, dann muß man Häßliches und Schönes schreiben.

Von den Schulden der Lappen und von der Gefährlichkeit der Seeberge

Und für diese selben Wohnplätze der alten Lappen haben wir Lappen schweres Geld bezahlen müssen, und bezahlen noch immer. Und darum sind die Lappen in Schulden geraten, seit der Zeit, da die Norweger das Gesetz so machten, daß es für sie äußerst leicht ist, Geld von den Lappen zu bekommen, selbst wenn sie

[1] Das nördlichste Kirchdorf in Schweden an der finnischen Grenze.

vielleicht nicht so viel Schulden haben, wie die Norweger sagen. Denn die Rentiere sind doch gezwungen, dahin zu streben, wo Nahrung und Schutz ist, wenn es im Sommer mitunter so kalt wird, daß das eine oder das andere Rentier erfriert, ja sogar der eine oder der andere Rentierhüter, wenn es erst heiß ist und dann plötzlich Nordwind und Regen kommt, und es auch noch anfängt zu schneien. Und das versteht man wohl, wenn es auf dem Berge bis an die Baumgrenze schneit, dann ist es kalt. Und gerade in der Zeit kriegt der Geldbeutel das größte Loch, obwohl die Lappen da mit den Hunden laufen[1] und jagen; aber wenn dort nirgends Wald ist, wo die Norweger keine feste Taxe nehmen, so schlüpft das Rentier doch irgendwo zwischen die Bäume, und dann ist da augenblicklich Taxe zu bezahlen. Und dies ist so aufzufassen, daß es ein Gewinn für die Norweger ist, wenn die Rentiere so weit kommen, daß sie Schadenersatz fordern können, und dadurch kriegen sie Geld; und auf diese Weise ist es kein Verlust für sie, obwohl sie jammern wie der Fuchs, als er nicht in Not war. Ein Beweis hierfür ist es, daß der Norweger nicht erlaubt, daß man Zäune vor solche Wege setzt, wo das Rentier auf das Grasfeld geht, obwohl die Lappen selbst diese Zäune aufrichten wollen. Und die Lappen von heute sind gezwungen, die Rentiere da oben auf den hohen Bergen oder Fels-

[1] Um das Rentier davon abzuhalten, in die Wälder hinabzugehen, wenn kühleres Wetter eintritt. Um zu vermeiden, daß Hitze und Mücken das Rentier auf den Berg hinaufjagen über die Baumgrenze hinaus; denn da oben findet es nicht genug Nahrung, und ist es ein Sommer mit anhaltender Wärme, dann werden die Rentiere entkräftet, so daß viele während der Herbstwanderung sterben. Man versteht wohl, daß es keine leichte Arbeit für die Lappen und Hunde ist, wenn kühleres Wetter eintritt, die hungrigen Tiere daran zu hindern, Nahrung zu den Zeiten und an den Stellen zu suchen, wo sie sie aus Instinkt oder Gewohnheit von alter Zeit her gesucht haben. Es ist dieses Verhältnis, das den Lappen die vielen Schadenerstattungen an die Ansässigen in Norwegen verursacht.

absätzen zu halten, wo es lebensgefährlich sowohl für Rentiere wie auch für Menschen ist, weil die Berge so steil sind, und da ist Eis seit dem Anfang der Welt, und darin sind Spalten, und einige davon sind so tief, daß man den Grund nicht kennt. Aber andere sind nicht so tief, und aus denen kann man wohl hin und wieder einmal ein Rentier wieder heraufkriegen, wenn man nur bemerkt, wo es ist. Man kriegt es jedoch nicht auf andere Weise heraus, als indem man einen Menschen mit einem Strick hinunterläßt, und er bindet den Strick fest um das Rentier, und dann zieht man erst den Menschen herauf, und danach zieht man das Rentier herauf; aber viele bleiben verloren, die man nicht findet, und viele, die man nicht heraufbekommt, da, wo es so tief ist, daß der Strick nicht reicht. Und die Spalten sind sehr gefährlich, da jeden Winter neuer Schnee darauf kommt, und dann sieht man sie nicht, weder Menschen noch Rentiere, und wenn etwas Lebendes darauf tritt, so fällt es auf einmal in die Kluft hinab.

Und von der Gefährlichkeit der Seeberge (der norwegischen Gebirge) fange ich jetzt an zu erzählen, da, wo sich die Lappen mit ihren Rentieren aufhalten.

Wenn es heiß wird, laufen die Rentiere auf solch Eis hinauf, hoch oben hinauf, wo die Menschen nicht hinkommen können. Und sie laufen vor den Mücken und wegen der Hitze auf die hohen Bergabhänge, und die obersten Rentiere reißen Steine los, und wenn ein Stein in Bewegung kommt, so fangen viele Steine an zu rollen, und dann werden viele Rentiere auch auf diese Weise getötet, und wenn ein Mensch da unten ist, dann ist da auch dieselbe Gefahr für ihn. *Ride* werden diese Berge genannt, die hoch sind und sehr grasbewachsen. In der Hitze läuft das Rentier auf die Berggipfel und zwischen solchen Klippen hinein, wo es weder hinauf- noch hinunterkommen kann, wenn es nicht daran denkt, gerade dahin zurückzugehen, wo es herkam. Das Rentier hat noch dieselbe Natur wie in früherer Zeit das wilde Rentier, und wohl können sich die Rentiere totfallen, zuweilen ganze Scharen. Und von solchen Geschehnissen werden viele sein, wie ich selbst gesehen habe; aber ich kriege es nicht fertig, sie alle niederzuschreiben.

Vom Spätsommer. Von den Wanderungen der Lappen nach Süden, wenn das Rentier nach seiner Gewohnheit südwärts strebt[1]

Wenn das Gras anfängt zu welken, dann beginnt das Rentier, sich danach zu sehnen, Flechten zu fressen, und im Meerreich (Norwegen) ist es mit Flechten nur knapp bestellt; im Meerreich ist an den meisten Stellen ja nur Grasland. Dann fangen die Lappen an, die Rentiere zu teilen, in solchen Distrikten, wo es nicht gut ist, zusammen umherzuziehen, in solchen Distrikten, wo die Herde aus ungefähr fünf- oder achttausend Stück besteht.

In alter Zeit hat man keine Zäune[2] gebraucht, sondern hat die Teilung auf einem mäßigen Hügel vorgenommen. Und wenn sich in der Nähe ein Seevorgebirge befindet, so ist das besonders gut. Und dann fängt man an, den einen Teil der Rentiere da wegzujagen: man sticht das Rentier mit dem Stab hinten hinein, und es geht weg; und den andern Teil von den Rentieren läßt man ruhen. Und der Teil, der zurückgeblieben ist, wenn die andern weggejagt sind, dieser

[1] Wo die Bezeichnung Süden vorkommt, ist Schweden gemeint, die schwedische Seite der Grenzberge.

[2] Eine Einfriedung, in die die Lappen die Rentiere hineinjagen, wenn sie gemolken werden sollen oder wenn man eine Scheidung vornehmen will.

übriggebliebene Teil ist nun in Ordnung, und den jagt man so weit weg, daß er aus dem Gesicht ist, so daß sie nicht durcheinanderkommen können. Und der eine Teil ist noch gemeinsame Herde; den läßt man dann da ruhen und fängt an, den andern Teil von den Rentieren auf dieselbe Weise wegzujagen: man sticht das Rentier hinten hinein. Und etwelche Rentiere gehen auf einmal nach der andern Seite der Herde, und etwelche andere Rentiere sind so mutig, daß sie zurücklaufen; sie lassen sich nicht vertreiben, selbst wenn man sie schlägt, und man muß hinter ihnen herlaufen, bis man sie fortkriegt, und das verursacht viel Schaden; es verscheucht die Rentiere, die ausgeschieden sind; und wenn es obendrein ein heftiger Mensch ist, der läuft, dann verscheucht er sie noch viel mehr. Und die Kunst, Rentiere zu teilen, ist so, daß es nicht hilft, wenn man stark ist oder schnell laufen kann, sondern wer tüchtig beim Teilen ist. Und zu dieser Tüchtigkeit gehört es hauptsächlich, daß man ruhig ist, daß man nicht schnell läuft und die Tiere nicht in Bewegung setzt. Die zornig werden oder anfangen zu laufen, und dazu mit den Hunden hetzen, denen laufen die Rentiere weg und geraten untereinander, und dann gibt es neue Arbeit. Und aus dem Grund werden die Leute oft zornig. Und wo heftige Menschen sind, da ist es beschwerlich zu teilen und viel mehr Arbeit; aber wenn sie tüchtig sind, dann ist es mehr als doppelt so leicht zu teilen. — Und wenn sie wieder eine kleine Schar abgeteilt haben, so jagen sie sie dahin, wo die erste Schar hingeführt worden ist. Und nun endet dann der Tag, und die Besitzer versammeln sich, um zu bereden, wohin es am besten ist, jeden Teil der Herde zu führen, und wenn sie sich darüber einig geworden sind, wo jeder Teil untergebracht werden soll, dann gehen die Hirten zu einer jeden Schar. Da sind nun drei Scharen — die beiden abgeteilten Scharen und die gemischte Herde.

Und wenn das Wetter gut ist, können die Hirten die Herde wohl gesammelt halten, und wenn es Morgen wird, kommen wohl die Hirten wieder mit der Herde, und dann fangen sie an, auf dieselbe Weise zu teilen wie vorher. Und da die Herde nun kleiner geworden ist, der Teil, der gemischt ist, so teilen sie von beiden Seiten, und dann kommt der gemischte Teil in die Mitte, und das ist der schlimmste Zeitpunkt. Wenn sie nun besonnen und tüchtig sind, dann geht es gut und schnell; aber wenn sie heftig und untüchtig sind, wenn einige anfangen zu laufen, dann sind die andern auch gezwungen zu laufen, und dann laufen sie alle zusammen, oder die Rentiere geraten durcheinander, und dann pflegen sie mit den Hunden zu hetzen, und dann läuft zuweilen alles zusammen. Und trifft man obendrein einige ungezeichnete Rentiere an oder solche Rentiere, die im Sommer mit anderer Rentiere Zeichen gezeichnet sind, und die andern erkennen ihre Rentiere, so entsteht Streit, und sie laufen aus allen Kräften und zerstören die Rentierteilung. Und kommen sie gar dazu, sich darum zu prügeln, so muß viel mehr gearbeitet werden; sie geraten so durcheinander, daß es am nächsten Tage wieder neue Arbeit ist, und sie werden so verbittert, daß sie anfangen, die Rentiere der andern zu schlachten. Aber die früheren Menschen hielten die Herden so sorgfältig gesammelt, daß da keine Rentiere in den Herden anderer waren; wenn ein Rentier nach einer andern Herde ging, so wurde es augenblicklich wieder zurückgeholt.

Und der Anfang der Diebstähle war so, daß reiche Geizhälse nicht Gesinde genug hielten, und da konnten die Herden gehen, wohin sie wollten, und für die Ärmeren gab es keinen Ausweg, sie gingen hinter den Rentieren her, und sie fanden nicht ihre eigenen Schlachtrentiere und waren dann genötigt, von denen der Reichen zu nehmen, und dann nahmen die Reichen große Bezahlung, und die Armen konnten nicht bezahlen, und einige ließen sie auch ins Gefängnis werfen; und so wurden die Armen gezwungen, zu verbergen, was sie aßen. Und als sie das erst einmal ein wenig erlernt hatten, nahm es mehr und mehr zu. Aber nicht alle die Reichen waren so, das waren nur die geizigen Reichen.

Und wenn sie nun mit dem Rentierausscheiden fertig sind, so ziehen sie fort, dieselben Wege nach Süden. Und wenn es gutes Wetter ist, so ziehen sie ruhig südwärts über die höchsten Berge. Aber wenn es ein schlechtes Jahr ist, so fängt der Spätsommer schon mit schlechtem Wetter im Meerreiche an, und wenn sie weiterziehen wollen, dann können sie die Herde nicht gesammelt kriegen, und wenn es ihnen gelingt, dann ist da so viel Schnee und Regen, daß alles ganz naß ist. Und wenn es kalt ist, dann friert das Zelttuch, so daß es sich nicht biegen läßt, und dann ist man genötigt, es erst auf der Kote zu trocknen und ein sehr großes Feuer zu machen und es da zu trocknen und die Kleider, die die Menschen anhaben, die draußen in der Wildnis gewesen sind; ihre Kleider sind naß, alle zusammen, bis auf die Haut; und sie haben dann so stark gefroren, daß die Beine angeschwollen sind und sich kaum biegen lassen. Und wenn es sich so trifft, daß sie in der Wildnis sind und kein Feuer anmachen können, dann erfrieren sie ja. Es ist auch wohl geschehen, daß ein Rentierhüter im Herbst erfroren ist, wenn es erst stark geregnet hatte und er dann durchnäßt wurde und er auch nicht so gute Kleider hatte, und dann fing es an zu schneien und wurde so kalt, daß seine Kleider, die naß waren, steiffroren, und als seine Kleider steifgefroren waren, so daß sie sich nicht biegen ließen, da kroch er bei einem großen Stein zusammen. Und er hatte kein Feuer, und da erfror er.

Und wenn der Umzug nun so verspätet ist, daß sie nicht fortkönnen, so wird die Luft noch kälter, und finsterer werden die Nächte. Und dann ist es des Nachts sehr dunkel, so dunkel, daß man nicht einen einzigen Stein sehen kann, und auch nicht die Rentiere, sondern nur die Glocken hört, und das Grunzen der Kälber, und da pflegt man einen Teil der Herde zu verlieren. Und wenn diese weggelaufenen Rentiere in den Wald herabkommen, da ist es schwer, sie wiederzufinden. Und wenn Nordwind ist, so ist im Meerreich sehr strenges Wetter, und im Süden ist es wieder gutes Wetter. Und in so strengem Wetter, wenn es regnet und taut, wird das Zelttuch auf der Kote naß, und in solchem Wetter ist das Zelttuch auch nicht dicht, und da werden alle Schlafsachen in der Kote auch naß. Und wenn das Wetter sich aufklärt, dann fangen sie an, das Zelttuch zu trocknen, und einige gehen hin, um die weggekommenen Rentiere zu suchen. Und wenn es gutes Wetter ist, dann sind die Rentiere sehr viel ruhiger als in hartem Wetter. Und wenn das gute Wetter einige Tage anhält oder auch viele Tage, dann können die Lappen wegziehen.

Und wenn sie nun endlich soweit gekommen sind, daß sie wegziehen können, so ist ihr Umzug also, daß sie alles, was sie haben, auf den Lastrentieren anbringen, auch die Kinder, kleinere und größere, und dann ziehen die *Raiden*[1] von dannen, und die Herde ist auch in der Nähe. Und wenn sie erst spät soweit sind, daß sie umziehen können, dann wird es dunkel, ehe sie einen Lagerplatz erreichen, und dann ist es sehr gefährlich; dann werden die Lastrentiere so scheu und fangen an zu laufen, und sie schleudern die Lasten ab, und die Zügel zerreißen, und die Rentiere springen davon, hinaus in die Wildnis, und in der Dunkelheit

[1] Eine Reihe von Rentieren, hintereinander angebunden, mit Schlitten und mit Lasten.

sieht man nicht, wohin sie gegangen sind, und dann ist man gezwungen, die Rentiere laufen zu lassen. Und die Kinder fallen auch von den Rentieren herunter, und die Rentiere laufen über das Kind hin und treten es auch zuweilen so, daß es umkommt. Und dann müssen sie mit den Rentieren, die sie noch in der Hand haben, weitergehen, und es ist schwer, den Weg zu finden. Und wenn man nun bis an die Stelle gelangt ist, wohin man den ersten Tag zu ziehen pflegt, dann läßt man die Rentiere los. Da sind sie müde, und der Tag ist schon vorbei; nun sind in Eile die Koten aufzustellen, ehe es dunkelt, denn in der Zeit fangen die Nächte schon an dunkel zu werden. Und dann stellen sie die Koten auf, so schnell sie nur können. Einige stellen die Koten auf, und andere hauen Holz — hier ist noch Birkenholz[1] —, und wenn sie Feuer angemacht haben, dann fangen sie an zu essen, Rentiermilch und Käse. Und dann kochen sie Wasser und darein Sauerampfer-Milch, und dann trinken sie das. Und Brot gibt es da jetzt auch, aber damals war es noch nicht da. Und die Frauen haben viel zu tun, die Kinder auszupacken und zu besorgen und die größeren Kinder zu wärmen. Für die ist es noch schlimmer als für das Wiegenkind; sie haben keinen Schutz, wie ihn das Wiegenkind in der Wiege hat. Und wenn die, die mit den *Raiden* gegangen sind, gegessen und getrunken haben, dann kommen die, die die Herde gejagt haben, und bringen sie an die Kote, und dann gehen andere hin, um des Nachts zu hüten. Und wenn nun Finsternis und Regen ist, dann ist es so dunkel, daß man nicht vor seinen Füßen sehen kann, zuweilen rennt man gegen einen Stein und zuweilen in einen See oder einen Sumpf und gegen Bäume, und die Rentiere sieht man auch nicht, man hört sie nur. Und man muß außen um die äußersten Rentiere herumgehen, und man muß

[1] Sie sind noch nicht über die Baumgrenze hinaufgelangt.

immer die ganze Nacht wandern und nicht die Hunde jagen lassen: der Hund zerstreut die Herde in viele Scharen; dann fängt das Rentier an, schlimmer zu laufen, wenn der Hund arg jagt. Und wenn es Morgen geworden ist, da jagt sie der Hirte nach der Kote; und um die Zeit ist die Nacht noch nicht lang. Und wenn es Morgen geworden ist, da ist die erste Arbeit, nach den Rentieren zu suchen, die mit den Lasten fortgelaufen sind, und wenn kein Schnee da ist, so ist es keine leichte Sache, sie zu finden; und wenn sie an den Ort kommen, wo die Rentiere fortgelaufen sind, so gehen sie dahin, wo sie wissen, daß die Rentiere da hinspringen. Und wie sie gingen[1], da fanden sie eines Rentieres Last, aber die andern Lasten waren noch weg. Und als sie einen Tag gesucht hatten und sie nicht gefunden hatten, da hatten sie keine Zeit mehr, auch noch den nächsten Tag zu suchen, und nun verloren sie zwei Lastrentiere und die Lasten, aber die mußten sie dann zurücklassen. Und wenn es wieder Abend wird, da geht wieder der Hirte in der Nacht mit der Herde auf dieselbe Weise wie vorher. Und wenn er die Herde zurückbringt, da ziehen sie gleich weiter. Und sie ziehen nach solchen Bergen, wo keine Birken mehr sind. Jetzt sind sie gezwungen, da Rast zu machen, wo kein Brennholz ist. Auf den hohen Bergen ist es ja beschwerlich, selbst wenn es gutes Wetter ist, weil das Holz schlecht ist, nur Zwergbirke; und anderswo sind Wacholderbüsche, und die brennen ausgezeichnet, selbst im Regenwetter, und an einigen Stellen sind kleine Weiden, aber wenn die nicht abgestorben sind, so sind sie schlecht zu brennen; doch wenn trockene Weiden dazwischen sind, so ist es gut zu brennen. Und da ist noch eine Art Gras, *Ruvderase* genannt (ANDROMEDA TETRAGONA L.), das man auch

[1] Turi erzählt hier und zwischendurch immer wieder die Erlebnisse einer einzelnen bestimmten *Sida*. (Anm. der deutschen Übersetzerin)

brennt, wenn keine Zwergbirken mehr da sind. Dieses Gras wächst höher oben auf den Bergen als die Zwergbirken. Und wenn es dunkel ist, so sieht man nichts, da muß derjenige, der schlechte Augen hat, sich vorantasten, wenn er Reisig ausrupfen will. Und wenn es gutes Wetter ist, da helfen die Lappen sich schon, selbst wenn sie im Hochgebirge sind.

Wenn sie nun wieder weiterziehen, so wählen sie die zahmsten Lastrentiere, da sie wissen, daß jetzt der Umzugsweg gefährlich ist, so daß das Rentier bange wird und zu laufen anfängt; dann stürzt es nieder, und da unten ist eine große Schlucht, in der alle auf einmal, wie viele es auch sein mögen, zermalmt werden. Diese Stellen sind so grausig, daß schwache Köpfe gar nicht hinuntersehen können. Und wenn sie nun damit fertig sind, die Lasten auf die Rentiere zu laden, so ziehen sie wieder weiter, und sie kommen gut über die gefährlichen Stellen, jedenfalls die *Sida,* von der ich erzähle; aber es ist nicht sicher, daß alle *Sidas* glücklich über die Stelle hinwegkommen.

Die Lappen haben einen Aberglauben. Wenn man von einem Wohnplatz aufbricht, da hat es eine Vorbedeutung, wie die erste Strecke geht, denn so geht der ganze Umzug; und ist da ein Unglück auf der ersten Tagesreise, so ist da nichts als Unglück auf der ganzen Wanderung. Und diese *Sida,* von der ich erzähle, hat nun Unglück auf der ersten Tagesreise, und da meinen sie, daß das Unglück sie nun auf der ganzen Reise verfolgen wird. Aber es kommt so, wie es kommen soll.

Und da es ein so schlimmer Umzugsweg war, so sollten die kräftigsten Leute bei der *Raide* sein. Und da war eine schwangere Frau, und die durfte nicht bei der *Raide* gehen, und da ging sie dann und trieb die Herde den Weg entlang. Und da gebar sie das Kind auf der Wanderung, und es war nichts anderes zu machen, als das Kind an die bloße Brust zu legen und die

Rentiere weiterzujagen, bis sie den Platz erreichten, wo sie schon die Koten aufstellten. Und als sie die Kote erreichten, erst da kam sie ins Bett, so wie die Lappen es nun einmal haben. Und das Holz war auch hier schlecht. Und sie pflegten sie, so wie die Lappen es nun einmal tun. Doch die ganze *Sida* konnte dort nicht zurückbleiben, und so zog sie denn weiter, und eine Kote blieb da und zwei Menschen, und sie banden ihr Lastrentier an. Wenn die Lappen beim Rentierhüten und während des Umzugs wandern, so geschieht es oft, daß eine Frau ein Kind gebiert, und da ist nichts anderes zu machen, als das Kind an die bloße Brust zu schieben und weiterzuziehen, bis sie die Kote erreichen. Wohl ist dies traurig, zuweilen, wenn man auf dem Hochgebirge ist in der kalten Zeit. Aber wenn die Frau im Lager ist, so kommt sie ins Bett, wenn sie das Kind geboren hat[1]. In alten Zeiten hatten die Lappen keine Kissen, sondern Felle und Pelze und Säcke mit etwas darin und Birkenreiser, die immer in einer Lappenkote anstatt des Fußbodens sind, und Heu wird auf das Rentierfell gelegt, bis die Frau in Ordnung gekommen ist. Und das Lager wird einmal am Tage gemacht. Und wenn die Wöchnerin nicht zu frieren braucht, dann ist sie nach Verlauf einer Woche wieder gesund.

Über Kinderpflege

Wenn das Kind glücklich geboren ist, dann wird es in ein Rentierkalbfell gewickelt, bis man warmes Wasser gemacht hat, und wenn das Wasser warm ist, wäscht man das Kind dreimal am Tage, während dreier Tage. Nach Verlauf von drei Tagen fängt man an, es zweimal am Tage zu waschen. Später wird das Kind einmal am Tage gebadet, und nach Verlauf von

[1] Die Lappinnen gebären stehend oder auf den Knien liegend.

ein paar Monaten wird es ungefähr einmal in der Woche gebadet, bis es etwa zwei Jahre alt ist[1]. Und zu Anfang gibt man dem Kind gekochtes Rentierfett zum Saugen. Zu der Zeit, von der ich erzähle, hat es noch keinen Zucker hier oben in Lappland gegeben. Man mußte dem Kind Fett zum Saugen geben, weil die Mutter den ersten Tag noch keine Milch hatte[2], und es verursacht leicht Schmerz, wenn die Mutter den ersten Tag anfängt, sich mit dem Kinde abzumühen und es zu stillen. Einige Frauen sind so kühn, daß sie schon nach zwei Tagen wieder an die Arbeit gehen, wenn sie fühlen, daß sie gesund sind. Und dann werden sie krank, so daß sie viele Monate wieder liegen müssen, und einige sind auch wegen einer solchen Kühnheit gestorben. Und wenn die Mutter stirbt oder wenn den Frauen die Brust so erfriert, daß sie aufschwillt und Eiter ansetzt und die Milch aufhört, so wird es schwer, das Kind großzuziehen.

Zuweilen ist das Kind in der Mutter Leib erstickt, und dann hat man den guten Rat, daß man den Nabelstrang nicht durchschneiden darf; man muß versuchen, es wieder ins Leben zu rufen, und an den Nasenlöchern und dem Munde saugen, und auf diese Weise pflegt man das Kind wieder ins Leben zu bringen. Und wenn ein Fuß oder ein Arm verrenkt ist oder sonst irgend etwas, dann richtet man das gleich wieder ein, ehe die Knochen fest werden, und wenn es nicht auf andere Weise halten will, so muß man solche Holzstücke dar-

[1] Beim Durchlesen der Arbeit fügte Turi folgendes hinzu:

»Und wenn es eine Woche alt ist, dann wird es nur einmal am Tage gebadet, und wenn es noch älter ist, einen Monat, dann wird es nicht mehr als einmal in der Woche gebadet; aber nicht alle sind gleich, manche (Mütter) sind mehr träge. Und wenn das Kind zwei oder drei Jahre alt ist, dann wird es niemals gebadet, nur wenn der Regen es im Sommer wäscht, wenn es sich draußen herumtreibt, oder wenn es in einen See oder Fluß fällt.«

[2] Die Mutter, von der er hier spricht, ist die Frau, von der S. 38 unten die Rede war. (Anm. der deutschen Übersetzerin)

unterbinden, die genau passen. Wenn das Kind verkrüppelt ist oder sonst einen Fehler hat, so darf man das der Mutter nicht erzählen; einige sind so schwach, daß ihr Verstand sich verwirrt, wenn sie hören, daß das Kind irgendeinen Fehler hat.

Aber nun wird das Kind gewaschen, so wie es bereits erzählt worden ist. Und dann wird es in Leinwand und Rentierfell gewickelt und in die Wiege gelegt. Und darin bleibt das Kind in der Nacht sowie auch am Tage, wenn man sich an einer Stelle aufhält, und während des Umzuges oder auf Reisen im Sommer und im Winter. Und die Wiege ist aus einem ausgehöhlten Baumstamm angefertigt. Die Aushöhlung ist so groß wie das Kind. Und das Kopfende ist höher gemacht mit einem Halbverdeck aus gebogenem Holz, das die Wiegendecken in die Höhe hält, damit das Kind nicht erstickt. Das Verdeck ist aus Birkenholz gemacht, das gebogen wird, aber der übrige Teil ist aus einem ausgehöhlten Föhrenstamm. Man legt Moos auf den Boden der Wiege und dann die Leinwand und die andern Sachen, das Rentierkalbfell und unter den Kopf Federkissen und weiße Hasen- oder Polarfuchsfelle. Und um das Holz herum ist gegerbtes Rentierfell, und das wird über dem Kind zusammengeschnürt, in alten Zeiten mit einem Lederriemen, aber nun schnürt man mit wollenen gewebten Bändern. Im Winter, um die Nachtzeit, ist ein doppelter Überzug über der Wiege; erst ist gegerbtes Fell darüber, das ja sommers und winters gebraucht wird; aber im Winter braucht man noch einen Überzug, der aus weißen Rentier-Beinfellen gemacht ist. Über den Kopf des Kindes geht auch ein dreisträhniges Band hinweg, und daran sind vielfarbige Perlen und silberne Knöpfe angebracht, damit das Kind sie sehen und sich die Zeit vertreiben soll, und daß die Uldas es nicht vertauschen können. Dies haben die Lappen aus alter Zeit erfahren, daß nämlich die Uldas

das Kind oft sehr schnell vertauscht haben, wenn es allein in der Kote zurückgelassen worden ist. Aber wenn man sich gleich klar darüber wird, was geschehen ist, und sich daran macht, den Wechselbalg mit brennenden Wacholderreisern zu peitschen, dann nehmen die Uldas ihr Kind wieder und geben das andere zurück; aber wenn man das nicht tut, verliert man sein gesundes Kind und bekommt dafür ein Kind, das verkrüppelt ist und nicht wächst.

Wenn es kalt ist, dann wird die Wiege kalt, während man das Kind wäscht; und darum legt man einen heißen Stein in die Wiege, damit sie warm bleiben kann. Und es ist vielmals so zugegangen, daß die Mutter nicht daran gedacht hat, den Stein aus der Wiege zu nehmen, dann wurde das Kind auf den heißen Stein gelegt, und dann verbrannte es sich den Rücken. Das Kind schreit, aber die Mutter weiß nicht, was da mit dem Kind los ist, daß es schreit. Aber sie ist doch gezwungen, es wieder auszupacken; und erst dann sieht sie, wie es ihrem Kinde ergangen ist, und dann trauert nun die arme Mutter und weint so heftig, daß das fast ihren Verstand verwirrt. Und für das Kind wird das eine schlimme Qual, und wenn es sich nun endlich wieder erholt, so wird es doch nicht ein ganz gesunder Mensch; zuweilen bekommt es einen krummen Rücken. Aber wenn die Kinder so weit gekommen sind, daß sie hinauslaufen, so erfrieren ihnen zuweilen die Finger, und den Knaben erfrieren die Geschlechtsteile, wenn man sich nicht augenblicklich darauf versteht, sie mit Schnee zu reiben. Dann fallen sie so weit ab, als sie erfroren sind.

Bei den Lappen haben auch alle ein Amt. Der oberste ist der Hausvater, und dann ist da die Hausmutter, und dann der Knecht und dann die Magd und dann die Kinder. Das älteste ist der Holzhauer, das zweite Klein *Dolla-tsogge* (der das Feuer pflegt), das dritte ist Klein *Guonna-mugga* (der nach Urin riecht), das vierte ist der Mutter Augapfel, das fünfte des Vaters Augapfel.

Von dem Schulunterricht der Lappenkinder

Fünfjahresschulen sind gut für arme Lappen, da die Kinder zu der Zeit in der Schule sind, wo sie noch nicht so weit sind, daß sie für ihren Unterhalt arbeiten können. Und es ist auch dies, daß sie schreiben und lesen und rechnen lernen und dann nicht überall von Kaufleuten und Bauern betrogen werden, welche früher so viele mit Abrechnungen und Trinkereien betrogen haben. Aber es verdirbt auch die Kinder der Lappen, sie kriegen wohl eine gute Gelehrsamkeit, aber sie lernen viel Unnützes, so daß sie soviel Bauernnatur bekommen, und sind während der Lernzeit fort von den Lappen, und dann lernen sie nur Bauernleben, und Lappenleben lernen sie nicht, ganz und gar nicht. Und die Natur verändert sich auch, die Lappennatur geht verloren, und die Bauernnatur kommt statt dessen. Und viele von den Regierungsschulkindern sind brustkrank; aber da in der eigenen Kote der Lappen keine Schulen sind, so sind sie gezwungen, sie da unterzubringen, wo es Schulen gibt, selbst wenn es nicht gut für sie ist.

Hier wird von dem Treiben der Kinder während des Herumziehens erzählt

Wenn das Kind noch klein und leicht ist, da ist es nicht schwer, es in der Wiege zu tragen, auf der einen Seite des Rentieres, so wie die Lappen ihre anderen Sachen tragen, zwanzig Kilo auf jeder Seite. Aber wenn das Kind stark weint, da ist es beschwerlich für die Mutter, es auf dem Rentiere zu stillen; aber dazu ist sie ja doch genötigt und findet sich auch darein. Wenn das Kind sehr arg weint, so muß sie das Kind selbst tragen und es auf dem Arm einlullen und es oft stillen.

Von größeren Kindern. Wenn das Kind größer und schwerer ist, so vermag das Rentier nicht, es auf der Seite zu tragen. Wenn es ein vierjähriges Kind ist, so ist es schon gezwungen, auf dem Rücken des Rentieres zu reiten, mag es gutes Wetter sein oder Regen oder Kälte. Und da frieren die Kinder und werden müde, so daß sie zuletzt nicht auf den Rentieren bleiben können, weil sie frieren. Und auf den Rentieren ist es so kalt, weil da der Wind von unten bläst und von allen Seiten. Die Kinder, die das Rentier an der Seite trägt, die kann man viel besser beschützen. Die Kinder, die in der Wiege sind, die halten sich viel besser warm. Und wenn das Kind so groß geworden ist, daß das Rentier es nicht mehr tragen kann, so muß das Kind selbst laufen, obwohl es ja eine harte Strafe ist, wenn noch dazu schlechter Weg ist oder Regen oder Schneetreiben. Und sie werden so müde, daß sie zuletzt nicht mehr können, ganz und gar nicht mehr, dann ist man gezwungen, sie zu tragen, selbst wenn es ein Weg von zwei Meilen und zuweilen länger ist.

Ebenso beschwerlich ist es auch für die ungemein alten Leute. Auf den langen Wegen werden sie müde, und dann müssen sie in der Wildnis übernachten, und freilich müssen sie ja übermäßig viel frieren, und freilich bleiben einige auch auf dem Wege tot zurück. Auch hat man dann keine Zeit, sie aufzusuchen. Man hat viele Jahre später die Gebeine gesehen, aber die hat man für nichts Besseres gehalten als Rentierknochen.

Hier wird ein wenig von der Wanderung über das Hochgebirge bei schlechtem Wetter erzählt

Es ist ja schlimm anzusehen, wenn auf den Hochgebirgen während der Wanderung Schneetreiben ist.

Und die *Sida,* von der ich erzähle, zog von dannen, und dann fingen sie an, die langen Wege zu wandern — und da oben ist es doch kalt, selbst wenn es gutes Wetter ist. Und dann wurde es eine solche Kälte und Schneetreiben und scharfer Wind, daß er die Rentiere umwarf, und die Lasten fielen von den Rentieren herab, und die reitenden Kinder froren am schlimmsten und wurden müde, so daß sie nicht mehr auf den Rentieren bleiben konnten, und ihre Hände waren so kalt, daß sie die Enden der Saumhölzer nicht festhalten konnten. Und die alten Leute, die über achtzig Jahre alt waren, die waren entkräftet und hatten schlechte Augen. Die können nicht mehr so gehen, daß sie mit einer wandernden *Sida* Schritt halten können, und sie werden auch so kraftlos, daß sie die lange Tagesreise in einem Zuge nicht machen können. Und dann sind sie gezwungen, die Nacht über in der Wildnis zu bleiben; und zuweilen können sie kein Feuer anmachen, ja selbst wenn sie nun schon ein Feuer haben, so können sie es doch nicht fertigbringen, so viel Reisig auszurupfen, daß sie es die ganze Nacht unterhalten könnten; und dann frieren sie so, daß sie fast das Leben verlieren; und ist es schlimmes Wetter, dann ist es noch ärger. Und dafür gibt es keinen guten Rat, es ist nicht das geringste dabei zu machen; weder Rentiere noch Menschen vermögen sie zu tragen.

Und wenn die *Sida* dort ausgeschirrt hat, wo ein wenig Bergbirke und Nahrung für das Rentier ist, dann stillen die Frauen die Kinder, und die größeren müden Kinder decken sie zu, damit sie nicht frieren sollen. Wenn da viele und kleine Kinder sind, so weinen sie, was sie können; aber das hilft nichts, sie müssen in der Wiege bleiben, bis die Kote erreicht worden ist und das Feuer angezündet wird. Die größeren weinen auch, wenn es kalt ist. Und der Tag ist nun vorbei, es ist spät und es fängt an, dunkel zu werden, und da ist Müdigkeit und hastiges Treiben. Einige reißen Zwergbirken aus, und andere schlagen die Kote auf und sammeln die Sachen zusammen. Und das Holz ist hier so schlecht, daß man Feuer nicht auf andere Weise anmachen kann, als indem man Beerenreisig ausgräbt; und knapp ist es damit auch. Und wenn sie Feuer angemacht haben, dann haben die Frauen viel zu tun, die Wiegenkinder auszubündeln und sie zu besorgen, und andere machen Essen, und wenn das Essen fertig ist, dann essen sie. Und die, die die Herde getrieben haben, bringen sie nach der Kote zum Ruhen, und dann gehen wieder andere hin, um sie zu hüten, und es ist schon dunkle Nacht.

Und sie lassen die Herde weiden, bis der nächste Tag kommt. Dann treiben sie sie an die Kote, und sie zieht gleich weiter. Aber sie ziehen so schnell, wie sie nur können, über die schlimmsten Hochgebirge, damit das Unwetter sie nicht einholen soll. Und in früheren Zeiten war überall gut sein, da waren da Rentierflechten, und sie hielten sich auch auf den Hochgebirgen auf, wo nur ein ganz klein wenig Bergbirke war; denn auf den Hochgebirgen ist das Rentier ruhig, da ist es leicht, die Rentierkühe zu melken. Und in früheren Zeiten molken sie viel; ein Teil von den Lappen, diejenigen, die eine kleine Herde hatten, die waren gezwungen, um der Nahrung willen zu melken, da keine andere Nahrung da war als Milch und Fleisch. Und sie molken so stark im Sommer, daß die Rentiere krank wurden. Diese schwere Rentierkrankheit tötete viele Rentiere, und obendrein war sie so, daß sie ansteckte wie andere ansteckende Krankheiten; wenn die kranken Tiere unter solche *Sidas* gerieten, wo sie nicht war, so steckte sie gleich an. Und wenn die Krankheit auf ihrem Höhepunkt war, so steckte sie auch durch die Spuren an. Und die *Sidas,* die die Krankheit nicht hatten, fürchteten die *Sidas,* die die Krankheit hatten, und gingen weit um sie herum. Und in warmen Sommern war die Krankheit schlimmer. Da starben so viele, daß man nicht einmal alle Felle abziehen konnte, selbst wenn man sie zu Hunderten abzog, und Fleisch war nur von dem einen oder anderen Rentier genießbar. Und darum blieben die auch immer arm, die so stark molken. Und die Krankheit ist so, daß die Klauen der Rentiere entzündet werden und es kommt Eiter. Die Geschlechtsteile der Rentierochsen schwellen an, und die Euter der Rentierkühe werden schorfig, und die Mäuler der Kälber werden räudig.

Vom Melken

Beim Melken wendeten sie solche Künste an, daß sie die Euter der Rentierkühe mit Rentierdünger einschmierten, damit die Kälber nicht saugen sollten; noch eine Kunst ist die, daß man die Euter der Rentierkuh mit wollenen Fäden umwickelt, und wenn dann die Rentierkuh wegläuft, werden die Euter abgeschnürt. Und dies tun sie, damit die Kälber nicht saugen sollen, denn sonst sögen sie die ganze Zeit, so daß das Rentier keine Milch zum Melken hätte.

Von den Dieben

Das war die Zeit, ehe von Osten her Lappen kamen, die sie lehrten, wie man Rentiere hüten muß. Und als alle gelernt hatten, sie zu behandeln, da fingen die Herden an zu wachsen. Die Jukkasjärvi-Lappen haben die Rentiere nicht richtig pflegen können, und darum hat das Rentier sich auch nicht so vermehrt, daß das Land von der Mannigfaltigkeit der Rentiere angefüllt worden wäre, so wie es jetzt angefüllt ist, daß da kein Platz ist. Wenn da ein etwas schlimmerer Winter kommt, dann muß notwendigerweise ein Teil von den Rentieren sterben. Aber heutzutage gibt es im Sommer keine Rentierkrankheit mehr, so wie das früher in der Jukkasjärvi-Gemeinde gewesen ist, ehe die Ostlappen kamen, gerade die Lappen, von denen die Jukkasjärvi-Lappen sagen, daß sie die Dieberei hierhergebracht haben; aber das haben sie nicht offenbart, daß sie auch gute Lehren mitgebracht haben. Und davon zeugt die Sache selbst, daß sie die Rentiere nicht richtig haben pflegen können; sonst hätten die Ostlappen ja keinen Platz da gefunden. Auch kamen sie nicht mit leeren Händen; sie brachten Rentiere mit. Und es ist auch wahr, daß von da oben her wohl der eine oder der andere Dieb mitkam. Aber die Hauptbesitzer waren ordentliche Leute; Jone Lasse und Tomos Jouna und Vater Pekka, und die hatten viele Rentiere. Und denen wuchs die Rentierherde so schnell, denen, die Rentiere hüten konnten. Und da meinten die hiesigen Lappen, daß sie ihre Rentiere stählen; und einige von den Dienern stahlen wohl auch; aber es ist nicht gewiß, ob es gerade so viel war, wie gesagt wird. Man hat ja wohl gesehen, daß Hunde auf einen fremden Hund losspringen und ihn so hart beißen, daß sie, wenn Leute nicht zu Hilfe kommen, ihn totbeißen. Es ist möglich, daß die Menschen ebenso sind; dies ist doch ein klares Zeichen dafür, daß die Leute auch so sind, solche Lappenleute.

Hier oben wird davon erzählt, daß die Ostlappen die Dieberei hierhergebracht haben.

Aber hier sind die eingeborenen Jukkasjärvi-Lappen Diebe gewesen, ehe die Ostlappen die Weisheit hierherbrachten. Einer war da, namens Niärpe, der ein Dieb war. Einmal kam er nach einer *Sida,* die an dem Bärdoälv-Ufer dahinzog, und sie hatten viele Rentierkäse auf den Lastrentieren. Und da er sehr stark und schnell war, kannte er eine Stelle, wo er über den Bärdoälv springen konnte; und als die *Raiden* gerade dahin kamen, da schnitt er mit dem Messer die Käselast von den Rentieren herunter, warf sie auf den Rücken und lief an das Älvufer, warf die Last hinüber, und er selbst sprang auch über den großen Älv; und der arme Lappe lief hinter ihm drein, aber er konnte nicht hinüberkommen, und die Stelle hat von dazumal den Namen Niärpesprung bekommen, weil der Name des Lappen Niärpe war. Und man hat keinen andern Lappen gefunden, der über den Bärdoälv gesprungen ist, der so groß ist, daß er viele Rentiere tötet. Und er ist auch so grausig und hat hohe Wasserfälle und jähe Klippen zu beiden Seiten; der Älv ist wie ein siedender Kessel, und die Wasserfälle schäumen, so daß der Rauch darüber steht, als sei es ein großes Feuer oder ein Schneetreiben.

Und ich könnte von noch einem erzählen, den Namen nenne ich nicht, der auch sehr arg dran war zu stehlen, und seine Kinder sind auch von derselben Art gewesen und sind viele Male bestraft worden. Und da war einer, der Nahrungsmittel aus des verstorbenen Niolpa Jounas' Vorratshaus in der Wildnis stahl, das im Hochgebirge lag, und Niolpa erriet, als der Dieb verschwand, daß er hingegangen war, um in seinem Vorratshaus zu stehlen, und da ging er hin, um zu suchen, und fand, wo er die Diebsbeute hingeführt hatte, und da schlich er nach seiner kleinen Kote hin, und da schlich er sich in die Kote hinein, und der Dieb konnte zu nichts kommen. Er hatte ja auch eine Büchse, der Dieb, aber er konnte nicht dazu kommen zu schießen. Und da sprang Niolpa auf ihn los, und da zog er ihn mit hinaus und prügelte ihn so arg, daß er anfing zu bitten und zu versprechen, daß er nie wieder stehlen wollte; und da nahm Niolpa ihn mit und führte ihn zu Leuten. Und da sind ja noch mehrere solche Diebslappen gewesen, die nicht Kautokeiner waren, auch nicht aus dem Geschlecht der Kautokeiner. Und der, der die Wahrheit reden will, der muß die Wahrheit bekräftigen, und es ist doch wenig Beweis dafür, daß nicht alle Dieberei mit den Kautokeinern gekommen ist.

Von Rentierkrankheiten

Die erste ist *Šlubbo,* die zweite *Gärdne,* die dritte *Njunevikke,* die vierte *Ruodno,* die fünfte *Tjakkarvikke,* und andere solche Krankheiten, die Geschwülste irgendwo verursachen, am Kopf, im Rücken und in den Lenden. Und dann ist da noch *Livcavikke* und *Oaivevuorra,* und dafür braucht man die Kunst, die Ohren abzuschneiden. Und eine Krankheit ist so, daß das Rentier gerade nicht so entkräftet ist, aber es dreht sich fortwährend rundherum, es läuft nicht, wandert nur in einem Kreis herum.

Ein wenig Erklärung zu den oben genannten Rentierkrankheiten

Šlubbo ist so, daß Schwellungen zwischen den Klauen kommen, und es fängt an sich Eiter zu bilden. Und *Njunevikke* ist so, daß das Maul räudig wird, und es geht auf die Zunge und in den Mund und in den Hals und dann in die Lunge, und da tötet es. Und *Gärdne* ist so, daß das Euter der Rentierkuh räudig wird und anschwillt und Eiter ansetzt, so daß das ganze Euter abfällt, und die Rentierkuh leckt das, und dann steckt es den Mund an und geht in die Lunge und tötet. Und *Tjakkarvikke* ist so, daß die Geschlechtsteile der Rentierochsen stark anschwellen. *Ruodno* ist so, daß das Rentier die ganze Zeit gesenkt geht (mit gesenktem Hinterleib), als wolle es Urin lassen, aber es kommt doch nichts, und die Krankheit beginnt in der Urinöffnung und geht in die Blase hinein, und dann werden alle Eingeweide entzündet mit Eiter, und dann tötet sie. *Livcavikke* ist so, daß das Rentier zuweilen völlig gesund anzusehen ist, aber es magert ab, und manchmal wird es so, daß es den Hinterleib nicht mehr aufrecht halten kann, nur mit dem Vorderleib zieht es den Hinterleib weiter. Und die Krankheit kommt auch im Winter vor. Aber die andern Krankheiten hören zum Winter auf. Doch währt *Šlubbo* zuweilen den ganzen Winter, aber sie ist dann doch nicht so schlimm wie im Sommer, weil im Winter nur so ein oder das andere Rentier davon ergriffen ist. In heißen Sommern pflegen viele Rentiere die Sehkraft zu verlieren; da gibt es Insekten, die den Augen der Rentiere schaden; auch werden sie blind, wenn sie im Frühling zu stark entkräftet werden, daß das Fett ganz von den Augen verschwindet; da sinkt das Augen ein, wie bei einem toten Rentier. Und wenn man ein Rentier auf die Nackensehnen schlägt, dann werden die Augen auch weiß. Und da ist eine Krankheit in den Augen des Rentieres, die oft vorkommt, die heißt *Dieiggačalbme,* und dafür ist es gut, daß man eine Laus in das Auge setzt und zuweilen Schwefel. In einem warmen Sommer gibt es Insekten, die hüpfen, und wenn davon viele waren, dann pflegten alte Lappen zu glauben, daß die *Šlubbo*-Krankheit davon käme.

Ein paar Heilmittel für die oben erwähnten Rentierkrankheiten

Gegen *Šlubbo* ist es gut, all das wegzuschneiden, was krank ist. Und dann mit etwas einzuschmieren, was aus Baumrinde gekocht ist, und bis es dick wie Teer geworden ist, und mit Salz vermischt; und dasselbe ist auch gut für *Njunevikke* und für *Tjakkarvikke* und für *Laskidanvikke.* Und für *Ruodnovikke* muß man Tran kochen und Butter und Teer und Pulver, und es dann in das Rentier hineingießen. Bei *Gärdne* muß man Fett von Rentierklauen und Harz von Tannen oder Fichten zusammenmischen und kochen und damit einschmieren. Und bei *Njunevikke* der Kälber ist das auch gut. *Jieska*[1] ist schlimm, dafür gibt es keine andere Medizin, als daß ein Zwilling das Tier beißt. Gegen *Livcavikke* hat man kein Heilmittel gefunden, aber einmal hat man die Medizin versucht, starken Rum oder Kognak in das Rentier zu gießen, und dann mußte man das Rentier anbinden, so daß es vierundzwanzig Stunden lang keine Nahrung bekam, und es wurde gesund. Aber wenn die ganze Herde damit

[1] Ein Geschwür, das sowohl bei Menschen als auch bei Rentieren auftritt; es hat einen grützigen weißen Inhalt und wächst, und kann nach Turis Aussage den Tod zu Folge haben.

beginnt, dann hilft es nicht; weder kann man damit fertig werden, noch wagt man sich heran; die kranken Tiere haben einen so schlimmen Geruch, daß es auch den Leuten schadet, wo Hunderte gleichzeitig krank werden, und immer mehr krank werden. Und wenn die Krankheit auf dem Höhepunkt ist, dann sterben Hunderte auf einmal.

Hier wird von den Feinden des Rentieres geschrieben

Von solchen, von denen früher noch nicht gesprochen wurde. Der Bär ist auch schlimm. Wenn der die Rentierkuhherde findet, tötet er viele Kälber, wenn er merkt, daß er sie einholen kann; aber von den großen Rentieren bekommt er nicht viele. Und wenn er eins bekommt, dann frißt er es ganz auf. Aber fällt man über den Bären her, während er frißt, dann ist er böse und springt auf und zerreißt den Menschen. Und wenn man anfängt, ihn im Frühling zu verfolgen, dann wird er auch böse und geht und versteckt sich neben der Spur, und wenn ein Mensch kommt, fällt er ihn an und zermalmt ihm den Kopf. Der Bär hat viele Male Lappen getötet.

Der Wolf ist der größte Feind des Rentieres. Er tötet Rentiere das ganze Jahr hindurch und zu jeder Zeit. Und er ist ein solcher Räuber, wenn er zu einer gesammelten Herde kommt, so tötet er so viele, wie er nur kann. Zuweilen in einer Nacht zehn, zwanzig und dreißig. Und im Winter, wenn der Schnee tief ist, dann tötet er in einer Nacht vierzig und sogar siebzig.

Auch der Vielfraß ist schlimm im Winter. Wenn der Schnee tief wird, dann kann er die Rentiere einholen. Auch er kann in einer Nacht zehn töten. Und im Frühling auf der Schneekruste tötet er auch die Rentiere und im Frühling die Kälber. Er tötet viele Kälber. Und wenn es ein Hungerfrühling ist und die Rentiere entkräftet sind, dann tötet der Vielfraß viele Rentiere. Und der Polarfuchs und andere Füchse töten auch im Frühling viele Kälber, ehe sie heranwachsen, und der Adler tötet auch Kälber. Der ist noch schlimmer als der Polarfuchs. Der Adler tötet auch einjährige Kälber.

Und die Hunde der Bauern und die Hunde der Norweger beißen Kälber, und die eigenen Hunde der Lappen beißen auch zuweilen einige.

Feinde für das Rentier sind auch die Mücken. Wenn es warm wird, dann leben viele solcher Insekten auf, die kommen und verfolgen das Rentier, und wenn sie sich darauf setzen, dann hängen sie augenblicklich fest. Es gibt eine Art, die geht in die Nase hinauf und legt da ihre Eier, und sie werden zu Larven, die töten die Rentiere im Frühling, wenn sie ermattet sind. Und eine andere Art gibt es, die sich in den Rücken des Rentieres festsetzt und bringt Maden hervor, die im Frühling die sehr ermatteten Rentiere töten. Sie durchbohren den Rücken des Rentieres. Und das Rentier fürchtet diese Insekten so, daß es hierhin und dahin läuft und oben hinauf auf die höchsten Berge und die Klippenabsätze jagt, wo es kühler ist und wo viel Schnee und Gletscher sind. Aber da oben gibt es kein Gras und auch keine Flechten. (Das Rentier wächst nicht zu anderer Zeit als im Sommer, und wenn es ein heißer Sommer ist, wächst das Rentier schlecht.) Und das ist das, was die Norweger den Lappen gegeben haben, aber keinen anderen Boden, es sei denn, daß sie so viel bezahlen, wie die verlangen, selbst wenn möglicherweise gar kein Schaden angerichtet ist.

Von der Asungs- und Ruhezeit des Rentieres

Das Rentier ruht, wenn die Morgendämmerung beginnt, und das nennt man Frühmorgensruhe, und dann frißt es zu Mittag, und dann hält es Mittagsruhe, und dann frißt es zu Abend, und dann hält es die Zwielichtsruhe. Dann geht es hin und frißt um Mitternacht und hält dann die Mitternachtsruhe. Das ist jedoch nur, wenn die Weideverhältnisse gut sind, daß sie so alle zur gleichen Zeit ruhen. Denn wenn es ein Hungerjahr ist, bekommen nicht alle Rentiere Nahrung auf einmal, und darum muß jedes einzelne ruhen, wenn es gefressen hat. Auch hat das Rentier keine Zeit zu langer Ruhe im Hungerjahr, oder es muß sich ohne sie behelfen, selbst wenn es gefressen hat. Denn wenn die Flechten schlecht sind, fristen sie dem Rentier das Leben nicht, wenn es lange ruht. Aber wenn die Flechten gut sind, dann ruht es so lange, daß der Rentierhirte schlafen kann, so daß er gut ausruht; und schläft er leicht, so hört er augenblicklich, wenn das erste Rentier sich rührt. Wenn sie im Begriff sind, sich von der Ruhe zu erheben, beginnt das *Ruovggama* der Kälber (der Laut, den die Kälber hervorbringen). Und ein solcher Mensch, der wird nicht müde. Auch sind die Rentiere sehr viel ruhiger, wenn die Flechten gut sind und es schönes Wetter ist. Aber der Mensch, der schwer schläft, der kann wohl schlafend auf einem Ruheplatz zurückgelassen werden; wenn er endlich erwacht, dann weiß er nicht, wohin die Herde gegangen ist, wenn schneefreies Feld ist. Aber wenn er gegen den Wind angeht oder wenn er weiß, wo das Rentier von der Stelle aus hinzugehen pflegt, dann geht er hin und lauscht, und auf diese Weise findet er die Herde. Und wenn die ganze Herde in einer Richtung gegangen ist, so kann sie wohl wieder gesammelt werden, wenn da zwei Menschen sind, die sie hüten, so, wie das zu sein pflegt. Und wenn die beiden die Herde gefunden haben, dann gehen sie jeder von seiner Seite um die Herde herum, um die äußersten Rentiere herum. Auch dürfen sie den Hund nicht jagen lassen. Aber wenn ein Teil der Herde nach einer andern Richtung gegangen ist, so kann man sie wohl verlieren. Und zuweilen kann die Herde ja dem Hirten entschlüpfen, wenn es regnet oder arg weht. Dann kann er weder hören noch sehen, da ist es so dunkel, daß man nichts sieht, auch ruht das Rentier dann nur ganz kurz und ist sehr flüchtig. Aber wenn es tüchtige Hirten sind, dann halten sie die Herde schön gesammelt und jagen sie zur Morgenruhe nach der Kote. Aber sie müssen sie ja treiben, während es noch dunkel ist, um die Kote gerade dann zu erreichen, wenn es zu dämmern anfängt, dann ist es Ruhezeit. Und sobald es anfängt ein wenig hell zu werden, machen sie sich daran, die Rentierkühe zu melken, und wenn sie mit dem Melken fertig sind, gehen wieder andere Hirten den Tag über mit der Herde. Und am Abend bringen sie sie wieder nach der Kote, und dann melkt man wieder. Und die andern Hirten haben am Tage geschlafen, und nun gehen die wieder zur Herde. Und wenn es so gemacht wird, dann nennt man es Halbwache. Aber wenn sie in der Schneezeit hüten, dann ist es viel heller, und wenn man dann schläft, während das Rentier ruht und die Herde entschlüpft, da ist es leicht, ihrer Spur im Schnee zu folgen; wenn dann kein starkes Schneetreiben ist, kann man sie wohl einholen. Aber wenn man die Herde nicht findet, dann ist es ganz traurig für den Rentierhirten, noch dazu, wenn er noch ein halbes Kind ist. Dann läuft er herum und weint und weiß nicht, wohin er gehen soll. Und so einer findet die Herde nicht.

Und wenn die Lappen an die Südseite des Hochgebirges gelangt sind, dann fangen sie an, sich ein wenig länger an solchen Stellen aufzuhalten, wo Nahrung für das Rentier ist, selbst wenn da nur schlechtes Brennholz ist. Aber sie halten sich nicht jedes Jahr auf dieselbe Weise auf. Und wenn sie an den Ort gekommen sind, wo sie im Frühling zu sein pflegen und Winterkleider und andere Wintersachen, Nahrung und Schlitten hinterlassen, dann machen sie dort in der Nähe halt, um die Kleider zu wechseln, die Winterkleider anzuziehen und die Sommerkleider zu hinterlassen. Und dort in der Nähe sind sie in der Rentierbrunstzeit. Und die Brunst fängt um die Michaeliszeit an. Und die Hauptbrunst währt nicht länger als zwei Wochen. Während der Hauptbrunst jagen die reichen Lappen die Herde nicht viel. Auch wollen sie sie nicht in den Rentierzaun gejagt haben, weil die Stiere wütend sind, und wenn man die Herde zu dicht gesammelt hält, dann fangen die Stiere an fortzulaufen und zu kämpfen, jeder noch so kleine Stier. Und es pflegen Rentiere umzukommen, wenn die Hürde klein ist und wenn viele Rentiere darin sind, und um die Zeit pflegen die Lappen die Stiere wegen der Brunst zu kastrieren. Diese Kastrierung ist so: Die Stiere, von denen man nicht will, daß sie während der Brunst abmagern, die kastriert man. Erst fängt man sie ein und zwingt sie nieder; aber sie sind zu der Zeit so stark und so wütig, daß es lebensgefährlich ist. Man muß schnelle und starke Hände haben. Und wenn man sie niedergekriegt hat, dann hält der eine den Kopf, der andere geht an den Hinterleib und legt den Kopf zwischen die Hinterbeine des Rentieres, bis an die Geschlechtsteile, und mit den Händen faßt er den Hinterleib an, und dann beißt er mit den Zähnen die Testikel ab; aber man muß achtgeben, daß man die Sehnen nicht zerrt. Und wenn man sie abgebissen hat, dann soll man sie mit den Fingern zusammenklemmen, bis es eben wird wie ein Brei, und dann schneidet man ein Zeichen in das

Haar, daß sie abgebissen sind. Einige schneiden ihren eigenen Namen hinein, andere schneiden nur drei Streifen in den Hals als Zeichen, oder so, wie jeder einzelne es zu tun pflegt.

In der Brunstzeit sind die Stiere sehr wütig. Einige Stiere springen auf Menschen los, und die Wildnisrentiere[1] sind am allerschlimmsten darauf erpicht, Menschen anzufallen. Und wenn man nicht hinter einen Baum oder einen Stein schlüpft, dann ist man in Lebensgefahr; sie stoßen den Menschen zuschanden, wenn es ein schwächerer Mensch ist.

Die Namen der Rentierochsen

Die Rentierochsen wechseln jedes Jahr den Namen. Zuerst ist es *Tsjärmak,* der Einjährige, und der Name des Zweijährigen ist *Varek,* auch der paart sich wenig, und der Name des Dreijährigen ist *Vuobbes,* und der Name des Vierjährigen ist *Goddodas,* und der Name des Fünfjährigen ist *Goassotas,* und der Name des Sechsjährigen ist *Makan,* und der Name des Siebenjährigen ist *Nammalapag.* — Arme Leute fangen schon an, das Rentier zu kastrieren, wenn es vier Jahre alt ist. Aber die Reichen kastrieren es nicht, ehe es ganz ausgewachsen ist, um das fünfte und sechste und siebente Jahr. Und das beste Zähmungsalter ist das vierte und fünfte Jahr. Sie werden ausdauernde Lastrentiere, diejenigen, die in einem Alter von vier Jahren gezähmt werden. Aber sie werden kleiner, wenn man sie das erste Jahr bis zur Überanstrengung arbeiten läßt. Solche, die nur vier Jahre alt sind, die sollen gezähmt werden, nur gezähmt werden, aber nicht arbeiten. Aber die, die älter sind, fünf und sechs Jahre,

[1] Die Rentiere, die sich von der Herde getrennt und lange in der Wildnis ohne Bewachung gelebt haben.

die mag man schon soviel arbeiten lassen, wie sie zu arbeiten pflegen. Aber freilich sind arme Leute dazu gezwungen, ihre Lastrentiere soviel arbeiten zu lassen, wie das Rentier vermag, und wohl werden sie kleiner, aber ausdauernder: das sind die Lastrentiere der armen Leute. Und wenn man im Herbst Stiere kastriert und sie nicht im selben Jahr zähmt, und sie bis zum nächsten Jahr leben, dann bekommen sie einen neuen Namen: *Spailek.* Und wenn so einer lebt, zwei oder drei Jahre, dann nennt man ihn den dreijährigen *Spailek,* oder wenn er so lange lebt, den fünfjährigen *Spailek.* Aber das ist kein Zähmungsalter mehr[1].

Hier fängt es nun an, Wanderzeit zu werden, fort von den Brunstlagerplätzen

Und nun ist die Brunst vorbei, und die Rentierkühe haben aufgehört, die Kälber zu säugen, und nun ist die beste Melkzeit, wo die Rentierkühe viel Milch haben, und wenn man nicht jeden Tag melkt, dann werden die Rentierkühe träge, oder die Milch hört für das Jahr auf. Um diese Zeit haben die Lappen viel Arbeit. Sie sollen wandern und melken und die Rentiere hüten. Und um diese Zeit sind die Rentiere sehr flüchtig, weil die Stiere überdrüssig sind, die Rentiere gesammelt zu halten. In der Brunstzeit halten die Stiere die ganze Herde zusammen, so daß sie in einer Nacht nicht weit abkommen kann. Und es pflegt Tau-

[1] Doch nur reiche Lappen können ungezähmte kastrierte Rentiere so lange leben lassen; sie sind nämlich nur zum Schlachten zu gebrauchen, wenn sie über das Zähmungsalter hinaus sind; aber wenn ein solches Rentier die Eigenschaft hat, daß es von selbst dem Leitrentier unmittelbar folgt, wenn der Lappe mit diesem die Herde führt, da ist es sehr wertvoll und darf so lange leben, wie es kann. Das Leitrentier und die folgenden Rentiere sind die wertvollsten Rentiere in der ganzen Herde, und selbst wenn es gezähmte Lastrentiere sind, werden sie nur im Notfall zum Ziehen gebraucht.

wetter zu werden, wenn die Brunst beendet ist, und da ist ja schon Schnee auf der Erde. Und um die Zeit, wo die Stiere entkräftet sind, da pflegt es immer zu tauen, und den Tau nennt man *Golggonjacco.* Und da pflegt man die Herde zu verlieren, weil das Wetter dann sehr schlecht ist, Nebel und Regen. Und wenn es sehr taut, dann entstehen an einigen Stellen schneeleere Flächen, und an anderen Stellen bleibt der Schnee liegen. Und wenn es friert, dann wird der Schnee zu Eis, oder, wie es genannt wird, *Botneskardan,* und der hält sich den ganzen Winter so wie er da ist, wenn das letzte Tauwetter vorbei ist und die Kälte kommt. Aber wenn das oben genannte Tauwetter nicht den Schnee zerstört, dann wird der Winter wohl gut, wenn nicht viel Schnee kommt. Doch kann das Rentier noch zu den Flechten gelangen, selbst wenn der Schnee auch recht hoch liegt, wenn nur der Boden rein ist, wenn nicht Eis auf dem Boden ist. Und dies ist die Zeit, wo die Lappen sich davor fürchten, wie der Winter wohl werden wird. Die Herbstanzeichen sind: Wenn es vor Michaelstag (29. September) kalt ist, so wird der Herbst lang, und wenn ein Regenbogen da ist, da bedeutet es auch, daß es ein langer Herbst wird; aber es ist gut, wenn es ein langer Herbst ist, lange schneefrei, und wenn dann Schnee kommt und der nicht mehr wegtaut. Früher Schnee im Herbst ist sehr gefährlich. Dies ist die Kampfzeit des Wetters, da pflegen die Kälte und die Wärme miteinander zu streiten, und sie gewinnen abwechselnd; und auf diese Weise kommt auch Tauwetter, und da pflegt es schlechte Weide zu werden, Eis auf dem Boden, was sehr schlimm ist. Wenn da Eis auf dem Boden ist, dann ist es schlecht, selbst wenn möglicherweise nur eine dünne Schneeschicht da ist. Aber wenn nur die Rentierflechten gut sind, dann bekommt das Rentier doch Nahrung, und selbst wenn da Eis auf dem Boden ist. Und das Rentier weiß auch schon im Herbst, wo Weide wird, es strebt im Herbst dorthin, wo es weiß, daß da ein guter Boden ist, und wenn die Leute im Herbst die Rentiere laufen lassen, werden sie schon dahin gehen, wo Nahrung ist; und diese leben; die aber, die man bewacht, die hungern, die werden entkräftet und fangen schon im Herbst an ermattet zu werden, und wenn man sich nicht klar darüber ist, wo ein reiner Boden ist, dann hungert die Herde, die man bewacht. Und die *Sidas,* die verstehen, wo Weide ist, die halten ihre Herden am Leben, aber die *Sidas,* die nicht wissen, wo Weide ist, deren Rentiere werden matt und sterben.

Die Brunstplätze passen nicht jedes Jahr auf dieselbe Stelle. Zuweilen muß man mit den Zugrentieren weiter südwärts ziehen als die Stellen, wo die Schlitten sind. Und wenn nun das Tauwetter vorüber und der Schnee gekommen ist, und es kalt geworden ist, dann ziehen sie davon, um die Schlitten zu holen. Aber zuweilen geht es auch so, daß sie keine Zeit haben, um die Schlitten zu holen, weil die Herde zerstreut ist, und da wird es auch gefährlich, wenn die Kälte kommt und man nur Sommerkleider hat; da muß man frieren, wenn man des Nachts draußen in der Wildnis sein soll und die Rentiere hüten, weil sich die zerstreuen wollen; dann müssen die Hirten den Rentieren folgen, und dann kommt der Winter und die Kälte. Und wenn sie nun endlich Zeit haben zu gehen, um die Schlitten zu holen, dann nehmen sie die Lastrentiere bei den Zügeln und gehen und leiten sie so weit, wie sie meinen, daß es notwendig ist. Und wenn die Schlitten weit weg sind, da ist es schwierig zu leiten und schwer, den Vorratssack zu tragen, aber auch daran ist der Lappe gewöhnt. Und wenn es nun so weit ist, daß man nicht an einem Tage dahin gelangen kann, so ist man gezwungen, ein wenig zu rasten und die Rentiere äsen zu lassen, an den Zügeln angepflockt, und man selbst ißt auch ein wenig. Und wenn man gegessen hat, bindet man die Rentiere hintereinander an und zieht weiter und geht die ganze Nacht. Und wenn man die Schlitten erreicht hat, ist es schon Morgen. Man pflockt alsdann die Rentiere wieder fest und ißt selbst in aller Eile ein wenig und fängt dann an, die Sachen zusammenzupacken und sie in die Schlitten zu legen, und wenn man damit fertig ist, sie zuzuschnüren, dann holt man das Rentier herbei und befestigt den Zugriemen am Hals des Rentieres und geht heimwärts, und man geht so lange, bis man gute Nahrung für das Lastrentier findet, und dann schirrt man die Lastrentiere ab und pflockt sie wieder an dem Zaum an, und dann muß man ein wenig schlafen, weil man müde ist, nachdem man zwei Tage hindurch gewacht hat. Und der Zügel ist nicht mehr als zwei, drei Faden lang. Und wenn da nicht gute Rentierflechten sind, muß das Rentier hungern, und wenn da außerdem viele Bäume sind, so bleibt der Zügel an einem Baume hängen, und dann muß das Rentier auch hungern; aber es muß ja immer hungern, wenn man auf der Reise ist. Die Schlittenrentiere kann man nicht loslassen, wenn da nicht viele sind, sonst laufen sie zu der Herde zurück; auch ist der Wolf darauf erpicht, die Schlittenrentiere zu finden und sie zu verfolgen und sie so weit wegzujagen, dahin, wo er sie haben will; und einige tötet er. Und aus Furcht davor wagt man nicht, sie loszulassen. Aber wenn es ein gutes Jahr ist, dann sind alle Arbeiten und die Reisen viel leichter.

Und wenn sie nun zu den *Sidas* zurückgelangt sind, so fangen alle an, die Sommerkleider abzulegen und Winterkleider anzuziehen. Und die Sommersachen läßt man nun zurück. Alles wird nun in einer Birke aufgehängt, oder man macht einen sehr hohen *Suonjer*[1]

[1] Ein Gerüst aus drei Bäumen mit Zweigen am Wipfel, die gegeneinander aufgestellt werden, so daß man verschiedene Dinge daran aufhän-

und hängt es den Winter über daran auf, bis man im Frühling wieder dahin kommt. Und wenn sie alle Kleider gewechselt und in Ordnung gebracht haben, so ist es Umzugszeit geworden. Und Schnee ist da erst wenig, jeder Stein, jede Erderhöhung liegt nackend da; aber wandern muß man, denn mit der Nahrung für die Rentiere ist es vorbei.

Und nun tritt man die Wanderung mit den Schlitten-Raiden an

Und die Schlitten[1] haben jeder seinen Zweck; zuerst ist da der Fahrschlitten, und der zweite ist der Kinder- und der Junge-Hunde-Schlitten, der dritte der Hausgerätschlitten, der vierte der Schlitten mit den Schlafsachen, der fünfte der Kotenschlitten. Und diese *Raide* leitet die Hausfrau, und sie wird Kotenraide genannt. Und die andere *Raide* ist die, in der Fisch ist und Mehl und die feinen Kirchenkleider und die feinsten Eßwaren, Kaffee und Butter und getrocknetes Fleisch. Und da sind die Deckelschlitten und die Deckelkisten; und wenn die *Raide* mit dem Frühlingsproviant mit dabei ist, so ist noch eine *Raide* mehr da,

gen kann; wird jedoch meistens benutzt, um frischgeschlachtetes Fleisch daran aufzuhängen.

[1] Der Lappenschlitten *(Gieres)* ist wie ein kleines Boot gebaut mit spitzem Steven. Hinten ist er stumpf abgeschnitten, unten mit einem flachen Kiel versehen, einen Zoll hoch und vier Zoll breit. Die Länge des Schlittens ist ungefähr zweieinhalb Ellen, die Höhe 9 Zoll und die Weite 18 Zoll. Die Ausschmückung der Schlitten und ihre Form variiert sehr nach ihrem verschiedenen Gebrauch. Der Frachtschlitten ist in der Regel hinten offen. Der Deckelschlitten, in dem die feinere Nahrung aufbewahrt wird, Fleisch, gefrorene Milch, Butter usw., ist in ein paar Fächer abgeteilt und mit Verschlußeinrichtung versehen. Der Schlitten, den die Lappen persönlich benutzen, ist sehr elegant in der Form und mit geschnitzten Ornamenten am Steven verziert, und das Hinterstück, das oft schöne eiserne Beschläge hat, geht so hoch hinauf, daß es eine kleine Rückenlehne bildet.

und die ist schwer[1]. — Und wenn sie nun umziehen, ist es so voll von kleinen Erderhöhungen, daß die Schlitten von einer Seite zur andern schlingern und von einem Stein zum andern; und die scheusten Rentiere, die laufen quer vor den Schlitten und gehen hinter die Bäume, und die Schlitten hängen fest hinter Steinen und Erderhöhungen. Und die Kinder weinen, wenn die Schlitten so heftig schlingern, daß der Kopf des Kindes es nicht aushalten kann; aber sie müssen es aushalten; doch kann man ja zuweilen gezwungen sein, ein Kind auf dem Lastrentier anzubringen, oder es zu tragen wie im Sommer. Aber es ist nicht mehr so schlimm, wenn mehr Schnee kommt, dann vertragen die Kinder die Schlitten viel besser, dann ragen die Erderhöhungen und Steine nicht mehr so hervor; die Birken und Föhren sind freilich noch ebenso schlimm, wenn auch hoher Schnee liegt. Das ist der allerschlimmste Umzug, wenn man eben erst die Schlitten in Gebrauch genommen hat; aber die Kinder halten sich viel besser warm, wenn man anfängt, mit dem Schlitten umzuziehen, doch hört man bis weithin Kinderweinen und Hundegebell. — Und nun ist die *Sida* bis an einen Lagerplatz gelangt, und sie fangen an, die Koten aufzuschlagen, einige stellen die Koten auf, und andere hauen Holz; die Mädchen und die Frauen hauen Reisig zur Unterlage in der Kote. Hat aber eine Frau ein kleines Kind, und weint das sehr, so hat sie keine Zeit, eine Arbeit zu tun, sie muß das Kind stillen und es wiegen. Und wenn das Kind einschläft oder aufhört zu weinen, dann

[1] Die Lappen schlachten zu Anfang des Winters die Rentiere, die sie zum Frühlings- und Sommerproviant gebrauchen wollen. Das Fleisch wird in die Schlitten gelegt, und ein wohlhabender Lappe kann auf diese Weise mehrere Schlitten voll gefrorenen Fleisches haben, das er mit sich führt, bis er an sein Vorratshaus oder an den Ort kommt, wo er im Frühling das Fleisch salzt und trocknet, wenn es aufgetaut ist. Hat er aber Zeit und Gelegenheit, kann er es auch vorher nach dem Vorratshaus bringen, so daß er es nicht auf der Wanderung mit sich zu schleppen braucht.

geht auch sie hin und schneidet Reisig. Und wenn die Kote fertig ist, dann legt man erst Reisig auf den Schlafplatz und dann die Schlafsachen hinein und die Kochgerätschaften in den *Boaššo*[1], und dann macht man Feuer, und es ist lieblich, wenn da Feuer in der Kote ist. Und wenn da keine Wasserstelle ist, so muß man sich daran machen, Schnee zu schmelzen; und dann fängt man an, Nahrungsmittel aus dem Vorratssack herauszuholen und zu essen, und das ist gemütlich. Und die jetzigen Menschen trinken Kaffee; und das Kaffeekochen ist ja das erste, sobald das Wasser warm oder der Schnee geschmolzen ist. Und wenn die Weiden gut sind, dann braucht man die Rentiere nicht zu hüten, wenn da keine Wölfe in der Nähe sind. Dann findet der Lappe, daß es angenehm ist, wenn die Weide gut ist und man nach einer frischen Stelle gezogen ist.

Die Stelle, wo sie nun Rast gemacht haben, ist auf der Südseite des Hochgebirges in den Birkenwäldern, die oberhalb der Föhrengrenze liegen. Und in denen halten sie sich auf, bis der Schnee ein wenig fest wird[2].

[1] Der hinterste oder innerste Platz in der Kote, der Tür gerade gegenüber, wo man das Hausgerät und die Speisen hinsetzt.

[2] Wenn Schnee in den Birkenwäldern fällt, wird er so fest, daß das Rentier ihn nicht aufkratzen kann, und darum geht es in die Föhrenwälder hinab, wo der Schnee selten fester wird, als daß das Rentier ihn aufkratzen und zu seiner Nahrung gelangen kann. Turi schreibt hierüber:

»Flechten gibt es überall in Föhrengegenden; und wo dichter Föhrenwald und viele niedrige, föhrenbekleidete Berge sind, da gibt es immer Weide, in jedem schlechten Jahr; und wenn da viele Hügel und Vertiefungen sind, so gibt es da auch in schlechten Wintern Weide. Und im Birkenwalde sind wohl auch Flechten, aber im Birkenwalde gibt es keine Weide im Winter, wenn der Schnee anfängt dick zu werden, und wenn die Gegend obendrein flach ist und weit weg von einem Fluß ist. Der Fluß ist so, daß es ist, als fräße er den Schnee; in der Nähe eines Flusses ist der Schnee immer dünner als auf den Bergrücken. Und wenn da Birkenniederungen im Birkenlande sind, so gibt es da keine Rentierflechte; wenn da außerdem Weiden dazwischen sind, so gibt es an solchen Stellen Moos und keine Flechten, nur hin und wieder ein kleiner Büschel.

Im Tannenwald gibt es viel Moos und äußerst wenig Flechten, und im Tannenwald ist der Schnee viel höher und härter; es ist, als ob Tannen-

Und wenn es Zeit wird, von hier wegzuziehen, so ist es schon Weihnachtszeit, und da ist es dunkel und kalt, und da ist es ja beschwerlich weiterzuziehen, da der Tag vorbei ist, wenn man soweit ist, daß man von dem Kotenplatz aufbrechen kann, und dann muß man in der Dunkelheit weiterziehen, und die Lastrentiere sind scheu und laufen zuweilen quer vor den Schlitten und hängen hinter den Bäumen fest, und da ist da etwas zu entwirren. Und da pflegen die Rentiere erdrosselt zu werden, wenn der Schlitten hinter einem Baum festhängt und das vorderste Ende der *Raide* anzieht, und wenn man nicht hinkommen kann und die Zügel durchschneiden, denn das muß man tun, wenn es möglich ist, um das Rentier am Leben zu erhalten. Und um die Zeit pflegt da Schneeschlamm auf den Seen und den Flüssen zu sein, und es ist sehr schlimm, darin mit der *Raide* festzusitzen; wenn es kalt ist, hängt der Schlitten im Schneeschlamm fest, der so ist wie Eis, und dann kann das Rentier nicht ziehen. Und wenn die ganze *Raide* wie Eis geworden ist, da ist man ratlos, man muß bis an die Knie im Schneeschlamm waten, selbst wenn es dreißig und vierzig Grad Kälte sind. Und davon sind viele krank geworden, weil man an den Füßen friert.

Dies hat der, der das schreibt, alles selbst mit durchgemacht, alles, was hier erzählt worden ist davon, was die jetzigen Menschen gearbeitet und ausgerichtet haben.

Das größte Fest der Lappen ist Weihnachten

Und der Tag, der vor Weihnachten ist, das ist der *Ruottabäivve,* und der Abend dieses Tages heißt *Ruotta*-Abend, und das ist der gefährlichste Abend.

und Birkenland den Schnee anzieht; aber da ist in der Luft eine Kraft, die den Schnee beeinflußt.«

Wenn die Kinder dann zu arg lärmen, wird das Böse sichtbar, und wenn da zu große Gottlosigkeit ist, da zeigt es sich auch, das Böse, selbst wenn es große, erwachsene Menschen sind, wenn sie allzu gleichgültig sind und allzu wenig von Gottes Wort kennen; aber diejenigen, die Gottes Wort kennen und auswendig wissen, denen kann *Bärgalak* oder *Riettas* (der Teufel) nichts anhaben. Es sind Verweise dafür da, daß diese Erscheinung des Bösen Wahrheit ist. Der Beweis hierfür ist ein Berg, der seinen Namen nach einer solchen Offenbarung empfangen hat, und der Name des Berges ist Turkihanvare, und er ist nahe bei Kautokeino. Dieser Berg hat seinen Namen nach einer großen Begebenheit erhalten, die auf einer Offenbarung begründet ist.

Einmal haben die Kinder am Weihnachtsfest gelärmt, sich mit Schlitten getummelt und mit den Rentierglocken und mit den Hunden, und dann haben sie ein Kind geschlachtet und sind in die Kote gegangen, um es zu kochen, und da hat sich Stallo im Vogelkleid auf das Rauchholz gesetzt, und da machten die Kinder sich daran, in den Büchern zu lesen (Gesangbuch und Testament), und einige Kinder versteckten sie unter dem Reisig, und eins versteckten sie in der Kiste, und da hat Stallo angefangen, den Kinderkopf zu essen, der im Kochtopf war, und da sagte ein Kind, das unter dem Reisig lag: »Bruders Kopf knirscht.« Und da nahm Stallo auch das Kind und aß es. Und da ging Stallo hin und blies Asche durch das Schlüsselloch, und da starb auch das Kind in der Kiste. Aber da war noch eine Kote, und da war eine alte Frau, und die hatte ein kleines Mädchen, und das band sie fest, und sie las im Buche. Aber ihrem Dienstmädchen sagte sie Bescheid; und dann hat das Mädchen zwei Säcke mit Knochen genommen und einen Regenmantel über den Kopf genommen und ist nach dem Hof gefahren, um den Hausherrn und die Hausfrau nach Hause zu holen, und da hat Stallo seinen Hund auf sie gehetzt, aber das Mädchen hat dem Hund Knochen hingeworfen, und als Stallo den Hund einholte, nahm er die Knochen weg und sagte: »Bist du noch hier?« Und dann nahm er dem Hund die Knochen weg und hetzte ihn auf das Mädchen, aber das Mädchen zog nach dem Kirchdorf, dahin durfte Stallo ja nicht kommen, und da kehrte er um. Und als das Mädchen auf den Hof kam, da ist ihr Rentier geplatzt, und da hat der Herr es geschlachtet, und da haben sie es zubereitet, und als sie das Essen herausnehmen wollten, da war das, was im Kessel lag, Steine, und da sind der Hausherr und die Hausfrau nach Hause gefahren. Und als sie in die Nähe der Kote kamen, da hat Stallo dem Manne die Geschlechtsteile abgeschnitten und gesagt: »Warum hast du so böse Kinder gezeugt?« Und dann hat er der Frau die Brüste abgeschnitten und gesagt: »Warum hast du so böse Kinder gesäugt?« Und da wurde die Kote zu Stein, und die Frau und der Mann wurden zu Stein, und die ganze Herde wurde zu Stein.

Die Lappen haben viele Gebräuche an diesem *Ruottabäivve;* sie machen alles fertig, was sie an den Festtagen gebrauchen müssen. Sie schlachten Rentiere und nähen alles, was für das Fest notwendig ist, und sie schlagen eine Menge Holz. Und wenn sie so viel haben, daß es für die Feiertage ausreicht, dann machen sie Ordnung um den Holzblock, nehmen alles Reisig weg und stapeln das Holz fein auf, außerordentlich fein, es darf nirgends hervorragen, damit Stallos *Raide* nicht daran festhängen bleibt; und dann muß ein Zweig hinter dem Holzblock aufgepflanzt werden, an den Stallo seine *Raide* anbinden kann, während er in die Kote hineingeht, um Wasser zu trinken. Und wenn er kein Wasser findet, dann saugt er irgendeinem das Gehirn aus; und darum pflegen die Lappen auch dafür zu sorgen, daß da Wasser ist, und der Kessel ist ganz voll, damit Stallo keine Macht haben soll, Böses zu tun.

Und wenn der Festtag angebrochen ist, dann tut man nichts weiter als die Rentiere hüten und Feuer in der Kote brennen, und man ißt und trinkt, was man haben will, und gibt acht auf die Kinder, daß sie keinen Lärm machen. Und in dieser Weihnachtszeit führen sie das schönste Leben; sie arbeiten nicht und unternehmen auch nichts, wenn da nicht irgendeine Arbeit vorkommt, die sie gezwungen sind auszuführen. Wenn der Wolf kommt und Rentiere tötet, dann ist man ja gezwungen, ihnen das Fell abzuziehen, und für so etwas zeigt sich ja auch nichts Böses, da es eine Notwendigkeit ist, das zu tun, oder was man sonst an Notwendigem tut; dann hat man doch nicht selbst schuld daran, daß man es tut, da man ja keine Lust dazu gehabt hat. Wohl sind die Lappen gezwungen, auch im Weihnachtsfest mit der ganzen *Sida* weiterzuziehen, wenn da so schlechtes Futter für die Rentiere ist, daß sie sich nicht auf andere Weise zu helfen wissen, als wenn sie weiterziehen. Auch das ist nicht ihre Schuld, da es eine Notwendigkeit ist weiterzuziehen. Und diese Dinge sind ja wie das Gesetz, daß der Unschuldige nicht gestraft werden soll.

Nun fangen sie wieder an, weiterzuziehen

Und sie ziehen nach den Stellen, wo sie im Winter sein wollen, einige ziehen eine kürzere, einige eine längere Strecke. Und die, die weit nach Süden ziehen, für die ist es beschwerlicher. Und wenn sie auf das Gebiet der Ansiedler geraten, so müssen sie es kaufen und viel Geld bezahlen. Wenn sie nicht bezahlen, so wie die »Herren« es sagen, daß sie für den Boden bezahlen sollen, so wird es schlimm für die Lappen. Aber es ist den Bauern erlaubt, den ganzen Winter das Heu offen zu haben, und wenn die Rentiere es fressen, dann müssen die Lappen bezahlen, und wenn sie nicht das Ganze bezahlen, dann kommen die Bauern scharenweise nach der Kote und schlagen auf die Koten ein und schlagen die Rentiere, und die Männer fürchten sich, in die Wildnis hinauszugehen, weil sie drohen, zu prügeln und sonst alles mögliche zu tun. Und darum ist es am besten, zu bezahlen, was sie verlangen, und wenn sie bezahlen und sich vergleichen, dann ist es ja bequem, da das Rentier ausgezeichnete Weide hat. Wo gute Rentierflechten sind, braucht man nicht so viel auf Schneeschuhen hinter den Rentieren herzulaufen, und die Herde wird fett. Und wenn sie weiterziehen, da ist es so herrlich weiterzuziehen für die *Sidas,* die sich im Steuerlande aufgehalten haben, wo Rentierflechten sind.

Und der Lappe hat beinahe dieselbe Natur wie das Rentier; die beiden sehnen sich nach Süden und nach Norden, nach der Gewohnheit, der sie zu folgen pflegen. Und sie sind beide leicht einzuschüchtern, und sie sind wegen ihrer Furchtsamkeit überall leicht abgeschreckt. Und darum muß sich nun der Lappe da aufhalten, wo nicht ein einziger anderer Mensch lebt als der Lappe, nur oben auf den kahlen Bergen; er würde da bleiben und bliebe für immer, wenn er sich da bloß warmhalten und Nahrung für seine Rentierherde finden könnte. Und der Lappe kennt das Wetter, und etwas hat er von dem Rentier gelernt, das Wetter zu kennen; und es wird dem Lappen leicht, sich warmzuhalten, und leicht, sich zurechtzufinden; er kann sich auch im Dunkeln zurechtfinden; in Nebel und Schneegestöber, jedenfalls ein Teil der Lappen. Und was zum Schneeschuhgehen und -laufen gehört, das in ist seiner Natur.

In alten Zeiten hielten sich die Lappen in den Föhrenwäldern auf und lebten da in Frieden auf jedem

Berge, und wenn die Weide alle war, so daß der Schnee überall aufgekratzt war, da zogen sie nach einem anderen Berg oder an einen anderen Ort, wo es noch nicht abgeweidet war; cs ist so: wo das Rentier geweidet hat, da wird der aufgekratzte Schnee so hart, daß das Rentier nicht zum zweitenmal da hindurchkommen kann. Und wenn gute Weide ist, dann ist es angenehm und nicht viel Arbeit, auf Schneeschuhen hinter den Rentieren herzulaufen, wenn da keine Wölfe sind.

In schlechten Jahren laufen die Rentiere hinab, und die Lappen folgen ihnen bis ans Meer, und ein Teil hält sich da auf, bis der Hofbauer kommt und sie wieder in die Hochgebirge hinaufscheucht und die Lappen jagt, bis das Hochgebirge ihn aufhält. Und die Lappen gehen über das Hochgebirge und an dem Hochgebirge entlang.

Auch andere Menschen haben angefangen, mit Rentieren zu arbeiten, aber sie hatten keine Lust, ihnen ununterbrochen von Ort zu Ort zu folgen, da es so beschwerlich war, sich vorwärts zu bewegen wie ein Rentier; und darum beschlossen sie, an einem Ort zu wohnen, und bauten Gehöfte und fingen nur wilde Rentiere und Fische.

Erzählung von den Koten-Arbeiten

Wenn die Lappen zu den Winterwohnplätzen gelangt sind, dann fangen sie an und arbeiten, ein jeder seine Art Arbeit. Die Männer besorgen die Rentiere und alles, was dazugehört, und wenn sie Zeit haben, dann bessern sie die Schlitten aus, die bei dem Herumziehen Schaden gelitten haben, wenn sie es können; aber wenn da solche sind, die es nicht können, dann müssen sie irgendeinen armen Lappen dafür entlohnen, der keine Arbeit und auch kein Essen hat, und dann werden die beiden eine Hilfe füreinander, und dann helfen sie sich beide weiter. Und wenn tüchtige Männer Zeit haben und von der fleißigen Art sind, dann fertigen sie neue Schlitten an und Schneeschuhe und alles, was der Lappe gebraucht. Fahrschlitten, geschlossene Schlitten und Kisten mit Deckeln sind sehr teuer — wer doch Zeit hätte und solche machen könnte! —, sie kosten viel Geld; und alle die Sommer- und Wintersachen der Lappen kosten viel Geld. Einige können wohl alles, aber andere von den Männer können gar nichts von diesen Handwerksarbeiten. Und es ist ein großer Schaden, wenn es ein solcher Mann ist, der keine Handwerksarbeit kann; aber es ist noch schlimmer, wenn die Frau untüchtig ist, sie, die die Kleider nähen soll und all das machen, was zu der Arbeit der Lappenfrauen gehört. Und das Essenbereiten gehört auch zu der Arbeit der Lappenfrauen. Wenn der Winterwohnplatz erreicht ist, dann hat man doch ein wenig Zeit, da man sich länger an einem Ort aufhält, und dann fangen die Frauen an, sich mit ihren Arbeiten zu beschäftigen, wo sie jetzt die Schlitten auspacken und die Sachen hervorholen können, denn während des Umherziehens kann man nicht auspacken; und es ist eine große Arbeit, wenn man während der Umzugszeit etwas anderes auspackt als Kleider und Essen. Und dann fangen sie an, die Kleider nachzusehen, die während des Umzugs naß geworden sind und verfault und zerrissen; und wenn sie die fertig haben, dann fangen sie an, neue Kleider zu nähen und Schuhe und all das, was aus den Beinfellen der Rentiere gemacht wird. Das heißt, wenn dann mildes Wetter ist; man kann sich nicht mit Handarbeit abgeben, wenn es so brandkalt ist, daß das Zelttuch auf der inwendigen Seite mit Reif bedeckt ist, selbst wenn das Feuer die ganze Zeit so groß in der Kote brennt, daß man es oben über die Rauchöffnung hinaus sehen kann; denn dann ist es eine große Arbeit, Feuerung zu beschaffen und das

Feuer im Gange zu halten und auf die Kinder zu achten, daß sie nicht frieren oder sich gar etwas erfrieren.

Und wenn eine solche Brandkälte ist, die vierzig Grad ist, dann ist da inwendig in der Kote so ein Frostnebel, daß man nichts auf der andern Seite des Feuers sehen kann. Und wenn man in einer solchen Kälte Brot backen will, dann friert der Teig zwischen jedem Laib, den man bäckt und trocknet, und man ist genötigt, den Teig dicht am Rande des Feuers zu haben. Und die Brotlaibe trocknet man auf einer eisernen Bratpfanne, und manche trocknet man auf den Kohlen, bis sie steif sind, dann werden sie gegen ein Holzstück aufrecht hingestellt, um am Feuer zu backen, und sie trocknen sehr gut und schnell, so viele es sein sollen. Ein anderes Verfahren ist, den rohen Brotlaib gegen einen flachen Stein zu stellen und ihn umzuwenden, bis er trocken geworden ist. In alten Zeiten haben sie das Brot auf Reisig getrocknet und unter dem Feuer, wenn das Holz schlecht war und sie auf dem Hochgebirge haltgemacht hatten.

Und der Kaffee wird in der Bratpfanne gebrannt, und da sind viele Arten, ihn zu mahlen; ihn mit einem runden Stein gegen einen flachen Stein zu reiben, und eine andere Weise ist die, ein Loch in ein Stück Holz zu machen und dann mit einem hölzernen Stock zu reiben, bis der Kaffee zermalmt ist; eine dritte Kunst ist, den Kaffee in einen Ledersack zu tun und ihn mit Holz auf einem Stück Holz zu klopfen, bis er fein zermalmt ist. (Jetzt gebrauchen die Lappen eine kleine runde Kaffeemühle aus Messing, die man nur in Skibotten bekommen kann, wo sie ausschließlich für die Lappen angefertigt wird.)

Die Lappen in der alten Zeit gebrauchten als Kaffee *Duovlle*[1] und Korn und Birkensaft. Und Brot hat man

[1] Ein Auswuchs der Birke, der im Sommer eingesammelt, ein wenig im Rauch in der Kote getrocknet und wie Kaffee gemahlen wird; er hat

aus Baumflechten gemacht (aus den langen, schwarzen Flechten an Tannen- und Föhrenrinde) und aus Rentierflechten und aus *Guolmas* (dem weichen Teil der Tannen- und Föhrenrinde), mit nur wenig Mehl vermischt, damals, als es hier im Nordland knapp mit Mehl war. Das *Guolmas* wurde auf die Weise bereitet, daß man erst die Rinde von der Föhre nahm, und man zog ihr gleichsam das Fell ab, und dann wurde es ganz ausgetrocknet, und dann klopfte man es, bis es wie Mehl wurde; man hat ein Loch in ein Stück Birkenholz gemacht, und dann hat man ebenfalls aus Birkenholz ein scharfkantiges Ding gemacht, womit es gehackt wurde, bis es fein wurde wie Mehl. Und andere Hilfsspeisen bereiteten sie aus Pflanzen. *Fadno* (einjährige Pflanze von Angelika) kochten viele in Wasser, und dann taten sie es in einen Rentiermagen und vermischten es mit Milch, und dann mischten sie es mit Blutbrei, und das war außerordentlich gut im Winter. Und *Boska* (Angelika) sammelten sie viel und salzten und aßen es auch. Und Sauerampfer ist noch sehr im Gebrauch.

Vom Rentierschlachten

Das Rentierschlachten kommt den Männern zu. Wenn der Lappe ein Rentier aus der Herde herausgenommen hat, dann leitet er es nach der *Boaššo*-Seite der Kote herum und bindet es an einen Baum, und dann geht er in die Kote, um das Messer zu wetzen, so daß es richtig scharf und rein ist, damit es das Rentier schnell töten kann; wenn das Messer schmutzig ist, dann tötet es nicht schnell, und das Rentier quält sich lange, ehe es stirbt. Auch sind einige Messer schlecht

einen süßen Geschmack »wie Birkensaft«. Er wird auch gebrannt, um das Zelttuch zu lohen, und gibt eine rötliche Farbe.

zum Töten — wenn es harter Stahl ist, dann sind sie gut zum Töten, aber weicher Stahl ist sehr schlecht. Und wenn der Lappe alles fertiggemacht hat, dann kommt er heraus, und er nimmt einen Kameraden mit, wenn sich ein Mensch da findet. Und dann zwingen sie das Rentier nieder, und dann stechen sie das Rentier in die Brust, und dann lockern sie die Zügel; wenn es ein gutes Messer ist, dann kann sich das Tier nicht mehr erheben, aber wenn das Messer mittelgut ist, dann erhebt es sich, fällt aber gleich wieder, und ist das Messer schlecht, dann lebt es noch lange, und wenn es losgelassen würde, könnte es sogar noch weit gehen, ehe es tot umstürzte. Und wenn dem Rentier das Fell abgezogen worden ist, so sammelt man das Blut in den eigenen Magensack des Rentieres. Der Magen wird mit Wasser oder mit *Sänjas* (dem untersten körnigen Schnee) reingewaschen. Und ein wenig Blut tut man in ein besonderes Gefäß, daraus macht man Blutwürste, wenn das Rentier so fett ist, daß zu Würsten Fett da ist. Und die Därme werden in der Kote von den Frauen gereinigt. Und die erste Mahlzeit ist der Rücken und die Leber und die Würste; wenn es ein großer Hausstand ist, braucht man mehr, aber wenn es ein kleiner Hausstand ist, braucht man nicht so viel. Die erste Speise, wenn ein Rentier geschlachtet ist, ist diese: Wenn der Kessel kocht, dann legt man das Gehirn hinein zum Kochen, und wenn das ein wenig gekocht hat, dann nimmt man es heraus, und dann vermischt man es mit *Guolmas*-Mehl und dem Fett, das zuoberst im Kessel ist, und dann ißt man es, und das ist besonders gut, und es ist Arznei für den Magen der Leute. Und das hat der, der dies schreibt, selbst geschmeckt. Und die zweite Mahlzeit von dem Rentier ist das Beinfleisch und der Kopf und die Markknochen, und hernach das andere Fleisch, so, wie es nun passen mag. Und der Gebrauch des Lappen ist, daß jeden zweiten

Abend Suppe gekocht wird und jeden zweiten Abend Fleisch. Und es wird nur des Abends Essen gekocht. Am Tage ißt er Fisch und Brot und, wenn da welche ist, Butter, aber nur dieser oder jener hat Butter; und dann trinkt man Kaffee hinterher. Die Keulen und die Zunge werden verkauft, von den Rentieren, die man im Winter schlachtet; aber von den Rentieren, die zur Frühlings- und Sommernahrung geschlachtet werden — sie werden Frühlingsproviant und Schlittenrentiere genannt —, von denen verkauft man nicht einen Bissen. Und die werden zu Anfang des Winters geschlachtet, und das Fleisch wird in die Schlitten gelegt, und erst im Frühling auf dem Kalbungsplatz fängt man an, davon zu essen und es zu trocknen; und dazu werden die fettesten Rentiere ausgesucht. Im Frühling sind alle Rentiere mager, hier in den Gegenden, wo schlechte Rentierflechten sind, und das Fell ist von Larven durchlöchert, darum schlachtet man im Winter, was man im Frühling verwenden will. Der Lappe pflegt das Rentier bei der Kote zu schlachten und das Fleisch, das er kochen will, in dem Fell hereinzutragen; so machen es die Leute, die ihre eigenen Rentiere schlachten.

Bericht von gestohlener Rentierschlachterei

Der Dieb wagt nicht, das Rentier nach der Kote zu bringen, auch nicht am Tage, nur wenn er weiß, daß da keine fremden Leute kommen. Und wenn er dann das Rentier beiseite geschafft hat, dann schlachtet er es im Dunkeln, und dann bringt er das Fleisch nach der Kote; das Fell versteckt er im Schnee oder wirft es in ein Loch im Eis, und da holt er es nie wieder heraus. Und wenn das Fleisch gefroren und das Fell versteckt ist, dann ist dies gestohlene Fleisch, als wenn es sein eigenes Eigentum wäre. Und so wird es ja noch oft gemacht, wo viele Diebe in einer *Sida* sind, und da sind viele fremde Rentiere; sie schlachten dann jeden Abend Rentiere, wenn keine Leute aus den andern *Sidas* da sind. Und im Herbst pflegen sich die Herden am meisten zu vermischen, und da ist da kein Mangel an Dieben. Und etliche Diebe stehlen und schlachten so viele Tiere, daß da so viel Fleisch ist, daß sie nicht imstande sind, es beim Umzug zu ziehen, wenn sie nicht an einen Handelsort kommen, wo sie Gelegenheit haben, das Fleisch zu verkaufen. Und die Sitte ist überall in Lappland, vom Ostende an.

Aber das Zeichnen der Rentiere ist eine noch schlimmere Diebskunst, wenn es so gemacht wird, daß sie im Frühling die Rentiere anderer Leute zeichnen, 1 und 2 und 10 und 20 und 50 und 100. Und wenn ein Mann viele Diebssöhne hat, dann zeichnen sie noch mehr in einem Jahr. Und wenn es ein Hungerfrühling ist, dann werden einige reich auf diese Weise, wenn die Leute die Herde sich zerstreuen lassen müssen und die Rentiere da in die Distrikte gehen, wo man alle jungen Rentiere zeichnet. Und dadurch sind einige reich und andere arm geworden. Und die Menschen, die so anderer Rentiere zeichnen, die sammeln ihre Rentiere nicht vor dem Winter, und selbst dann nicht, wenn es ihnen möglich ist, sie frei herumlaufen zu lassen. Und wenn dann endlich die Leute dazu kommen, daß sie die umgezeichneten Rentiere sehen und ihr Eigentum erkennen, so kämpfen sie auch darum. In alten Zeiten ist dies Anlaß zu viel Streitigkeiten gewesen, als es noch kein Gesetz hierfür gab; aber nun ist es nicht so leicht, sich darum zu streiten; wenn sie nun anfangen, sich um die Rentiere zu streiten, so belegt der Vorsteher das Rentier mit Beschlag[1].

[1] Es wird auf einer Auktion verkauft, und das Geld geht in die Dorfkasse.

Einige nennen die Südlappen *Tsävvet,* und diejenigen, die man *Tsävvet* nennt, die haben diesen Namen bekommen, weil sie in den *Tsävve*-Wintern[1] angefangen haben, die Rentiere zu sammeln, die überall zerstreut in den Wäldern sind — so wie in *Tsävve*-Jahren die Rentiere von dem Hunger gezwungen werden, sich überall in den Wäldern zu zerstreuen. Und wenn die *Tsävvets* ein Rentier mit einer Glocke anpflockten, dann kamen die müden Rentiere zu dem hin, und dann fingen die Leute an, sie mit Baumflechten zu füttern und sie zu hüten. Und wenn der Sommer kam und die Mücken, dann machten sie sich daran, Rauch zu schaffen, und den Rentieren gefiel es, in Frieden in den Rauch hineinzuschlüpfen. Und sie fingen an, die Rentiere zu hüten, und allenfalls verwendeten sie einige von den kräftigsten zur Nahrung. Und wenn auch noch eine Rentierkuh zum Vorschein gekommen war, die molken sie, und das war auch eine gute Hilfe für die Nahrung. Und wenn die Rentiere haarten,[2] dann fingen sie an, so viele zu schlachten, daß sie davon lebten. Und sie hüteten die Rentiere bis zum Winter. Und wenn die Lappen südwärts nach den Wäldern kamen, so sahen sie, daß da eine neue *Sida* war. Und sie hatten eine Art Zeichen gemacht, das sie in das Ohr der Rentiere eingeschnitten hatten. Aber die jetzigen Lappen waren unwissend darüber, was sie mit den Dieben anfangen sollten. Wenn das Zeichen nur im geringsten verändert war, nahmen sie die Rentiere gar nicht mit Gewalt wieder zurück. Aber diejenigen, die reine Zeichen hatten, die nahmen sie; doch wollte der *Tsävvet*

[1] *Tsävve* ist harter Schnee mit Schneekruste darunter. Wenn der Schnee von dieser Beschaffenheit ist, zerstreuen sich die Rentiere weiter umher, und dann kann der Lappe die Herde nicht zusammenhalten und muß bei der Frühlingswanderung die ermatteten Rentiere, die nicht zur Herde zurückgekehrt sind, im Stich lassen.

[2] Im Herbste haben die Rentiere kürzlich gehaart, und da ist Schlachtzeit.

den Hirtenlohn haben, und der Lappe bezahlte. Und auf diese Weise hat der *Tsävvet* seinen Anfang bekommen. Und wenn ein guter Winter kam, so wurde der *Tsävvet* nicht ein klein bißchen reicher; wenn ein fremdes Rentier kam, dann schlachtete er es, als ob es sein Eigentum gewesen wäre; aber arm blieb er in den guten Jahren, wo er nicht so viel bekommen hatte, daß er davon leben konnte. Wenn dann wieder ein *Tsävve*-Winter kam und sie mehr Übung bekommen hatten, dann griffen sie tüchtig zu und sammelten erschöpfte Rentiere. Sie kauften viele große Glocken und kleine Glocken und banden sie den Rentieren um, damit die müden Rentiere sie hören und dahin kommen sollten. Sie banden auch Glocken an die Birken fest, und droben schlingerten sie am Bande hin und her, damit die Rentiere auch von weither kommen sollten. Die Rentiere haben immer Glocken um den Hals, und das Rentier ist an den Laut der Glocke gewöhnt, und wenn es den hört, dann kommt es von weither. Und durch diese Künste hat der *Tsävvet* Herden bekommen. Und dann fingen sie an, *Sidas* zu bilden, ebenso wie die Lappen, und molken viele Milch. Und wenn es Herbst wurde, so gingen sie vor den Herden her; wenn der Lappe die Herden nach Süden hinlaufen ließ, so gewahrte das Auge des *Tsävvet* diese entlaufenen Rentiere, und da fing er an zu untersuchen, wie dick ihre Brust war, und zu zählen, bis sie vorbei waren, wie viele es waren[1]. Und wohl konnte er damit fertig werden, und wenn es eine noch so große Vogelschar von denen war, die lange, harte Federn auf dem Kopfe haben, so daß man eine Axt braucht, um die Federn abzuhauen[2]. Und solchen Vogelfang betreiben sie noch immer.

[1] Turi will mit diesen Scherzwendungen sagen, daß der *Tsävvet* die Rentiere der Lappen schlachtet und stiehlt.

[2] Turi meint mit diesen Scherzwendungen natürlich das Rentier und sein Geweih.

Bericht über die Jagd der Ansässigen

Die Ansässigen haben auch gelernt, außerordentlich gute Einfänger von Tieren zu sein, von denen sie glauben, daß sie am schädlichsten sind[1]. Sie können die Tiere auf mancherlei Weise fangen. Die Fangleine ist eins der allerbesten Geräte der Lappen. Aber das Gerät taugt zu nichts, wenn man es nicht zu brauchen versteht. Aber die Bauern haben es außerordentlich gut gelernt, das Gerät anzuwenden, und es ist vorzüglich zum Fang der bösen Tiere.

Diese Tiere sind aber auch gut, weil die Tiere gutes Fleisch haben, und es geschieht auch, daß sie das Fleisch der Tiere essen können, die sie hassen, ebenso wie die früheren Stallos, die haßten die Lappen und aßen ihr Fleisch. Und wohl findet man noch ein wenig von Kains Blut an einigen Orten, ein wenig in solchen Fangleuten, die zugleich lieben und hassen können. Ist es wohl nicht Haß, wenn sie das Fischnetz[2] auf den Bergen und in den Föhrenwäldern anbringen? Aber

[1] Turi meint hier mit den »schädlichen«, den »bösen« Tieren ironischerweise die Rentiere, ebenso weiter unten mit den »Fischen«. (Anm. d. deutschen Übersetzerin)

[2] Ein Teil der Ansässigen hat Rentierherden, die die Lappen gegen Bezahlung zusammen mit ihren eigenen Herden hüten, und darunter sind gezähmte Rentiere, die der Herde den Sommer hindurch folgen. Aber erst im Winter oder im Spätherbst holen die Bauern die Zugrentiere oben aus den Bergen von den Lappen ab. Sie werden dann im Winter benutzt, um Brennholz aus dem Walde und Heu von den entlegenen Feldern zu holen. Die Zugrentiere dieser Bauern weiden nun im Herbst und im Winter in den Föhrenwäldern und auf den Bergen in der Nähe der Finnengehöfte, und außer dem Schaden, den sie auf der Weide für die Rentiere der Lappen anrichten, ehe diese dorthin gelangen können, sind sie wie ein »auf trockenem Lande angebrachtes Fischnetz«. Denn allmählich, wenn die Rentiere der Lappen südlich nach den Föhrenwäldern gehen, streben sie zu diesen Zugrentieren hin, und da sind die Bauern mit Lasso und Schlachtmessern zu Stelle. Daß ein Dieb das Fell niemals mitnimmt, hat seinen Grund darin, daß es an den Ohren mit dem Namen des Besitzers gezeichnet ist, und außerdem auf andere Weise leicht zu erkennen ist.

das Netz ist zuweilen so, daß selbst wenn der Fisch im Netze hängt, man ihn doch nicht auf andere Weise gefaßt kriegt, als wenn man das beste Gerät der Lappen anwendet. Und die, die gelernt haben, es richtig zu brauchen, die bekommen viele und die besten Fische, die in dem Netz festhängen, das auf trockenem Land ausgeworfen ist. Und wenn sie bekommen haben, was sie gewünscht haben, so beginnt die Reinigungsarbeit. Das Fell ist wohl gut an den Fischen, aber es wird doch oft auf dem Reinigungsplatz zurückgelassen. Es ist ein merkwürdiges Fell, das gefährlich ist. Das sucht denen zu schaden, die es mitnehmen, denen, die sowohl hassen als auch lieben. Und die Fangweise nimmt an Kraft zu an den Stellen, wo der Blitz[1] nicht eingeschlagen hat, aber an den Stellen, wo das Feuer gebrannt hat, da sind die Fischreinigungsmesser stumpf geworden, wenn nicht der Weltenmeister (der Teufel) kommt, um ihre Messer wieder zu schleifen.[2]

Und die Bauern haben Rentiere von den Lappen bekommen, indem sie Branntwein brachten, den sie selbst aus Korn gekocht hatten, und die Lappen betrunken machten und die Rentiere nahmen. Und sie haben sie bei denselben Lappen zum Hüten untergebracht. Und einige Lappen sind so versoffen gewesen, daß sie ihren Rentieren das Leben genommen haben, und da blieb ihnen kein anderer Lebensunterhalt übrig, als daß sie sich entschließen mußten, die Herden der Bauern zu hüten, und davon haben sie gelebt. Auch die wilden Rentiere und Bären und andere wilde Tiere waren ihr Lebensunterhalt. In alten Zeiten sind viele wilde Rentiere überall in Lappland gewesen, und die

[1] Die religiöse Erweckung, die im Gefolge des Lästadianismus war. Vgl. S. 242.

[2] Bezieht sich auf den Rückfall: Wenn ein Finnendorf von dem Lästadianismus ergriffen ist und die Erweckung wieder verschwindet, so fängt die Rentierstehlerei mit erneuter Macht an.

Lappen haben viele getötet. Arme Lappen lebten meistens von wilden Rentieren und von den Herden der Bauern.

Und im Meerreich haben sie es ebenso mit den Lappen gemacht. Sie haben auch die Lappen betrunken gemacht und die Rentiere für Branntwein genommen, auf dieselbe Weise, und haben die Lappen angestellt, um sie zu hüten. Und die Lappen haben Hirtendienste übernehmen wollen. Der war am besten, der die meisten Herden zu hüten bekam. Und in der Zeit, in der wir von ihren Unterhandlungen mit den Ansässigen gehört haben, gab es einen Hirtenlohn von fünfzig Öre[1] im Jahr für jedes Rentier. Da mußten die Lappen einen großen Käse von jeder Rentierkuh abliefern, so viele Rentierkühe wie da waren, und derjenige, der viele Rentierkühe hatte, der bekam viele Käse. Und nach der jetzigen Rechnung wog der Käse ein halbes Kilo. Und als die Finnen anfingen, Kaffee und Mehl von unten her (aus dem Süden) zu bringen, da machten sie es auf dieselbe Weise, wie oben erzählt ist, sie tauschten sich Rentiere ein. Die Bauern haben keine Rentiere von andern bekommen als von den Lappen. Und ebenso haben die Norweger Rentiere von den Lappen bekommen. Aber die Lappen haben die Rentiere von den wilden Rentieren bekommen. Und es ist nicht lange her, daß es so gemacht worden ist, wie oben geschrieben steht.

Von dem wilden Rentier

In alten Zeiten sind da viele wilde Rentiere gewesen, und damals war da auch wohl keiner, der Rentiere hüten mochte. Und die Lappen haben gelernt, die wilden Rentiere sicher zu machen, so daß sie in der

[1] Doch jetzt wohl etwas mehr.

Herde geblieben sind. Man muß, wenn ein wildes Rentier zu der Herde gekommen ist, sehr vorsichtig rund um die Herde herumgehen und sie weit vorgehen lassen, damit das wilde Rentier nicht weiß, daß Menschen in der Nähe sind. Wenn das wilde Rentier in der Herde gewesen ist, dann ist es mit der Herde bekannt geworden, so daß es nicht mehr fortgeht, selbst wenn es Menschen sieht. Aber nicht alle wilden Rentiere sind gleich dreist; einige wilde Rentiere werden niemals zutraulich, wie lange sie auch bei der Herde sind, aber manch eines braucht nur wenig Zeit, dann ist es zutraulich Rentieren und Menschen gegenüber; es läuft auch nicht mehr weg, wenn es nicht in eine Schar von wilden Rentieren gerät; trifft es die, dann folgt es ja den wilden Rentieren. Aber die scheue Art kann man niemals zutraulich machen, und darum hat man nicht alle wilden Rentiere als Herde bekommen, da sie so scheu sind. Und sie sind viel größer als das zahme Rentier und glänzender, als hätten sie silberne Haare. Aber man hat einige wenige von der Art, die nicht zutraulich gemacht werden können, auf die Weise bekommen, daß man einen wilden Rentierstier zur Brunstzeit in der Herde gehabt hat. Und wenn man ein wildes Rentier in seiner Herde hat, dann braucht man die Herde nicht zu hüten.

Ein Lappe hielt sich in der Nähe von Kautokeino auf, und er pflegte jedes Jahr die Rentiere auf einer Landzunge im Fluß sich paaren zu lassen. Ein wildes Rentier kam immer in der Brunstzeit, und es kam viele Jahre hindurch, und er tötete es nicht. Und dann war da irgendeiner, der es tötete. Und der Lappe betrachtete das als einen viel schlimmeren Verlust, als wenn es einer von seinen eigenen Stieren gewesen wäre, der getötet wurde. Aber er bekam doch die Nachkommenschaft von den wilden Rentieren. Seine Rentiere wurden wie wilde Rentiere so glänzend und schlank, und der Mann bekam ungewöhnliche Rentiere, und jeder beneidete ihn um seine Rentiere, weil sie viel schöner waren als die andern.

Der Sang des wilden Rentieres

Wildrentier, Wildrentier, *nana, nana,*
Wildrentier, Wildrentier, du jagst wie der Schatten, *nana, nana, voia, voia,*
Wildrentier, Wildrentier, leuchtend wie Silber, *voia, voia, nana, nana,*
Wildrentier, Wildrentier, schimmernd wie der *Cuovča*-Fisch[1], *voia, voia, nana, nana.*

Und nun beginnt die Umzugszeit der Lappen nach Norden, fort von den Rentierwohnplätzen

Und die Lappen haben keine Eile mit dem Umziehen, vor der Woche vor dem Walpurgistag (dem 1. Mai), wenn nicht vorher Tau kommt und dann wieder Frost. Denn dann entsteht eine Schneekruste; und darum hat man Eile vor dem Walpurgistag, da die ersten Rentierkühe um die Walpurgiszeit zu kalben anfangen, und dann sollte man auf dem Kalbungsplatz sein, wenn die Rentierkühe zu kalben anfangen. Und darum hat man Eile, vor dem Walpurgistag nach dem Kalbungsplatz zu ziehen, und wenn da eine Schneekruste ist, ist auch in den Föhrenwäldern keine Nahrung mehr für die Rentiere. Und da sind sie gezwungen, Tag und Nacht weiterzuziehen; bis sie das Hochgebirge erreicht haben. Auf dem Hochgebirge ist

[1] Lachsforelle

Weide, oder auf alle Fälle schneefreies Feld. Es ist auch eine harte Zeit für die Lappen, denn man muß oft drei Tage und Nächte wachen, und zuweilen, in einem strengen Frühling, kann es vorkommen, daß man eine ganze Woche wachen muß, und oft kommt noch dazu, wenn man das Hochgebirge erreicht hat, daß man dann auch noch des Wolfes wegen wachen muß.

Hier wird von dem Unfrieden des Wolfes erzählt

Und es ist ja sehr schlimm für die Lappen, wenn da Wölfe sind, da ist man gezwungen, die Herden zu hüten, wenn auch noch so hartes Wetter ist, und wie kalt es auch sein mag. Dies Hüten pflegt so zu sein, daß am Tage die Herde zu einer Schar versammelt wird, und wenn es anfängt dunkel zu werden, so kommen die, die in der Nacht hüten sollen, und dann wachen sie bis Mitternacht, und dann gehen sie, und die andern Wächter kommen. Aber wohl ist es schwer, sich in der Dunkelheit zurechtzufinden, wenn noch dazu nebliges Wetter ist oder auf andere Weise schlechtes Wetter; aber da sind ja einige, die sich in allem Wetter, wie es auch sein mag, zurechtfinden; doch nicht jeder findet so leicht den Weg, einige pflegen sich auch zu verirren, die müssen die Nacht über in der Wildnis bleiben. Und das Hüten ist strenge Arbeit, wenn man mit den Wölfen aushalten soll; sie müssen die ganze Zeit auf Schneeschuhen sein und so laut schreien, wie sie nur können — wenn sie aufhören zu schreien, dann kommt augenblicklich der Wolf und jagt. Und wenn der Wolf angefangen hat zu jagen und die Tiere in der Nähe des Wächters verfolgt, so daß der es sieht, und wenn er so nahe ist, so muß er aufpassen, daß er nicht nach der Richtung hin schreit, wo der Wolf ist; sondern er muß den Mund nach der andern Seite hin wenden, wenn er schreit. Und wenn er es nicht so macht, dann nimmt ihm der Wolf seine Stimme. Und wenn der Wolf kommt, dann ist er so ein *Noaide* (Zauberer), daß er den Menschen einschläfert. Und wenn er den Wächter in Schlaf versetzt hat, dann kann er die Herde bange machen und die eine oder die andere Schar auseinanderjagen, und wenn die abgesprengt ist, so führt er sie weg und jagt und tötet so viele, wie er nur kann. Und siebzig in einer Nacht sind das höchste, wovon ich gehört habe. Aber von einer bewachten Herde tötet er nicht oft recht viele. Und wenn es gutes Wetter ist und wenn der Wolf an eine unbewachte Herde kommt, dann kann er wohl in einer Nacht eine ganze Herde töten. Und die Lappen pflegen zu sagen, wenn der Wolf viele getötet hat: »Er brannte wie Feuer.« Die Lappen nennen die Wölfe das Feuer. Und eine andere Frage: »Hat er Schaden angerichtet?« Die Antwort: »Wo brennt das Feuer nicht, wenn es kommt?«

Aber wenn da tüchtige Wächter sind, so kann der Wolf das Rentier nicht töten. Und wenn da gute Weide ist, so können sie zusammen äsen, dann fängt der Wolf am Morgen nach Tagesgrauen an, schrecklich stark zu suchen, wenn er kein Rentier bekommen hat. Und dann läuft er vor der Herde her und hinterläßt einen solchen Geruch, daß die Rentiere ihn riechen und ihn allein des Geruches wegen fürchten, und dann fangen sie an, nach allen Richtungen hin zu laufen. Dann kann der Wolf irgendeine Ecke der Herde absprengen und sie fortführen, und so viele töten, wie er nur kann. Und wenn der Lappe einen ordentlichen Hund hat, dann läuft der, wenn die Herde von dannen jagt, rund um die Herde herum und hält die Herde zurück und jagt den Wolf fort. Ein solcher Hund wird wachsam genannt. Aber er wird ja oft gebissen, so ein Hund.

Aber wenn es ein Hungerjahr ist, dann hilft das Hüten auch nicht, da man die Rentiere nicht gesammelt hüten kann. Dann ist man gezwungen, Herden unbewacht zu lassen, und dann kann es dem Wolf gelingen zu tun, was er will, und dann tötet er, wenn er Lust hat. Aber nicht alle Wölfe sind gleich boshaft oder gleich räuberisch. Einige Wölfe sind so, daß sie nicht mehr töten, als sie reichlich fressen können. Aber andere Wölfe töten, soviel sie nur können. Und da sind sogar solche, die bloß auf Zugrentiere erpicht sind, und ein solcher wird *Härggoni* genannt, und das ist der Schlimmste, da er die Leute am Weiterziehen hindert — das Fahrrentier nennt man den »Umzieher«: das, womit man umzieht. Und wenn der Wolf zu einer gesammelten Rentierherde kommt, das ist das Allerschlimmste; er tötet erst die Kälber, und dann tötet er die Rentierkühe: dazu braucht er nichts weiter, als den Rentierkühen dort aufzulauern, wo er die Kälber getötet hat. Die Rentierkuh ist natürlich so, daß sie ihr Kalb da sucht, wo sie weiß, daß es zuletzt gewesen ist. Und so tötet der Wolf alle die Rentierkühe, deren Kälber er zuerst getötet hat, und die kann man nicht hüten, die in ihrem Kummer davonlaufen, weil sie ihre Kinder verloren haben.

Hier wird weiter erzählt von dem Zuge der Lappen im Frühling

Aber wenn da keine Wölfe sind und wenn Weide in dem Hochgebirge ist, dann ist es herrlich für die Lappen und leicht. Jeder kann ruhen und in Ruhe dahinziehen, wo er kalben zu lassen pflegt. Und wenn sie umzieht, die *Sida,* die auf den Rentierflechten im Steuerlande gewesen ist, da ist die Herde so kräftig. Nun will sie nach alter Gewohnheit nach dem Hochgebirge hinauf. Und wenn sie aufgebrochen sind, wenn die Lastrentiere eingefangen sind und alles fertig ist, dann ziehen sie von dannen, und die Herde und die Fahrrentiere sind wie fliegende Vögel: als wären sie aufgescheucht, so laufen sie, und wenn man erst aus den Bäumen hinausgelangt ist und es eben und fahrbar wird, dann fahren sie in scharfem Trab. Und vor der Herde wird auch gefahren, und es muß ein gutes Fahrrentier sein, das vor der Herde fahren kann; aber solche gibt es ja auch. Und dann fahren sie in einer Nacht viele Meilen. Und wenn da eine Schneekruste ist, dann sind sie gezwungen, ununterbrochen nach dem Hochgebirge zu ziehen, auf dieser oder jener Hochgebirgsebene ein wenig zu weiden, und selbst müssen sie ja auch etwas essen, und wenn sie gegessen haben, dann ziehen sie auf dieselbe Weise wie das erstemal weiter, bis sie das Hochgebirge erreicht haben. Und eine fette Herde ist viel stärker, wo es sich darum handelt, den Schnee nach Flechten aufzuwühlen, wenn er auch hart ist.

Aber im Hochgebirge ist der Schnee doch dünner auf den Berggipfeln, wo der Wind ihn wegweht. Und eine kräftige Herde friert nicht auf dem Hochgebirge, selbst wenn ein harter Schneesturm kommt. Aber für die Menschen ist es schlimmer, da es mit dem Brennholz schlecht bestellt ist, und wenn da Wölfe sind. Aber sind da keine Wölfe und ist die Weide wie im Hochgebirge, dann ist es so leicht, daß sie nichts weiter zu tun haben, als zu schlafen und zu essen und allmählich nach einer anderen Stelle zu ziehen. Und wenn es ein schlechter Frühling ist, dann kommen die ersten Plagen schon, wenn es zu Ende des Winters anfängt zu tauen. Da wird es so, daß die Schneeschuhe nicht gleiten können, auch tragen die Schneeschuhe nicht, da der Schnee so weich geworden ist, daß die Schneeschuhe ganz in den Schnee einsinken, und da ist es so schwer, daß es förmlich an den Sehnen zerrt, so daß sie schmerzen. Aber es ist keine Zeit, die Füße auszuruhen. Die Rentiere sind auch unruhig, wenn der Schnee schlammig ist, da ist es so beschwerlich für das Rentier zu äsen, und darum sind sie so flüchtig. Und wenn der Schnee so weich ist wie Wasser, dann pflegen schon die ersten Rentiere fortzulaufen (nach Norwegen)[1]. Und wenn es nun wieder friert, erst dann werden die Rentiere, als wenn sie beflügelt wären, sie laufen nach allen Richtungen hin. Denn dann ist der Schnee wie Eis, da ist keine Nahrung, nicht das geringste weiter als das Oberste von den kleinen Hügelchen in den Sümpfen, und wenn sie davon ihre Nahrung finden sollen, so handelt es sich darum, wer zuerst hinkommen kann, um Futter zu bekommen. Und wenn man sie dann zusammenhalten will, dann ist da keine Zeit zum Schlafen und auch nicht zum Essen; dann muß man stehen und essen, und man hat keine andere Gelegenheit zu schlafen, als gegen seinen Stab gelehnt, und dann wird man schließlich, als wenn der Verstand sich verwirrte, und man kann nicht essen, auch nicht mehr schlafen, und zuweilen wird man ganz verstört im Kopf, wenn man nicht schlafen kann.

Die Erklärung, warum der Lappe es um die Zeit so schwer hat, können die Leute daraus verstehen, was früher erzählt worden ist. Da fängt es so an, daß einer die Rentiere hüten muß, und wenn es eine große Herde ist, dann müssen da viele Hirten sein, einige müssen auf Schneeschuhen um die Herde herumgehen. Aber wenn da schlechte Weide ist, dann holt man nicht alle Rentiere ein, und etliche Tiere gehen nach einer anderen *Sida,* und dort müssen einige sie heraussammeln,

[1] Die Rentiere, die den Wächtern entschlüpfen, gehen ohne Erlaubnis über die Grenze nach Norwegen hinein, um bessere Weide zu suchen, und die Wächter können das schwerlich verhindern, da die Rentiere so schlau sind, die Herde nicht in Scharen zu verlassen; sie schleichen sich einzeln fort, ungesehen von Hunden und Wächtern.

und andere suchen noch nach den Rentieren, die fehlen; und wenn man den größten Teil gesammelt hat, dann muß man weiterziehen, obwohl man sie noch gar nicht alle zusammen hat. Und dann wird die Herde nach der Kote getrieben, und man fängt an, die Lastrentiere um die Abendzeit einzufangen; aber das ist sehr schwierig, und wenn die Herde groß ist, ist es noch viel schlimmer; da laufen die Rentiere, so daß man die Fangleine nicht werfen kann, und man läuft, was man kann, und wird so schweißig, daß man die Brust entblößen muß, damit der Wind den Körper kühlen kann. Und einige Menschen verstehen sich schlecht darauf, die Fangleine zu werfen. Und für die ist es sehr beschwerlich. Sie fangen oft ein anderes Rentier als das, wonach sie geworfen haben, und wenn das ein solches ist, das widerspenstig und stark ist, dann ist es sehr beschwerlich und zeitraubend; einige werden böse, schimpfen und fluchen und hetzen den Hund, so daß die Rentiere laufen, als wäre der Wolf hinter ihnen her. Und dabei pflegen auch Rentierkühe umzukommen, wenn sie zu früh kalben, und einzelne scheue Zugrentiere laufen in die Wildnis fort, und es ist sehr beschwerlich, die wieder zu der Herde einzufangen. Es ist notwendig, sie über viele Berge zu verfolgen, und zuweilen bekommt man sie gar nicht wieder, selbst wenn man sie rund um viele Berge herum verfolgt hat; man ist gezwungen, sie da draußen bleiben zu lassen. Und wenn der Hirte von da zurückgekommen ist, dann ist er so müde und durstig, und dann haben ja die andern auch für ihn Lastrentiere eingefangen, damit man fortkommen kann. Und die Frauen haben vollauf Arbeit gehabt, die Koten herunterzunehmen und die Schlitten fertigzumachen. Und dann ist man nun endlich fertig, um von diesem Ort wegzuziehen.

Und wenn man im Frühling auszieht, dann ist da die Beschwerlichkeit, daß das Ausziehen in der Nacht vor sich gehen muß. Da friert es, da kann man vorwärts gelangen. Am Tage kommt man nirgends hin mit dem Ausziehen, da ist ja schon Frühlingsluft. In der Nacht wird der Schnee nicht weich, und darum ist man gezwungen, nachts auszuziehen. Auch für die Frauen ist es beschwerlich, mit den Kindern auszuziehen, sie können sie nicht so versorgen, wie es notwendig wäre. Wohl müssen die armen Kinder schreien, wenn sie naß daliegen müssen, bis man an einen Lagerplatz kommt, wo sie die Kinder pflegen und die Sachen trocknen können, die während des Umzugs naß geworden sind — wenn man überhaupt eine Weidestelle für die Rentiere findet.

Und der Weg, auf dem sie ausziehen, geht durch solche Gegenden, wo keine Spur ist, und der Schnee ist so, daß er die losen Rentiere trägt, aber er trägt nicht die *Raiden* oder die Zugrentiere. Und es ist sehr beschwerlich, vorwärts zu gelangen, wenn die Rentiere, indem sie anziehen, mit den Beinen in dem Schnee versinken und der Schnee kaum den Schlitten tragen kann. Den ersten Schlitten trägt er, und den zweiten, aber dann fangen die Schlitten, die hinterherkommen an, einzusinken, und dann vermag das Rentier nicht mehr zu ziehen, und das vorderste Rentier zieht an, und die hinteren Rentiere halten gegen, und dann kann auch das vorderste Rentier nicht mehr ziehen, weil die anderen gegenhalten. Dann sind sie nicht imstande zu ziehen, da der Schnee tief ist, und der oberste Schnee ist so hart, daß es anfängt, in den Beinen der Rentiere weh zu tun; und dann ist da nur der Rat, selbst mit zu ziehen. Und so muß man dann weiterziehen, obwohl es schwer ist, und die Rentiere sind ermattet und hören auf zu ziehen, und dann muß man den einen oder den anderen Schlitten zurücklassen oder ihn selbst ziehen.

Und wenn man ein wenig weitergekommen ist und da einige schneefreie Hügel sind, dann spannt man die

Rentiere aus, so daß sie ein wenig ruhen und äsen können. Aber da ist nicht viel Futter, nur kleine schwarze Hügel, auf denen keine Flechten sind, auch nicht ein klein wenig; da gibt es nur Beerenreisig, und daran ist nicht viel Nahrung. Aber wenn das Rentier hungrig ist, dann frißt es auch Birkenreisig, wenn es ihm auch nicht viel Nahrung gewährt. Und wenn dann die Leute gegessen haben, dann gehen sie hin, um die Schlitten zu holen, die während des Umzugs zurückgelassen wurden. Und wenn sie mit denen gekommen sind, dann wird die Herde wieder nach der Kote getrieben, und die Rentiere werden wieder eingefangen. Aber dann sind sie noch scheuer, weil sie gemerkt haben, wie schwer es war und wie schmerzvoll. Und einige Menschen schlagen da die Lastrentiere, solche hitzige Menschen. Da erst wird das arme Rentier bange und läuft, als gelte es das Leben. Aber die Rentiere, die erschöpft sind, die lassen sich nicht mehr einschüchtern, weil sie nicht mehr zu laufen vermögen; sie sind so weit, daß, wenn man eins vor einen schweren Schlitten spannt, es so plötzlich stirbt, daß man nicht mehr dazu kommen kann, den Zügel von seinem Kopf zu lösen.

Und wenn es so ein Hungerjahr ist, dann sterben viele Zugrentiere. Und da hat man nicht viel Zeit zum Schlafen, sondern man zieht ununterbrochen weiter. Zuweilen muß man die Schlitten holen, die zurückgeblieben sind, und selbst muß man auch einige Schlitten ziehen. Und das versteht man wohl, daß dies so betrüblich ist, daß die Frauen weinen. Und nun hat man fast den ganzen Tag gewacht, weil man den Winterwohnplatz verließ, und Schlaf hat man nicht mehr bekommen, als indem man gegen den Stab gelehnt gestanden hat.

Und wenn man das Hochgebirge erreicht hat, dann ist da wohl ein wenig bessere Weide. Aber dann kommt der Wolf, und da ist auf dem Hochgebirge auch keine Ruhe zu bekommen. Nun ist ja schon eine Woche mit solchen Beschwerlichkeiten hingegangen, und es vergehen ja zuweilen mehrere Wochen so. Und um die Zeit pflegen viele ihr Augenlicht zu verlieren[1]. Die Augen tränen, und es ist ein solcher Schmerz in den Augen, daß man nicht essen kann und auch nicht schlafen, und einige werden halb blind.

Viele Lappen haben schlechte Augen. Die sind rot und aufgeschwollen, so daß sie sie des Morgens nicht aufmachen können, wenn sie sie nicht mit Wasser befeuchten, bis sie sich auftun. — Aber einige Lappen waschen sich niemals das Gesicht. Und darum sind die Lappen so dunkel, und sie sind ja auch dunkel darum, weil sie immer der Luft ausgesetzt sind, immer brennt der kalte Wind und die Sonne, und der Rauch in der Kote und der Rauch von den Feuern in der Wildnis räuchert sie ein. Und aus dem Grunde sind die Lappen so dunkel, Und wohl gibt es auch helle Lappen; solche Lappen, die des Winters in Föhrenwäldern leben und fleißig Gesicht und Hände waschen.

Den Körper waschen die Lappen niemals. Auch die Kleider nicht, die aus Rentierfell sind. Und die trägt man mit den Haaren nach innen auf der Haut und einen anderen Pelz darüber, und der hat die Haare nach außen. Und die Beinkleider sind auch aus Rentierfellen gewesen, und aus gegerbten Fellen haben sie Hosen genäht, die sie des Sommers trugen. Im Winter trugen sie Rentierfelle mit den Haaren auf der inwendigen Seite. Aber es taugt nur das Fell von einem Tier, das im Sommer geschlachtet worden ist, wenn es eben gehaart hat, das hat eine dünnere Haarschicht. Und sie haben auch Mützen von Rentierfellen getragen; aber hauptsächlich nur, wenn man auf einer längeren

[1] Die Lappen leiden im Frühling sehr an Schneeblindheit.

Fahrt die Mütze verloren hat: der Wind nimmt sie, und zuweilen rollt er sie ins Feuer, während man schläft; und wenn man mit der Sommermütze fortgezogen ist, wie man es tut, um dem Rentier zu folgen, und es wird Winter und Kälte, dann ist man gezwungen, sich eine Mütze aus Rentierfell zu machen. Und andere Kleider verfertigt man auch in der Wildnis. Ein Rentier wird ganz abgezogen, ungeteilt, und so zieht man den Pelz an, die Haare nach innen, weil auf der Fahrt hinter den Rentieren her die Fellkleider verfaulen; das weiß man ja, daß das Rentierfell die Haare verliert, wenn sie naß werden und wenn man sie nicht trocknen kann. Und sie stinken so, wenn man keine Zeit hat, sie zu trocknen; selbst wenn die Lappen am Kotenplatz sind, ist da ein so schweißiger Geruch, daß der, der nicht selbst so riecht, sich nicht in seiner Nähe aufhalten kann. Und wenn die Lappen noch dazu in eine warme Stube kommen, dann verpesten sie erst den ganzen Raum, so daß man krank davon werden kann; und einige sind sogar so unreinlich, daß sie die schmutzigen Kleider nicht wechseln, wenn sie zu den Höfen oder Versammlungsplätzen kommen.

Aber sie machen sich die Kleider in der Wildnis nur im Herbst, wenn das Rentier nach Süden geht und sie ihm auf dem schneefreien Felde folgen und monatelang aufgehalten werden, und wenn dann der Winter und der Schnee kommt, dann machen sie sich die Kleider so, wie oben beschrieben ist. —

Aber sie haben dieselbe Art Schuhe gebraucht, wie sie sie jetzt tragen. Und im Laufe der Zeit fingen die Lappen auch an, sich Fries und Tuch zu kaufen, und fingen an, sich Hosen und Mäntel und Mützen zu machen und Tücher zu kaufen. Die früheren Menschen benutzten Rentierfelle statt der Tücher[1]. Und nun

[1] Das Fell, das in früheren Zeiten zu Tüchern verwendet wurde, war nach Turis Aussage das Bauchfell des Rentiers; es ist dünn behaart und

tragen sie auch Regenmäntel aus Fries, und früher haben sie die aus Rentierfell getragen; die waren warm. Und die früheren Menschen haben auch als Regenkleider einige Mäntel aus gegerbtem Rentierfell getragen.

hell von Farbe, oft weiß; daraus werden auch die Pelze der Kinder angefertigt. Die Pelze der ganz kleinen Kinder werden aus dem Fell der neugeborenen Kälber angefertigt.

DAS BERGVOLK

Die Koten auf dem Hochgebirge

Und die Koten haben auf dem Hochgebirge auch solche Stellen, wo nicht so viele Bäume sind, daß man Brennholz und Schutz hat. Brennholz holt man eine Meile weit entfernt. Und wenn Unwetter ist, ist es auch nicht angenehm, wenn der Wind so hart ist, daß die Kote nur stehen bleiben kann, wenn man sie überall anpflockt und Schlitten rund um die Kote herum zieht, um das Zelttuch damit zu beschweren, so daß der Wind es nicht abreißen kann. Aber trotzdem reißt der Wind manches Mal die Kote auf, da bleiben die Kinder und auch die Mütter der Kinder ohne Schutz. Und dagegen ist nichts weiter zu machen, als wieder zu sammeln und zuzudecken, wenn nicht irgendeine andere Kote in der Nähe ist, wohin sie gehen können. Aber der Schnee kann ja in die Kote eindringen, selbst wenn sie aufgeschlagen stehen bleibt. Des Morgens kann alles in der Kote mit Schnee bedeckt sein, so daß da eine Elle Schnee über den Leuten liegt, und wenn sie sich dann das Frühfeuer anmachen wollen, so ist es eine große Arbeit, den Schnee aus der Kote herauszuschaufeln und das Feuer in Gang zu bringen. Und die Menschen, die sich weit von den Föhrenwäldern entfernt aufhalten, die haben kein trockenes Föhrenholz, womit sie Feuer anmachen könnten, und sie machen Feuer mit Birkenrinde an, und dann bekommen sie Feuer, wenn es auch nicht so leicht ist. Und dann essen sie und sorgen für die Kinder. Und unter solchen Verhältnissen pflegt die Kote so mit Rauch angefüllt zu sein, daß es die Augen vollständig zerstört, und darum sind viele Lappen halb blind. Der

Rauch in der Kote und die Frühlingsluft zerstören die Augen. Der Frühling ist sehr beschwerlich für die Lappen.

Bericht über die Fürsorge für die Toten

Wenn ein Mensch im Hochgebirge spät im Frühling stirbt und man nicht mehr zu einem Kirchhof hinkommen kann, so muß er in einen Schlitten gelegt werden, falls man nicht Bretter zu einem Sarg bei der Hand hat, und auf einer Insel untergebracht werden, wo keine Raubtiere hinüberkommen und ihn auffressen können, und weil er auch nicht auf dem Wege der Menschen sein soll. Man gräbt da zuerst ein Loch, und dann legt man die Leiche in das Loch, zusammen mit dem Schlitten, und dann Birkenrinde darüber und dann Grastorf auf die Birkenrinde, und da bleibt sie, bis See und Schnee frieren, dann wird sie erst ebenso geholt wie die andern Schlitten. Aber wenn man keinen Schlitten hat, in dem man mit Lastrentieren umzieht, dann ist man gezwungen, ein Loch in die Erde zu graben und sie da hineinzulegen; hat man hinreichend Birkenrinde, da legt man die darüber und darauf wieder Grastorf, und es ist nicht sicher, daß die Leiche später von dort abgeholt wird. Und also singen sie, wenn sie eine Leiche von dort abholen, wo sie gewesen ist, einige Verse aus dem Gesangbuch, ehe sie von dannen ziehen. Die Todesstelle wird mit einem Kreuz bezeichnet, das aus Birkenholz oder aus einem Paar Schneeschuhen hergestellt ist. Und im Winter pflegen die Lappen die Leiche mit sich zu führen, wenn die *Sida* umzieht. Aber sie wird ein wenig abseits von der *Raide* geführt, und als Abzeichen hat das Rentier ein Stück weißes Leinenzeug um das Geweih. Aber sind da zu wenig Menschen in der *Sida*, dann muß der Tote ja in derselben *Raide* bleiben wie die andern Schlitten; aber wenn man ausspannt, bringt man den Schlitten ein wenig abseits unter, und dort bleibt die Leiche, bis man wieder weiterzieht; dann nimmt man sie wieder mit, und so wird sie mitgeführt, bis man in die Nähe des Kirchdorfes kommt, wo dann einer oder zwei sie nach dem Kirchhof bringen. Und ein Begräbnis veranstalten sie auch, diejenigen, die nicht allzu geizig sind; und diejenigen, die keine Begräbnisse abhalten, die verlieren das Glück und werden arm.

Und gleich wenn ein Mensch gestorben ist, wird auch ein Abschiedsgesang gesungen; aber wenn er im Begriff ist, seinen Geist aufzugeben, in der Todesstunde, dann darf niemand ein einziges Wort sagen, um ihn nicht zu erschrecken. Wenn er nämlich dann erschreckt wird, kommt er gleichsam zwischen zwei Welten zu leben (das heißt phantasieren), und lebt eine ganze Woche und ist weder tot noch lebendig, ehe er wieder sterben kann. Und wenn er halb tot ist und nicht sterben kann, dann soll man einen Kessel über seinen Kopf stürzen, dann stirbt er bald. Und wenn der Sterbende im Todeskampf liegt, dann ist es gefährlich; dann muß man achtgeben, daß die, die ihn holen, ihn nicht erschrecken. So ein Sterbender, der sehr sündhaft ist, ist noch schlimmer.

Vor dem Leichengeruch muß man sich auch hüten. Wenn der Leichengeruch in die Nase eindringt, wird man todkrank davon.

Und wenn jemand tot ist, verlassen die Leute die Kote und wenden die Tür auf die andere Seite um und bedecken sie mit Holzstäben, und lassen sie vierundzwanzig Stunden so stehen. Und dann waschen sie die Leiche und kleiden sie an, wenn sie weißes Leinenzeug haben; haben sie kein weißes Linnen, woraus sie Kleider machen können, dann sind sie gezwungen, sie mit gebrauchten Kleidern hineinzulegen. Und dann wird sie in den Schlitten gelegt oder, wenn man einen Sarg bekommen hat, da hinein. Den Toten trägt man nicht zur Türöffnung hinaus, sondern unter dem Zelttuch durch, an der Stelle, wo er gestorben ist. Das ist ein Zeichen, daß nicht Tote und Lebende auf gleicher Spur gehen sollen. Ein anderer Glaube ist: Wenn man die Leiche durch die Türe hinausführt, dann stirbt bald irgendeiner in der Kote.

Einige Leichen haben es sehr mit dem Spuken oder Bangemachen, und nicht der Todesort allein jagt solchen Schrecken ein, daß die Leute die Leiche sehen und hören, wie sie alles nachahmt, was sie im Leben unternommen hat: sie joigt und joigt die Hunde und gebärdet sich auf alle mögliche Weise. Wenn sie auf einer Insel ist, so eine Menschenleiche, dann kommt sie von dem See daher aufs Land wie ein großer Vogel, so daß das Wasser aufbraust, selbst wenn es mitten am Tage ist und viele Menschen da sind. Und einmal, als eine an den Strand kam, nahm sie eine Herrengestalt an und scheuchte die Rentiere aus ihrem Ruhelager auf. Und das war ein fünfzehnjähriges Mädchen, das tot war, und das geschah im Jahre 1907. Und im selben Ort waren im selben Jahre viele solche, die nach dem Tode spukten und die Leute auf mancherlei Weise bange gemacht hatten. Und wenn ein Mensch tot ist, so sind da ja seine Kleider, und die pflegen sie irgendwo zurückzulassen, die Kleider, die er anhatte, als er starb; aber die Kleider, die er vorher anhatte, die legen sie hin und benutzen sie selbst, einige verkaufen sie auch oder geben sie an arme Leute.

Hier wird alles erzählt, was zu der Arbeit der Lappen im Frühling gehört

Wenn der Lappe mit seiner Herde und mit allen *Raiden* ins Gebirge gekommen ist, so ist da viel Arbeit, weil sie Fleisch trocknen und die Schlitten ausbessern und die Herden hüten müssen, die in zwei Teile geteilt sind; der eine, das sind die lose gehenden Rentierkühe und der andere Teil die Lastrentiere und die andern Rentiere.

Die Erklärung dafür, warum eine Sida *ihre Herde auf zwei Stellen haben muß.* Das geschieht, weil die lose herumlaufenden Rentiere so ausgelassen sind, daß sie hart gejagt werden müssen. Die lose herumlaufenden Rentiere galoppieren und springen bald dahin und bald dorthin, nach allen Richtungen, wenn es noch kalt ist und wenn die Nahrung knapp ist, wenn da schlechte Flechten und wenig schneefreier Boden ist. Und die Rentierkuhherde ist gefährlich, die muß man so vorsichtig wie möglich hüten: wenn die Rentierkühe hart gejagt werden, so werden sie unbändig, und außerdem, wenn sie viel gejagt werden, so kalben sie zu früh, und die Hunde sind sehr darauf erpicht, die Kälber zu fressen. Und die Rentierkuh, die zuerst das Kalb leckt, die wird von dem Kalb weggescheucht, wenn der Hund arg hinter dem Rentier herjagt. Und gerade aus dem Grunde ist man gezwungen, die Herde in zwei Teile zu teilen, in die Rentierkühe und die Lastrentiere.

Und wenn sie zu kalben anfangen, dann streben die Rentierkühe ja dahin, wo sie früher zu kalben gepflegt haben, und an der Südseite (der schwedischen Seite) der Hochgebirge sind keine solchen Stellen, wo sie sich während des Kalbens versorgen können, höchstens ein oder auch zwei *Sidas,* und daher sind sie gezwungen, mit den Rentierkühen über die Hochgebirge zu ziehen, nach der norwegischen Seite der Grenze hin, weil die Rentiere immer mager sind, seit damals, als Finnland verboten wurde[1]; da haben in früheren Zeiten sich viele *Sidas* im Winter aufgehalten. Da sind gute Rentierflechten und gute Weideverhältnisse. — Und wohl haben sich Lappen auch in der Kalbungszeit im Hochgebirge aufgehalten, und denen ist es sehr schlimm ergangen, denn in einer einzigen *Sida* sind allein so viele Kälber totgefroren, daß sie nicht einmal die Häute abzuziehen vermochten.

Bericht darüber, wann die Rentiere auf den Stellen kalben, wo sie früher gekalbt haben und wo die Gegend so ist, daß die Rentierkuh sich mit ihrem Kalb ernähren kann, wo Nahrung und Schutz ist

Die Rentierkühe sind so ruhig, daß sie ordentlich kalben und ihre Kälber pflegen. Die Leute brauchen nichts weiter zu tun, als auf Schneeschuhen zu laufen und nachzusehen, daß keine Raubtiere zu der Herde gelangen und anfangen sie zu zerstreuen, und acht darauf zu geben, daß sie nicht an lebensgefährliche Stellen gehen. Und wenn die Rentierkühe gekalbt haben, dann wird nicht weitergezogen, dann können die Kälber in Ruhe wachsen. Und an der Meerseite (der norwegischen Seite der Grenze) kommt das Gras früh. Und das weiß das Rentier; das Rentier, das nahe ist, und das, das fern ist. Und darüber ist nichts weiter zu erzählen.

[1] Im Jahre 1862 verbot Rußland den Lappen, die finnische Grenze zu überschreiten. Deshalb sind Turi und ein Teil seiner Familie südwärts gezogen.

Bericht über die Kalbungsplätze

Einige lassen auf dem Hochgebirge in der Nähe der Reichsgrenze kalben, und für die ist es eine große Mühe, über das Hochgebirge zu ziehen, da sie alle Sachen und die Kote und die Kinder tragen lassen müssen. Und es ist sehr gefährlich, mit Rentierkühen und den neugeborenen Kälbern zu ziehen. Und auf dem Wege sind viele große Gebirgsflüsse, über die hinwegzukommen gefährlich ist, weil keine Brücken da sind, und es finden sich dort auch keine Boote.

Hier beginnt der Bericht über die, die das Kalben auf der Südseite der Grenze und an der Grenze vor sich gehen lassen

Da ist nur wenig schneefreier Boden, und die Rentierkühe sind so unruhig und wild, da müssen sie streng bewacht werden, daß der Hirte keine Zeit hat, einen Augenblick zu verschnaufen. Und wenn es untüchtige Hirten sind, dann kommen viele Rentiere um, weil sie von dem Hund verfolgt werden müssen, soviel der nur vermag; und der Hund pflegt müde zu werden, und dann entschlüpft die Herde dem Hirten. — Und der Wolf ist auch ärger nach Süden zu.

Und wenn die Rentierkühe nun gekalbt haben und das Kalb ein wenig herangewachsen ist, dann fangen auch die Rentierkühe an weiterzustreben, und fangen an, sich nach Gras zu sehnen, wenn das Gras in den Meerwäldern (den norwegischen Wäldern) hervorzusprossen beginnt. Und dann fangen alle Rentiere an, nach Norden zu streben, so daß es fast unmöglich ist, sie zu halten. Dann ist man gezwungen, den Umzug nach dem Meerreich zu unternehmen, wo Gras ist und wo es in der warmen Zeit kühl ist. Und die Luft im Meerreich ist gesund, wo so viele Schneeberge sind; vom Meer her kommt auch frische Luft, die gesund für die Rentiere ist. Auf den Bergen an der Meeresküste können die Rentiere es sehr gut vertragen, gemolken zu werden. Aber der Platz ist zu beschränkt, die Hofbesitzer geben den Lappen nicht mehr so viel Boden, daß sie die Rentiere da haben können, um sie zu melken. Dazu kommt auch noch dies: Wenn man um diese Zeit melkt, so werden die Kälber so klein, daß sie einen harten Winter nicht überstehen können. Und aus diesen Gründen ist man gezwungen, das Melken zu unterlassen.

Mehr über die Kalbungszeit

Nun fangen die Rentierkühe an zu kalben, und die Kalbungszeit ist eine gefährliche Zeit für die Lappen. Da ist viel Arbeit, wenn man die Kühe hüten und Fleisch trocknen und die Schlitten ausbessern und sie teeren soll. Und das Rentierhüten ist eine harte Arbeit, und in der Kalbungszeit ist es notwendig, die ganze Zeit zu hüten. In alten Zeiten jagten die Lappen so hart, daß sie alle vierundzwanzig Stunden zweimal die Herde zusammenjagten, und dann molken sie die Rentierkühe. Und wenn dann die Rentierkühe anfingen, ihr neugeborenes Kalb zu lecken, dann verscheuchten sie die jungen Rentierkühe vom Kalb, und dann wagten einige nicht, wieder zu dem Kalb zurückzukehren. Und wenn sie sich nicht darauf verstanden, die Kühe zu hüten, so verscheuchten sie viele Kühe von den Kälbern, und auf diese Weise war es ein großer Verlust, denn alle die Kälber sterben, die die Rentierkuh verläßt. Einige Lappen fangen die Rentierkühe, die die Kälber verlassen haben, und halten sie wochenlang gefangen. Einige von ihnen nehmen die Kälber wieder an, und andere wieder nehmen sie niemals an, wie lange sie auch angebunden waren, und nun hat man auch keine Zeit mehr, sie anzubinden. Und da ist noch eine andere Gefahr, wenn sie sich nicht darauf verstehen, die Rentiere zu hüten; wenn sie die Hunde so stark jagen lassen, daß die trächtigen Rentierkühe so stark laufen, daß sie werfen; werfen heißt, wenn die Rentierkuh zu früh gebärt, ebenso wie der Mensch, und aus dem Grund sterben viele Rentierkühe, und dann müssen die Lappen helfen, damit die Rentierkuh imstande ist, das Kalb zur Welt zu bringen. Und das nennt man werfen, und dann sagt man, daß die Rentierkuh entbunden werden muß. Einige Lappen sind besonders gute Geburtshelfer, aber doch kann es geschehen, daß die Rentierkühe sterben, wenn sie zu schlimm geschädigt sind. Einige schneiden das Kalb inwendig in der Rentierkuh entzwei und nehmen die Stücke heraus, und das ist eine gute Kunst; auf diese Weise erhält man vielen Rentieren das Leben. Und das ist gut. Wenn die Rentierkuh lange, eine Woche hindurch, Schaden gelitten hat, dann ist das Kalb tot und ein wenig verfault, und dann ist es weich und kommt leichter heraus. Und wenn man das Kalb herausbekommen hat, dann muß man nachsehen, ob die Rentierkuh das Kalb lecken will; dann kommt die Nachgeburt heraus. Und wenn das Rentier gar nicht leckt, dann kommt die Nachgeburt nicht heraus, und dann stirbt es ja. Und wenn man der Rentierkuh Butter gibt, dann kommt die Nachgeburt wohl heraus, und man rettet die Rentierkuh auch wohl, aber das Kalb ist ja zerstört. Aber das ist gut, wenn die Rentierkuh lebt.

Und da ist noch eine schlimme Sache, wenn der Hund zu hart jagt, während die Rentierkuh kalbt. Dann pflegen sie sehr bange zu sein, wenn die Rentierkuh dabei ist, das Kalb zu lecken — das heißt, wenn das Rentier mit der Zunge sein Kalb abwäscht —, dann läuft sie weg, läßt das Kalb zurück; die eine oder die andere kommt wohl zurück und nimmt ihr Kalb auf, aber einige nehmen es nicht, wenn sie es einmal verlassen haben. Aber sie nehmen das Kalb vom vorigen Jahr wieder an und fangen an, es zu säugen. Und auf diese Weise kommen viele Kälber ums Leben.

Wenn die trächtige Rentierkuh im Begriff ist zu kalben, dann läuft sie. Die Erklärung für dies Laufen ist dies: Die Rentierkuh rennt fort, wenn sie das Kalb gebären soll, und sie läuft so sehr, wie sie nur kann. Und wenn die Rentierkuh fett ist, dann läuft sie noch mehr, wenn da schneefreier Boden im Frühling ist. Schlimmer pflegt es zu sein, wenn die Herde klein ist, dann laufen die Rentierkühe viel stärker; und in den Wäldern sind sie noch schlimmer; sie sind so schlimm, daß man sie anbinden muß, bis die Rentierkuh kalbt. Und die Rentierkuh ist in der Zeit so: Wenn sie kann, dann rennt sie auf den Berg hinauf, wie hoch er auch sein mag, und sie verlangt bloß nach einem hohen Berg, selbst wenn das Kalb da augenblicklich erfriert. Und der Grund zu diesem Laufen ist, daß das Kalb so arg stößt, wenn die Mutter kräftig oder fett ist; eine magere Rentierkuh rennt jedoch nicht so arg, und wenn es ein kalter Frühling ist, dann rennen sie überhaupt nicht so arg, auch nicht die fetten Rentierkühe. Aber es ist immer viel besser, wenn es eine große Herde ist und sie weit zerstreut ist, und wenn da ein Berg ist; und wenn dort an dem Berg entlang Rentiere sind oder die Herde, so hält man die laufenden Kühe dort an. Wenn die Rentierkühe am Berg von dem einen Ende der Herde nach dem anderen laufen, und wenn da Leute an allen Außenkanten sind, die sie immer zurückhalten, wenn sie an den Rand kommen und in die Wildnis hinaus wollen, dann ist der Wächter imstande, sie zurückzuhalten. Und wenn die Kuh viele, viele Male hin- und hergelaufen ist, um den Berg herum, so kalbt sie, nachdem sie zwei oder drei Tage gelaufen ist. Und wenn sie gekalbt hat, dann fangen andere auf dieselbe Weise an, und dies währt so lange, bis sie alle gekalbt haben. Und wenn sie alle gekalbt haben, dann braucht man die Rentiere gar nicht mehr zu hüten; wenn da keine Raubtiere sind, braucht man nur die lose laufenden Rentiere zu hüten; aber doch pflegt man einen Menschen bei den Rentieren zurückzulassen, auch um achtzugeben, wenn da irgendein Tier zu den Rentierkühen kommen und anfangen sollte, die Kälber aufzufressen. Es gibt viele Feinde der Kälber: der Wolf und der Bär und der Fuchs und der Polarfuchs und der Adler. Sie sind alle zusammen die Feinde des Kalbes. Und da sind viele gefährliche Stellen, wo die Kälber umkommen können, wie zum Beispiel Wasserlöcher, Felsschluchten und Bergflüsse, größere und auch kleinere.

Hier beginnt die Erzählung davon, wie man die Rentiere hüten muß, so daß sie gut gedeihen, die Rentiere und auch die Kälber

Man muß die Herde vorsichtig umwenden können und sie nicht von den Hunden jagen lassen; es muß ein sehr kluger Hund sein, der nur um die äußersten Rentiere herumläuft. Auch soll man sie nicht dicht zusammenjagen; es ist besser, wenn sie zerstreut sind und man nur auf der Außenseite der äußersten Rentiere geht. Wenn es ein kalter Frühling ist, da ist es sehr schlimm, weil die Rentiere durch Hunger und Not gezwungen sind, so weit umherzugehen, daß man sie hart verfolgen muß, und die Rentiere laufen, um

Futter zu suchen, weil sie hungrig sind und weil da eine Schneekruste ist und nicht so viel schneefreies Feld, daß sie leben können, ohne so weit herumzustreifen. Und wenn es lange kalt ist, so geht das Futter des Rentiers oft ganz auf die Neige; auf den wenigen schneefreien Stellen ist es schon längst alle geworden, so daß da keine Flechten mehr sind[1]. Es gibt jetzt nichts weiter mehr als Beerenreisig hier oben, wo so viele Rentiere sind, und daher ist man gezwungen, auf das sorgfältigste *Sida* zu halten oder die Rentiere zu hüten; denn unter dem, der die Rentiere tüchtig zu hüten versteht, gedeihen sie viel besser als unter demjenigen, der sie nicht recht leiten oder kommandieren kann, so wie ein Kriegsherr die Scharen kommandiert; und so geht es mit jeder Sache, die schlecht geleitet wird. Aber wohl sind etwelche Diener betrügerisch und unbrauchbar, und das schadet dem Hausherrn sehr, wenn der Hirte nicht selbst um die Herde herumgehen mag, sondern nur die Hunde schickt, gleichgültig wie viele Rentiere sie verderben lassen. Solche Diener pflegen viele Rentierkühe und Kälber umzubringen, wie das bereits oben erzählt worden ist.

Aber wenn da Wölfe sind, dann ist da noch viel mehr Arbeit und Schaden. Der Wolf gibt acht, ob der Hirt die Herde sich zerstreuen läßt, denn dann fällt er sie augenblicklich an und tötet, als wäre es im Kriege,

[1] »Da, wo die Rentierflechte alle ist, kommt keine andere Rentiernahrung. Und die Flechte ist aus keinem andern Grunde alle geworden, als weil das Rentier sie gefressen hat. Und nun ist das Rentier gezwungen, alles zu fressen, was es findet — da die Flechte alle geworden ist — sogar Beerenreisig und welkes *Sidno.*« (Die Lappen verstehen unter *Sidno* überhaupt alle weichen und zarten Grasarten.) »Auch in Reisigzweige beißt das Rentier aus Hunger und in solches Moos, das keine Nahrung ist, wenn es nicht mit ein ganz wenig Flechte vermischt ist; und es sammelt Flechten von Steinen und Birkenstämmen; aber in diesem obengenannten Futter ist keine Nahrung enthalten, das Rentier muß hungern, und dann wird es krank vor Hunger, und dann fangen sie an zu sterben.« (Turi)

wenn man ihn nicht gleich verscheuchen kann. Einige Wölfe sind so durchtrieben oder dreist, daß sie sich nicht verscheuchen lassen, ehe der Mensch ganz in der Nähe ist. Aber der Hund pflegt eine große Hilfe zu sein. Der Hund ist schneller als der Mensch. Er läuft in einer Fahrt auf den Wolf zu, bellt heftig und faßt den Wolf in den Hintern, und dann ist der Wolf wohl gezwungen, bange zu werden. Doch tötet der Wolf oft den Hund. Und wenn da im Frühling viele Wölfe sind, dann muß man die Rentiere so dicht zusammenhalten, daß sie hungern; und die Rentiere werfen und die Kälber sterben: wenn die Mütter ausgehungert sind, dann geben sie keine Milch.

Da ist noch eine gefährliche Sache in der Kalbungszeit. Wenn da nun keine Nahrung für die Rentiere im Walde ist, dann sind sie gezwungen, auf dem Hochgebirge zu sein, wo der Wind den Schnee weggeweht hat, und da sind einige schneefreie Stellen auf den offenen Flächen. Und daher ist es ein wenig besser auf dem Hochgebirge. Auch pflegt der Schnee sich da oben besser weich zu halten als in den Wäldern, selbst wenn da eine Schneekruste ist. Und aus diesem Grunde ist es doch besser auf dem Hochgebirge; selbst wenn da Kälte und Schneetreiben ist, so daß man die Spitzen der Schneeschuhe nicht sehen kann. Dann kann man nicht sehen, um die Rentiere zu hüten, selbst wenn der Wolf noch so viele auffrißt. Und wenn die Rentiere mager sind, dann frieren die kleinen Kälber tot und die einjährigen Kälber, ja Kälber jeder Art, solche, die mager sind, und sie sterben zu Hunderten, zuweilen sterben auch viele Hunderte; sind aber die Rentiere kräftig oder fett, so sterben nicht so viele, oder wenn sie an einer Stelle sind, wo viele Steine sind, denn das ist ein guter Schutz; aber wenn es sehr eben ist, dann frieren sie, wie oben erzählt worden ist. Die Hirten frieren auch, so daß sie knapp ihr Leben erhalten können, die Beine frieren, so daß sie sie nicht biegen können und sie nicht darauf stehen können, ehe sie sie gerieben und nach allen Richtungen hin bewegt haben. Dann fangen sie endlich an, wieder warm zu werden. Aber die Gelenke werden nicht mehr so wie die anderer Menschen.

Hier beginnt der Bericht darüber, wann es für die *Sidas,* die die Kalbung auf der Südseite der Grenze haben vor sich gehen lassen, Zeit wird, von den Kalbungsplätzen fortzuziehen

Dann werden die Wintersachen zurückgelassen, die Schlitten und alles, was zum Wintergebrauch gehört, und die Sommersachen nehmen sie mit. Und dann fängt man an, die Sachen zu ordnen, um sie zurückzulassen. Zuerst legt man die Sachen in die Schlitten, und dann werden die Schlitten auf Holzstücke gestellt, und über die Schlitten legt man Rentierfelle und dann wieder Birkenrinde auf die Felle und Grastorf wieder auf die Birkenrinde und Steine wieder darauf und zualleroberst Birkenstämme. Auch kann man die Sachen auf einem Bock hinterlassen. Ein Bock ist ein Holzstamm, der quer zwischen zwei Bäume gelegt wird, und auf diese Rücklehne hängt man Kleider und Sachen, die darauf mit Zelttuch zugedeckt werden. Und solche hinterläßt man an vielen Orten, damit einige von den Sachen näher sind, wenn man wieder nach Süden zieht, selbst wenn man einen etwas anderen Weg einschlägt, aber es ist doch näher, als wenn man sie an den Südenden des Hochgebirges abholen sollte. Und dann fängt man an, die Lasten mit Essen und Sachen für den Sommer in Ordnung zu bringen. Es ist eine Rentierlast zwanzig Kilo auf jeder Seite, wenn das Tier kräftig und fett ist; ist es aber mager, dann trägt es nicht mehr als fünfzehn Kilo auf jeder Seite.

Und jetzt ist man fertig umzuziehen, und nun begibt sich die *Sida* auf den Umzug, die sich südlich im Steuerlande aufgehalten hat, und ihre Rentiere sind kräftig. Und nun muß alles von den Tragrentieren getragen werden, Essen, Kleider, Kote und die Kinder, über viele große Bergflüsse hinweg. Und dann zieht die *Sida* auf diese Weise hinweg: die Herde mit den Rentierkühen für sich, und die *Raiden* und die losen Herden voran. Aber die Rentierkühe sind doch nicht weit weg. Und wenn sie nun eine Tagesreise gezogen sind, dann hinterlassen sie wieder Wintersachen auf einem Bock, und dann ziehen sie wieder weiter. Und da sind ja um diese Zeit die Gebirgsflüsse, ja jeder kleine Bach, so groß, daß man nicht hinüberwaten kann, und jede Niederung ist ein Schneeschlamm. Es liegt noch viel Schnee auf den Bergen, die hoch und kalt sind, aber um diese Zeit ist er so weich geworden, daß er die Zugrentiere mit den Lasten nicht trägt. Dann ist es am besten zu warten, bis Schneekruste kommt oder bis es kalt wird. Und manchmal pflegt es nicht kalt zu werden vor dem Erichstag (18. Mai), und wenn die Kälte nicht am neuen Erichstag kommt, so kommt sie auf alle Fälle am alten Erichstag (29. Mai). Und dann zieht man weiter, da ist aller Schneeschlamm gefroren, und die kleinen und großen Bergflüsse sind sehr eingetrocknet. Aber dann kann zuweilen ein solcher Schneesturm sein, daß man nicht weiterziehen kann, und man muß da wochenlang auf einem Hochgebirge bleiben, und da ist kein anderes Brennmaterial als die Zwergbirken; und mit denen ist es auch nur knapp bestellt, und sie sind mit Schnee zugeweht. Die Birkenbäume sind nicht zu erreichen, und man hat keinen Schlitten mehr, mit dem man etwa Feuerung holen könnte. Freilich hat man keine Lust, hier zu bleiben, aber in so hartem Wetter ist man ja dazu gezwungen. Und für die Rentierkuhherde ist es auch schlimm; denn die Kälber pflegen in solchem Wetter zu erfrieren, und wird man von dem Unwetter auf hohen Bergen eingeholt, dann erfrieren viele Hunderte. Und es ist noch schlimmer, wenn man anfängt, sie anderswo hinzutreiben; es ist am besten, sie bleiben zu lassen, wo sie sind. Aber wenn sich in der Nähe ein Ort befände, wo Schutz wäre, oder ein Wald, dann könnte man sie ja dahin jagen, wenn man merkte, daß das Unwetter heranzieht. Aber der Wald ist weit, den erreicht man nicht.

Und wenn sich das Wetter ein wenig bessert, so ist es die erste Arbeit, die toten Kälber aufzusuchen und ihnen das Fell abzuziehen. Das Fleisch von den Kälbern, die erfrieren, ist schlecht. Ein fettes Kalb erfriert nämlich nicht, wie kalt es auch ist. Und ist man damit fertig, so zieht man wieder weiter, wenn gutes Wetter geworden ist. Und jetzt ist da ein schrecklich großer Bergfluß, über den sie hinüber müssen, und das ist sehr schwierig, da er so tief ist, daß nur die Männer darüberwaten können, und sie müssen dann alle Kinder und Frauen und alte Leute hinübertragen.

Erzählung davon, wie es auf der Wanderung über den Bergfluß mit den Raiden zugeht

Wenn die Rentiere fallen oder die Lasten abgeworfen werden, wo das Wasser so tief ist, daß es gegen die Lasten schlägt, und die Lasten dann von den Rentieren abfallen, dann fängt der Bergfluß an, sie mit sich fortzuführen, und dann wird die ganze *Raide* verwickelt, und das Ganze treibt mit dem Strom fort, sogar der Mensch, wenn er in die *Raide* verwickelt ist. Aber einige Männer sind so schnell, wenn sie den Bergfluß die *Raide* fortführen sehen, dann schneiden sie schnell die Zügel durch, und es gelingt ihnen, die eine oder die andere von den wertvollsten Lasten zu retten. Das meiste von der *Raide* schwimmt und es gelangt ans Ufer. Aber wenn sie ungeschickt sind, so geht die ganze *Raide* mit dem Strom weg. Auch der Mensch; aber das geschieht nur ausnahmsweise einmal. Zu den meisten Zeiten ist es doch so, daß man gut hinüberkommt. Und wenn sie glücklich über den Bergfluß gekommen sind, dann gehen sie dahin, wohin sie zu gehen pflegen, und wohin es ihnen paßt. Und dann lassen sie die Tragrentiere laufen und errichten Koten so, wie sie es zu tun pflegen, und nun sind ja freilich die Lasten naß vom Bergfluß, und es ist notwendig, sie zu trocknen, und wenn sie gegessen haben, dann gehen sie hin, um die Rentierherde über den großen Bergfluß zu holen. Jetzt müssen die, die die Herde jagen, sie sehr sorgfältig treiben und nicht die Hunde hinter ihr herjagen, wenn die Rentierkühe schwimmen; denn werden die Rentierkühe und die Kälber eingeschüchtert, dann kehren sie um und fangen an im Bergfluß umherzuschwimmen, und dann erfrieren die Kälber oder werden steif von Kälte und treiben mit dem Strom, und die Rentierkühe folgen ihnen. Ein Teil kehrt ans Ufer zurück, und wenn sie wieder heraufkommen, dann sind sie so bange vor dem Bergfluß, daß sie nicht wieder hineingehen, selbst wenn sie einen Teil der Herde auf der anderen Seite sehen. Und geht es so, dann kann diese Arbeit zuweilen eine Woche währen, und zuweilen kriegt man sie niemals alle hinüber. Da ist ein Rat, wenn es so geht, wie oben erzählt ist. Man lasse die losgehende Herde sich mit den Rentierkühen vermischen, dann schwimmen sie hinüber.

Denn die Rentierkühe sind viel kühner, wenn sie mit der losgehenden Herde zusammen sind, weil die losgehende Herde kühn ist, sie geht in den Bergfluß, wie groß und brausend der Strom auch ist. Aber die Rentiere, die dann zurückbleiben, die kann man nicht wieder bewegen, in den Bergfluß zu gehen, zuweilen arbeitet man eine ganze Woche, ohne Zeit zum Schlafen zu haben. Auch hat man die Kunst versucht, einen Zaun nach dem Bergfluß zu zu errichten und sie dann hineinzujagen; einige von den Kälbern trägt man hinüber, die, die nicht selbst hineingehen wollen. Und um die Zeit des Frühlings ist das Eiswasser so kalt, daß den Menschen, die die ganze Zeit im Bergfluß waten, die Beine erfrieren, so daß sie für Lebenszeit die Frostkrankheit bekommen.

Erzählung davon, wenn die Herde kräftig ist und tüchtige Leiter hat

Nun, wenn der Leiter selbst in den Bergfluß geht, dann schwimmen die Folgerentiere augenblicklich hinterdrein, und die ganze Herde geht hinüber, als wären es Vögel, und kräftige Kälber schwimmen noch schneller als die Mütter, und es geht so glatt, daß nicht mehr als eine Stunde mit dem Übergang vergeht. Und wenn sie gut hinübergekommen sind, dann ruhen sie; aber die Hirten können nicht dazu kommen, zu ruhen, nur die anderen Leute. Wenn sie geruht haben, dann ziehen sie wieder weiter, und nun kommt da ein Fluß mit steilen Ufern und solchem Gefäll, daß, wenn man in den Fluß stürzt, man augenblicklich unter den Wassersturz gezogen wird, und wenn man in solch einen Wassersturz fällt, dann wird man sogleich zerschmettert. Über solche Flüsse kann man nicht auf andere Weise kommen als mit Schneebrücken; aber der

Fluß geht unter dem Schnee hindurch, und wenn der einsinkt, dann ist es der gewisse Tod; aber man versucht ja, Steine da beim Wege hinzuwerfen: ist der Schnee wohl so, daß er die Leute und die *Raiden* und die Herden hinübertragen kann? Und die Lappen haben Brücken über solche Flüsse gebaut, die gefährlich sind, aber sie haben es nicht erreicht, eine Brücke über jeden Fluß zu bauen, wo es notwendig sein könnte für den Verkehr von Menschen und Rentieren.

Es gibt einen, dessen Name *Gibmijokka* ist, und in dem Fluß ist auf einmal die Herde einer ganzen *Sida* auf solche Weise umgekommen: Da war ein Mädchen, das die Rentiere am Ufer hütete, und dann schwammen sie hinüber, und der Fluß war so reißend, daß er sie hinabführte, und von da sind nicht mehr als einige Klafter, ehe er über eine Felswand hinüberstürzt, und man nimmt an, daß er einen Kilometer über den Fels hinabstürzt, und da wurden die Rentiere auf einmal zerschmettert. Aber es blieb noch eine kleine Hälfte oder ein Drittel zurück. Und der Mann wurde plötzlich arm; aber es währte nicht lange, da war er wieder reich, und sein Sohn wurde auch reich. Und Leute pflegen zu sagen, der Mensch, der richtig und redlich gelebt hat, von dem geht Segen auch auf die Kinder über; aber für diebische Menschen währt der Reichtum nur während ihrer eigenen Zeit, und manchmal währt er nicht einmal während ihrer eigenen Lebenszeit. Zuweilen kann er wohl über drei Geschlechter reichen, bei solchen, die gut sind, den Armen zu geben, den Dienern Gottes und denen, die man Christen nennt[1].

Und auf diese Weise ziehen sie über viele Flüsse und kommen nach Norwegen, aber auch viele Schwierigkeiten und Gefahren sind da für sie durchzumachen, die die Kalbung an der Grenze vor sich gehen lassen. Aber die Umzugswege sind ja nicht überall gleich.

[1] D. i. den Laienpredigern.

Und wenn sie die Baumgrenze (an den norwegischen Bergen) erreicht haben, dann ist das Bergreisig so, daß die Borke sich leicht abreißen läßt (ein Zeichen des Frühlings), und dann strebt die Herde nach dem Walde, wo Gras und laue Wärme ist. Das Rentier weiß ja schon aus weiter Ferne, daß da Gras im Walde ist, und dann fürchtet es weder Hund noch Menschen, selbst wenn man es auf den Kopf schlägt. Und daher ist man gezwungen, das Geweih der ärgsten Tragrentiere halb durchzubrechen, so daß das Tier nicht laufen kann, da es Schmerzen hat, an den neuen Hörnern, die halb herausgewachsen sind und aus denen das Blut strömt, wenn sie durchgebrochen werden. Und auf diese Weise hält man sie zusammen, bis man dahin gelangt ist, wo man immer zu sein pflegt. Aber wenn man nach dem Walde kommt, dann springen sie in Sätzen in den Wald hinein, um Gras zu bekommen.

Und wenn die Lappen im Frühling über die Hochgebirge gekommen sind, wo es kalt gewesen ist und vieler Schnee und nicht viel schneefreier Boden, aber doch so viel, daß das Rentier gerade hat leben können, und wenn sie nach Norwegen kommen, dann können sie anfangen, die Meerwälder zu sehen, und in denen ist Gras und Laub, und das ist so schön und herrlich, dünkt es den Lappen. Und wenn sie näher kommen, so fängt man an, den Kuckuck und alle Vögel zu hören, die nach der Lappen Sinn lieblich sind, und dann fangen sie an zu joigen:

»Mütter und schöne, liebe Grastäler, Mütter des Kalbes,
voia, voia, nana, nana,
Heil, heil euch nun, Mütter, *voia, voia, nana, nana,*
Nehmt nun meine liebe Herde und pflegt sie, wie ihr
früher getan habt, *voia, voia, nana, nana,*
Seid wieder, Mütter, meine Freunde — *voia, voia,*
nana, nana,

Ihr Mütter, äst nun meine Rentiere gesund! *voia, voia, nana, nana.*«

und dann:

»Schöne, liebe Wohnplätze, *voia, voia, nana, nana,*
Sie sind so schön, daß sie leuchten, — *voia* — *voia.*«

Und da ist es so lieblich, daß die Burschen keine Gedanken für etwas anderes haben als für die Mädchen, und die Mädchen wieder denken an die Burschen, und daß die sehen sollen, mit ihnen zusammenzukommen. Und dann trinken sie Branntwein und gießen ein wenig auf den Boden und geben jedem, der da ist, und sie joigen. Aber fluchen darf man nicht. Und die Lappen haben noch eine alte Sitte. Wenn sie im Frühling nach dem Sommerwohnplatz kommen, dann grüßen sie auf diese Weise: »Heil, heil euch nun, Mütter und Wohnplätze!«, und dann spenden sie auch etwas, da ist irgendein anderer Ort, wohin sie spenden, und dann bitten sie die *Halden*[1], ihre Herde zu pflegen, so daß die Rentiere nicht umkommen und die Kälber groß werden.

Die Lappen nennen den Boden oder die Wohnplätze *Duovddagat;* sie sagen, wenn da schöne Wohnplätze sind und gute Rentierplätze, daß da so schöne *Duovddagat* sind, daß sie lachen.

Und wenn der Mensch gut ist und wenn alles gutgeht, dann findet er, daß der ganze Wohnplatz sich freut, und wenn es traurig für den Menschen ist oder wenn er in Sorgen ist, dann dünkt es ihn, daß der ganze Wohnplatz weint, und alle Steine und alle Bäume und alles in der ganzen Welt, und nichts von dem, was ihm Freude machte, erfreut ihn mehr, und die Tage sind so lang, daß sie fast niemals ein Ende nehmen. Und wenn es an einem Ort eine schlechte Gegend für das Rentier ist, so ist es ein schlechter Wohnplatz.

[1] Die Halden sind an den Ort gebundene und unsichtbare Schutzgötter.

Und in früherer Zeit konnten die Lappen die Rentiere überall in Frieden weiden. Und in früherer Zeit waren die Rentiere viel größer als jetzt, weil sie damals äsen konnten, wo sic Lust hatten. Aber als die Menschen in Norwegen sich vermehrten, da fingen sie an, die Lappen zu hassen, an einigen Stellen so bitter, daß sie raubten und schlugen, und einige töteten sie auch, weil die Herden der Lappen an den Stellen weideten, wo sie früher geweidet hatten. Und wohl würden die Lappen noch weiter fortflüchten, aber da ist nicht mehr Weideland dahinter, und nun müssen also die Lappen in solchen Verhältnissen leben, die man nicht gut so erklären kann, wie sie sind. — Jetzt ist das Gesetz gegen die Lappen so in Norwegen, daß es wie ein Schleier ist, durch den nicht die schärfsten Augen sehen können, was da hinter dem Schleier steckt. Und dieser Schleier hat schon viele Verhältnisse der Lappen unsicher gemacht.

Jetzt ist es nicht mehr herrlich für den Lappen in Norwegen, wo er wie ein fremder Hund geworden ist und seit der Zeit noch schlimmer, als Norwegen von Schweden getrennt wurde.

Hierunter wird mehr von den Lappen erzählt, und dies ist fast die Hauptsache

Nun haben die Lappen angefangen, an ihre Zukunft zu denken, und sie sehen nun, daß das Rentier hier nicht mehr in diesen Jukkasjärvi-Gegenden und Karesuando-Gegenden leben kann, da die Rentierflechten vorbei sind. Daher fangen die jungen Söhne der Lappen nun an, einen anderen Lebenserwerb zu suchen. Wohl kennt der Lappe sein eigenes Gewerbe, auch hat er keine Lust, andere Nahrungsquellen aufzusuchen; aber wenn die Regierung dem Lappen den

Boden weggenommen und ihn den Bauern gegeben hat, dann hat die Regierung nicht mehr Macht über den Boden, gar keine, und aus diesem Grund haben die Lappen nun verstanden: auf dem Boden, wo es den Lappen erlaubt ist, sich aufzuhalten, da kann das Rentier nicht mehr leben; denn da ist es ganz vorbei mit den Rentierflechten. Vor vierzig Jahren sind noch in Kattovuoma schöne weiße Flechten gewesen, ja so viele, daß die Erde weiß war, und da waren nicht viele *Sidas* in Talma, auch nicht in der ganzen Jukkasjärvi-Gemeinde. Als dann aber mehr Lappen anfingen, von oben her aus Karesuando und Kautokeino zu kommen, da fingen die Rentierflechten an abzunehmen, jedes Jahr ein wenig. Und wenn da viele Wanderratten sind, dann fressen die auch viele Flechten, und auf diese Weise nehmen die ein Ende; sie fahren fort, da abzunehmen, wo man an einigen Stellen noch ein wenig findet. Hieraus ist zu entnehmen, wenn man fünfundzwanzig Jahre in der Zeit zurückrechnet, woran man sich noch leicht erinnern kann, da war es noch gut bestellt mit Rentierflechten in Talma und in der ganzen Jukkasjärvi-Gemeinde, und jetzt ist alles, als sei es versengt, so daß in den Gegenden die Rentiere nicht leben können, die schon da sind; wie soll man da glauben, daß die leben können, die anfangen, mit Rentieren für sich selbst zu arbeiten? Wenn wir beginnen, darüber nachzudenken, dann erscheint es uns wie eine Unmöglichkeit, daß eine Rentierherde sich hier noch weiter vermehren kann, wenn nicht einmal die Tiere, die jetzt hier sind, leben können, aus dem eben genannten Grunde, weil die Regierung den Lappen den Boden genommen und den Bauern alle Sümpfe und das trokkene Land gegeben hat. Und noch schlimmer ist es mit dem Boden, der geteiltes Land zwischen den Bauern in dem Finnendorf ist; wo solches Steuerland ist, da haben die Ansässigen die größte Macht über ihr

Steuerland, und die Lappen sind gezwungen, es zu kaufen, wieviel auch die Bauersleute verlangen. Und so wird es auch in Zukunft mit dem Steuerland in der Jukkasjärvi-Gemeinde gehen, obwohl es das Land der Lappen ist, so wie es auch überall das Land der Lappen gewesen ist, weiter südlich herab von Haparanda und bis hierher; aber da hat die Regierung immer von den Lappen genommen und es den Bauersleuten gegeben, und sie hat auch die Grenze versetzt, bis das Land jetzt so klein geworden ist, daß die Lappen sich nicht mehr bergen können. Jetzt muß die Regierung den Lappen aufschließen, was sie zugeschlossen hat, wenn sie will, daß die Lappen sich auf ihre eigene Art ernähren sollen, oder auch nur ihnen irgendeine andere Art Lebensunterhalt geben, damit die Lappen nicht allzu schlimm gequält werden. Und ich, der ich dies schreibe, kenne dies alles, ich brauche keinen Menschen danach zu fragen, und ich kann beweisen, daß es wahr ist, falls es nötig sein sollte.

Nun kann ich wohl glauben, daß die Regierung sieht, daß der Lappe wie ein uneheliches Kind übergangen worden ist; aber sie kann ja auch nicht zurücknehmen, was sie den Bauersleuten gegeben hat. Jetzt ist es schwer, den Lappen zu helfen, so daß alle von Rentieren leben könnten, die, die jetzt sind, und die, die heranwachsen. Und wenn die Lappen sehen würden, daß hier möglicherweise mehrere leben könnten, so würden sie in einem jüngeren Alter heiraten und sich vermehren. Da sie aber sehen, daß nicht mehr Lappen leben können, wenn sie nicht von anderer Seite eine Erwerbsquelle bekommen, so sind sie gezwungen zu leben, ohne sich zu vermehren, unverheiratet und ohne Kinder. Aber auch hierin ist Leid, wenn der Anspruch des Körpers unterdrückt und die Liebe des Herzens vernichtet werden muß. Und das versteht jeder, der über die Sache nachdenkt. Und wir sehen andere

Volksstämme, wie sie wachsen und füllen, auch hier oben in Schweden, so daß sie zu Tausenden im Jahr nach Amerika reisen; ja ich meine, es gehen zehntausend von Schweden und Norwegen fort. Und der Lappe, der hier das erste Volk gewesen ist, der hat sich nicht weiter vermehrt; man hat nicht gehört, daß der Lappe nach Amerika gereist oder Bauer geworden wäre. Und doch sind sie noch nicht vor Hunger gestorben, obwohl sie zwischen Schweden und Norwegen und Finnland eingeklemmt sind.

VON DER FANGLEHRE

Vom Wolffang. Von dem Töten der Wölfe auf Schneeschuhen

Auf Schneeschuhen tötet man so, daß man auf Schneeschuhen läuft, wenn der Schnee fest ist und die Kufen trägt, wenn es ein leichter und schneller Lappe ist. Und wenn man den Wolf eingeholt hat, schlägt man ihn mit dem Stab auf den Kopf oder in den Nacken, unter die Ohren oder über die Schwanzwurzel oder auf die Schnauze, gerade auf die schwarze Nasenspitze; da ist er sehr empfindlich. Anderswo fühlt er nichts, selbst wenn man ihn noch so hart schlüge. Aber schnell muß der sein, der seinen Stab und seine Schneeschuhe nicht verliert; der Wolf ist sehr darauf erpicht, mit dem Maul nach dem Stab zu schnappen, er schnappt auch in die Schneeschuhe und schüttelt einen so, daß man von den Schneeschuhen geschleudert wird; wenn man von den Schneeschuhen herunterfällt, dann springt der Wolf zu und beißt, wo er fassen kann. Aber der Lappe hat das Messer als Zuflucht, er greift nach dem Messer und sticht augenblicklich; aber doch kann der Wolf irgendwo beißen, zuweilen schlimmer und zuweilen nicht so schlimm. Da ist ein Rat, wenn der Wolf den Arm gepackt hat, dann soll man die Hand in den Rachen des Wolfes stecken, bis an den Schlund hinab, und dann den obersten Teil des Schlundes zusammenpressen, so daß der Wolf nicht beißen kann, und mit der anderen Hand soll man mit dem Messer stechen, und nun ist da keine Gefahr mehr. Aber wenn es dem Wolf gelingt, mit den Zähnen in einen Fuß oder mitten in den Arm zu fassen — in den Ellbogen ist es gefährlich, wenn der Wolf da zu fassen kriegt —, dann beißt er; durch den Arm gehen die Zähne; und wenn er ein Bein zu fassen kriegt, dann ist das auch sehr gefährlich, wenn man da von dem Wolf gebissen wird, der so lange Zähne hat, daß sie durch das Bein gehen, und dann wird das Bein so steif, daß es sich nicht biegen läßt. Es ist oft geschehen, daß Leute so arg gebissen worden sind, daß sie fast starben; sehr krank werden sie auf alle Fälle und lange, zuweilen einen Monat und zuweilen den ganzen Winter, und die Narben werden so, daß sie so lange währen, wie einer lebt.

Sie haben auch einen Spießstab benutzt; aber deswegen kann der Wolf doch beißen, obgleich es ja eine große Hilfe ist, wenn man einen Spießstab hat.

Auf Schneeschuhen hinter dem Wolf dreinlaufen ist das Allerschlimmste, um die Gesundheit der Leute zu zerstören. Da muß man so laufen, daß das Blut in den Mund kommt, und man wird so erhitzt, daß man gezwungen ist, die Brust ganz nackend zu entblößen. Und wenn man den ganzen Tag auf Schneeschuhen gelaufen hat, da ist man so schweißig, daß alle Kleider auf der Haut naß sind, und dann ist man so müde, daß es nicht gut möglich ist, wieder zurückzukommen. Aber wenn man es so trifft, daß man weit in den Wald hineinkommt, und wenn fester Schnee ist, passend, nicht allzu hart und auch nicht zu weich, und da keine Spur in der Richtung des Hochgebirges[1] ist, da ist es zuweilen leicht, ihn einzuholen; wenn man nur nicht gebissen ist, holt man ihn gleich ein.

Aber wenn der Wolf eingeholt ist, dann heult er und sperrt den Rachen weit auf, daß er, wenn es sein sollte, einen Menschenkopf aufnehmen könnte; wenn er von

[1] Im Hochgebirge, auf dem dünnen Schnee, verliert man die Spur leicht; außerdem ist es schwieriger für den Schneeschuhläufer, den Wolf dort einzuholen, als weiter unten im Walde, wo der Schnee so tief und weich ist, daß der Wolf am Weiterkommen gehindert wird.

der großen Art ist. Und wenn es ein furchtsamer Mensch ist, so wird er bange und kehrt um. Aber da ist ein Rat für einen schwachen Menschen, wenn da Bäume auf der Stelle sind, er fängt den Wolf mit der Fangschnur, und dann schleudert er die Schnur in einen Baum hinauf, und dann kann der Wolf die Schnur nicht durchbeißen; aber er muß schnell sein. Und mit dieser Kunst kann auch ein schwacher Mensch einen Wolf töten.

Und wenn es ein mutiger Mann ist, wenn er in die Nähe kommt, dann ruft er dem Wolf zu: »Nun nicht weiter, du kommst doch nicht weiter!«, und dann wendet der Wolf sich augenblicklich um und geht vorwärts und heult und bellt und sperrt den Rachen so weit auf, wie er kann; aber wenn es ein kühner Mann ist, dann fürchtet er sich nicht, wie der Wolf sich auch anstellen mag.

Aber das ist der Allerschlimmste, der die Ohren zurücklegt und den Schwanz bewegt; doch ist einer mutig und schnell, dann hat er zwei Stäbe in Bereitschaft, und den einen sticht er in den Rachen des Wolfes, und mit dem anderen schlägt er. Und wenn er ihn halb tot bekommen hat, dann fängt er an, zu beschwören und zu fluchen, und sagt: »Du hast meine Zugrentiere und meine Rentierkühe aufgefressen, friß nun auch weiter, verfluchter Same! Wag du jetzt nur die Zähne zu zeigen! Aber das sollst du auch nicht mehr, verfluchte Brut! Meine Rentierkühe und Zugrentiere fressen! Die letzte Nacht hast du mein bestes Fahrrentier zerrissen, *Birru, Bärgalak,* Hölle, Satanas, Großmaul, Langzahn! Aber du sollst meine Herde hinfort nicht mehr zerstreuen, verfluchter Same! Wenn du selbst nicht meine Rentiere getötet hast, dann haben doch deine verfluchten Genossen es getan!« Und dann schlägt er wieder wie der Blitz und sticht ihn auch gleichzeitig[1].

[1] Nach dem Durchlesen des Fluches hielt Turi es für durchaus notwendig, folgendes hinzuzufügen:

Aber nun ist es schwer, ihn auf Schneeschuhen zu fangen, und schwer auf jede Weise, da die Rentiere sich so vermehrt haben, daß sie überall den ganzen Winter auf dem Hochgebirge sind und an der Baumgrenze in den Tälern, so daß der Wolf so viele Rentiere bekommen kann, wie er mag. Und darum braucht er keine Nahrung im Walde zu suchen. Aber selbst wenn er in den Wald gegangen ist, so ist er auch da nicht in Not, da dort überall Spuren sind. Wenn man auf Schneeschuhen ausgeht, so sind da überall gefrorene Rentierspuren, so daß man nicht so viele ganze Schneeflächen findet, daß man ihn auf Schneeschuhen einholen könnte. Und daher ist es ebenfalls schlimm, ihn mit anderen Jagdmethoden zu fangen, weil da so viele Menschen und Rentiere hier in der Jukkasjärvi-Gemeinde sind. Im Jahre 1908 gingen die Wölfe in die südlichen Wälder hinab, und die Leute liefen überall auf Schneeschuhen, wo sie noch hinkamen; aber sie bekamen sie nicht, weil die ganze Gegend aufgewühlter, gefrorener Schnee war. Zwischen Herde und Menschen kann man nicht jagen. Aber abseits ist es das beste; wenn da möglicherweise abseits von den anderen *Sidas* eine *Sida* liegt, und wenn da gute Weide ist, dann könnte man ihn wohl bekommen; wenn nicht unbewachte Rentiere auf dem Hochgebirge sind; dann ist er gezwungen, nur um diese eine *Sida* herumzukreisen. Und wenn es ein solcher Jäger ist, der mit dem Eisen und mit Gift fangen kann, dann mag er schon Wölfe und andere Tiere bekommen, Vielfraße und Polarfüchse und Füchse.

Den Wolf muß man mit dem Eisen und auf der Spur fangen. Die eigene Spur des Wolfes ist gut, aber man

»Aber der Wolfsjäger, der oft Wölfe tötet, der schilt den Wolf nicht aus, auch schwört er nicht; er weiß, daß der Wolf das tut, was seines Amtes ist; auch kann er nicht mehr töten, als ihm erlaubt ist, wie da auch eine Bestimmung für die Wogen des Meeres ist, wie hoch sich zu erheben ihnen erlaubt ist.«

muß eine solche Stelle wählen, wo er geradeaus und in Sprüngen gelaufen ist, damit er das Eisen nicht riecht, wenn er schnell dahin läuft. Das Eisen stellt man so auf: Zuerst macht man ein Loch von der Größe, die das Eisen hat, und dann muß man es gerade da anbringen, wo er hintritt, und es mit dünnen flachen Föhrenspänen überdecken, und dann wieder die Späne mit Schnee bedecken. Und sie müssen so fein bedeckt werden, daß man nicht sehen kann, daß der Schnee angerührt ist. Und die eigene Spur verdeckt man so, daß sie nirgends sichtbar ist; man muß den feinen Schnee in die Höhe werfen, und wenn er niederfällt, da ist es, als hätte es eben geschneit. Und durch diese Kunst verdeckt man alle Menschenspur und das Eisen, und dann merkt das wilde Tier nichts, und dann geht es leicht in das Eisen.

Und auf einer Schlittenspur ist es auch gut, wenn da Rentiere gelaufen sind und hinterher wieder Leute mit Schlitten. Und es wird da auch auf diese Weise aufgestellt, wie es oben beschrieben worden ist.

Hier wird von dem Fang mit Gift erzählt

Der Fang mit Gift ist wieder so: Wenn der Wolf ein Rentier getötet hat und wenn er es obendrein versteckt hat, so hat er die Absicht, zu kommen und es später aufzufressen. Und wenn man sich anschickt, ihn zu fangen, so muß der Köder an Stelle des Rentieraases bereitet sein, das er versteckt hatte. Und das macht man so, daß man das Aas wegnimmt und statt dessen auf den Platz des Aases nach allen Richtungen hin Fleischstücke hinlegt, und es gehören so viele Fleischstücke dazu, wie man meint, daß da Wölfe gewesen sind, als sie das Rentier töteten. Und in die Fleischstücke hinein kommt das Gift. Eine andere

Weise ist, daß man das Gift in den ganzen Rentierkörper hineintut. Und wenn die Wölfe kommen und es fressen, dann sterben sie alle. Aber in das Eisen geht nicht mehr als einer auf einmal, und das ist insofern schlimm, als es die andern bange macht, die sehen, wie es dem einen erging. Das Gift soll das sein, dessen Name Strychnin ist. Wer anfängt, Gift zu benutzen oder es zuzubereiten, der muß aufpassen, daß er keine Wunde oder Risse an den Händen hat; es ist gefährlich, wenn Gift in eine Wunde kommt. Und beim Abziehen der Haut ist es auch gefährlich, wenn man eine Wunde hat; und man muß aufpassen, daß der Geruch nicht in die Nase kommt. Und während der Zubereitung soll man auch aufpassen, daß das Gift nicht auf die Kleider fällt oder irgendwo auf solche Gegenstände, wo möglicherweise irgendein Tier es fressen kann.

Und diese Zubereitung muß auf mancherlei Weise geschehen. Wenn man es in Fleisch hineintut, so muß das Fleisch halb gefroren sein, und dann macht man ein kleines Loch mit dem Messer, und da hinein streut man das Gift, mag es nun ein ganzer Rentierkörper sein oder Fleischstücke. Und man streut es auch in das schiere Fett hinein, auf das ist der Wolf noch begehrlicher; aber dabei ist der Fehler, daß es so leicht herausgebrochen werden kann; aber da hinein soll man ganz fein geschnittenes Blei stecken, so daß es nicht so leicht wieder herauszubrechen ist. Und wenn man Gift in Talg hineintun kann, in Lichtertalg, ist es leicht zu bereiten. Und da muß erst eine Aushöhlung gemacht werden, in die man gleich das Gift hineinschütten kann, immer eine Portion in jeden Köder. Man muß eine Form so machen, daß man das Ende eines Stockes zuspitzt, den man in den geschmolzenen Talg hineinsteckt und wieder herauszieht, und wenn der Talg kalt ist, so steckt man den Stock so oft wieder in das Fett hinein, bis die Talgschicht so dick geworden ist, daß sie vertragen kann, daß man den Stock herauszieht und Gift in die entstandene Form hineintut. Und wenn man dies darin angebracht hat, dann muß man einen Klumpen Fett in die Öffnung drücken und dann einen Faden an diesen Köder befestigen, und ihn dann wieder in den Talg hineinhängen lassen und so fortfahren, bis er so stark wird, daß er verträgt, daß man sich damit bewegt. Aber der Faden muß feiner Rollenzwirn sein. Und das macht man für alle Tiere, doch für den Fuchs muß es am kleinsten sein, der wagt nicht, einen großen Köder zu schlucken; aber der Wolf und der Vielfraß, die mögen gern große Stücke vorfinden; die verschlingen es schnell.

Der Fuchs geht nicht in das Ködereisen, aber der Wolf und der Vielfraß und der Polarfuchs und der Marder, die gehen in ein Ködereisen. Das Ködereisen stellt man auf, und an die Schnur bindet man das Fleisch, und dann stellt man es gegen einen Stein oder gegen einen Baum und bedeckt es auch mit Schnee, nur die Lockspeise wird unbedeckt angebracht. Der Köder soll am liebsten aus Fett oder aus Fleisch bestehen.

Der Polarfuchs ist gut in der Höhle zu fangen. Er benutzt die Höhle den ganzen Winter auf dem Hochgebirge. Wenn es ein Wanderrattenjahr ist, so lebt er, indem er sich an einem Ort aufhält. Und wenn er in der Höhle wohnt, so geht er in der Nacht in die Wildnis, und am Tage kommt er zu der Höhle. Und wenn das Eisen geschickt vor der Höhle aufgestellt ist, so ist das der sicherste Fang, wenn er nicht eingeschüchtert ist; aber wenn er eingeschüchtert ist, so muß man es mit der Schnur vor der Höhle der Mündung aufstellen, dann geht er aber hinein. Aber dann soll man das Eisen nicht lange unbeobachtet lassen. Er pflegt sich ein Bein abzubrechen, wenn die Falle lange nicht nachgesehen wird; schnappt sie aber um den Hals zu, dann wird er schnell erstickt. Bricht aber der rechte Fuß über dem Knie ab, dann stirbt er ja. Bricht aber der linke Fuß ab, so lebt er und geht so ins Hochgebirge, daß man ihn nie finden kann. Und so ist es auch mit allen andern Tieren, sie sterben am rechten Bein; wenn das oben gebrochen wird, dann springt die Herzader, und das Blut rinnt so, daß sie sterben.

Auch der Marder geht in das Ködereisen, und für den bringt man die Falle auch vor dem Eingang an; er geht in die Moräne hinein. Und den Otter fängt man auch mit dem Ködereisen. Aber da muß man einen frischen Fisch als Lockspeise haben, und dazu gehört ein starkes Eisen von derselben Art wie für den Vielfraß und den Wolf. Auch fängt man ihn auf der Spur mit einem verborgenen Eisen.

Von der Wolfsbrut

Der Wolf vermehrt sich zur selben Zeit wie das Rentier — nur eine Woche später. Und er wirft seine Jungen in dichtem Gestrüpp und macht ein Loch in den Sand, ebenso wie der Fuchs, und wirft sie dort, und er wählt die unebenste Gegend zum Werfen, und auch unter Felsblöcken wirft er. Und wenn man sich daranmacht zu suchen, so soll man wohl achtgeben, wohin die Spuren gehen und woher sie kommen, und wenn man dazu einen Hund hat, der spürt, dann findet man sie ja leichter. Und die Jungen des Wolfes wachsen nicht allzuschnell heran. Die holt man bis zum Schluß des Heumondes (August) ein; aber wenn man einen guten Hund hat, kann man sie auch noch einholen, wenn sie schon größer sind.

Vom Vielfraßfang

Der Vielfraß wirft seine Jungen um die Marientagszeit (25. März). Er wirft in einer Moräne, wenn sich eine Moräne an dem Ort befindet, wo der Wurfort des Vielfraßes ist, wenn seine Zeit kommt. Und wenn da keine Moräne ist, dann macht er ein Loch in die Erde oder in den Schnee oder unter eine Föhrenwurzel. Er wirft die Jungen auch nicht oft in eine schneelose Moräne, sondern wo dicker Schnee ist. Der Vielfraß wirft nicht auf der Tagseite (Süden) des Berges, sondern auf der Nachtseite (Norden), wo hoher Schnee liegt. Und wenn seine Jungen anfangen zu laufen, so zieht er im fünften Monat von Ort zu Ort. Und der Fuchs fängt auch an, im Mai herumzuziehen. Und der Vielfraß hat zwei oder drei Junge.

Erzählung davon, wie man die Jungen des Vielfraßes fangen soll, wenn er anfängt umherzuwandern

Wenn der Vielfraß umherwandert, so führt er die Jungen auf die Berge, und es ist leicht, ihn aufzuspüren, wo er sie hinführt; doch wenn man keinen Hund hat, so ist er schwierig einzuholen; hat man aber einen Hund, so holt man sie gleich ein, und der Mensch holt sie auch ein, weil der Hund sie aufhält. Und der Hund ist auch da eine Hilfe, weil er die Spur verfolgt, selbst wenn da schneefreier Boden oder Schneekruste ist.

Und mittels dieses Spürens findet man die jungen Vielfraße auch; wenn der Vielfraß auf den Einfall kommt, daß Menschen in der Nähe sind, dann führt er die Jungen weg. Und wenn der Hund sie findet, dann fängt er an zu bellen, und wenn er den Vielfraß selbst findet, dann fängt der Vielfraß an, den Hund zu verfolgen, und geht schließlich selbst dahin, wo die Jungen nicht sind. Und dann kann man daraus schließen, daß da, wo er herkam, die Jungen sind. Und dann ist weiter nichts zu tun, als die Jungen zu nehmen. Aber wenn sie in einer Moräne sind, dann ist es schwer, sie zu finden. Die Jungen springen zwischen den Steinen herum, und einige Steine sind so groß wie Häuser.

Mehr vom Vielfraßfang und vom Fuchsfang

Wenn der Vielfraß dabei ist, ein Rentier zu verspeisen, das tot ist oder das der Wolf oder auch der Vielfraß selbst getötet hat, dann muß man das Eisen auf der eigenen Spur des Vielfraßes aufstellen. Und wenn man es auf dieselbe Weise wie für den Wolf gestellt hat und fertig ist, dann muß man mit der Schneeschaufel den Schnee in die Höhe werfen, und wenn der Schnee zur Erde fällt, dann ist es, als ob es aus der Luft schneite, und dann bemerkt nicht ein einziges wildes Tier, daß es frische Spuren sind. Und das soll man bei allen wilden Tieren tun, wenn man die Falle aufgestellt und bedeckt hat.

Für den Fuchs soll man auch auf dieselbe Weise die Falle aufstellen und bedecken; aber man muß nirgends über die Spur des Fuchses hinweggehen, wenn man die Absicht hat, ein Eisen aufzustellen. Und das Eisen muß ganz von Rost gesäubert sein und dann mit Wacholderzweigen und mit der Art Erde eingerieben werden, wo man das Eisen aufstellen will. Und man darf das Eisen nicht mit bloßen Händen berühren; es müssen reine Fausthandschuhe sein, auch dürfen sie nicht mit Seife gewaschen sein. Auch darf man sie nicht in der Kiste gehabt haben, wo der Geruch von

vieler Medizin an den Handschuhen hängt. Und Pelzhandschuhe sind noch besser, wenn sie ganz neu sind.

Vom Kalben und Sichfortpflanzen

Das Rentier kalbt frühestens um die Walpurgiszeit, wenn es im Herbst bei Kräften gewesen ist, und der Wolf wirft auch frühestens um dieselbe Zeit. Und der Wolf hat drei bis zehn Junge. Und der Polarfuchs wirft vor dem Erichstag (18. Mai). Und der Polarfuchs hat auch viele Junge, fünf bis zwölf. Und der Vielfraß wirft um die Marientagszeit, der Fuchs ein wenig später. Und der Fuchs hat fünf bis neun Junge, und so wie es sich trifft. Und der Bär hat zwei bis drei Junge. Und das Elentier kalbt auch früh, wie das früheste Rentier. Und der Marder wirft seine Jungen um dieselbe Zeit wie der Polarfuchs. Und der Adler und der Habicht brüten auch gerade nach dem Marientag. Und die Schneehühner brüten zwischen dem Erichstag (18. bis 29. Mai) und später, und das Bergschneehuhn noch später. Und einige von den Wasservögeln sind auch später dran.

Von der Elentierjagd

Bei der Elentierjagd muß man auch aufpassen, daß man nicht spricht, auch darf man nicht ungeschickt gehen, so daß man Zweige abbricht oder gegen die Bäume angeht; es hat Ohren und Nase und hört und riecht, und dann wird es scheu. Aber es ist ein so kluges Tier, daß es nur da lebt, wo dichter Wald ist, und es ist schwierig, es zu sehen. Vielleicht wäre es am besten, es an der Stelle zu belauern, wo es sich aufhält. Es würde am besten sein, wenn man einen Elchhund hätte, dann bekäme man es schon schnell.

Vom Bärenfang

Wenn man sieht, wo der Bär ist, dann geht man hin und schleicht, und so vorsichtig muß man schleichen, daß man nicht einmal einen Zweig abbrechen darf. Und man muß gegen den Wind anschleichen, damit er nicht die Fährte bekommt. Und wenn einer mutig ist und nicht furchtsam, dann schießt er ihn wie ein Schneehuhn; aber wenn er ihn nicht totschießt, dann ist es gefährlich, dann wird er ja böse und springt auf ihn zu. Aber dann soll der Mann von der Stelle, wo er geschossen hat, nach der Seite hin laufen. Der Bär springt dahin, wo er die Büchse knallen hörte. Und wenn er dahin kommt, wo er die Büchse knallen hörte, so steht er da und sieht, wo der Mensch ist, und wenn er ihn dann sieht, dann zerreißt er ihn augenblicklich; aber wenn er ihn nicht sieht, so geht er seiner Wege, falls er nicht tödliche Wunden bekommen hat. Und das hat man auch gehört, wenn der Bär angeschossen ist, dann kann er nicht mehr sterben. Es ist, als sei er kugelkundig; wenn die Kugel kommt, dann schnappt er nur mit dem Maul dahin, wohin die Kugel kommt, und selbst wenn das Blut da herausspritzt, wo die Kugel trifft; aber wenn er mit dem Munde schnappt, dann stillt er das Blut und nimmt den Schmerz weg. Das haben Bärenjäger ganz deutlich gesehen. Aber mit den Büchsen von heutzutage ist das nicht mehr so gefährlich wie mit denen von früher, die nicht so schnell geladen werden konnten wie die jetzigen Büchsen, die von dem hinteren Ende der Büchse geladen werden und die man ein Gewehr nennt.

Eine Fangkunst für den Bärenfang. Man muß einen Spieß haben, womit man den Bären sticht, und er muß auf die Weise gestochen werden, daß der Spieß unter dem Arm verborgen ist und der Schaft des Spießes ganz hinten hinter dem Rücken, und wenn der Bär auf einen losgeht, dann muß man sich hintenüberwerfen. Dann fällt der Bär in den Spieß, und dann muß man ihn herumdrehen und den Spieß in den Bären hineintreiben und ihn gegen die Erde drücken.

Zuweilen findet man den Bären, wenn er sich in den Winterschlaf zur Ruhe begeben hat. Und dann sucht man ihn so: Wenn man im Herbst bei dem ersten Schnee die Spur des Bären bemerkt und danach geht, bis er anfängt, eine gewundene Spur zu bilden[1], dann muß man daran herumgehen. Und wenn man rund um die Spur herumgelangt ist, dann muß man es an diesem Tag so lassen, und am nächsten Tage begibt man sich hin und geht wieder um die Spur herum. — Und wenn man rund um das Tier herumgekommen ist, das man fangen will, dann ist das Tier viel sicherer oder mutiger, man kann viel besser dazu kommen zu schießen. — Und wenn der Bär nicht seiner Wege gegangen ist, dann schläft er da, und dann muß man jedesmal rundherum gehen, bis man sieht, wo die Öffnung ist, wo er hineingegangen ist. Und dann soll man ihn wieder in Ruhe lassen und nach Verlauf einer Woche hingehen, um zu untersuchen, und dann soll man ein

[1] Wenn sich der Bär seiner Höhle nähert, geht er nicht gleich dahin, sondern aus und ein im Bogen, um ein etwaiges Nachspüren zu erschweren. Wer den Bären einkreisen will, bildet dann mit seinen eigenen Spuren einen Ring um alle Spuren des Bären. Wenn man das nächste Mal kommt und sieht, daß der Bär den Ring nicht durchbrochen hat, fängt man an, spiralförmig innerhalb des ersten Ringes zu gehen, bis man den Eingang der Höhle hat, darauf geht man fort, ohne etwas zu unternehmen; aber das dritte Mal, wenn man kommt und sieht, daß sich der Bär noch da drinnen befindet, setzt man ein Zeichen vor den Eingang, so daß man später, wenn neuer Schnee alle Spuren verwischt hat, sehen kann, ob der Bär da drinnen ist, und dann geht man hin und tötet ihn.

Zeichen vor die Öffnung setzen, damit man sehen kann, ob er noch darin ist, wenn man später kommt, um ihn zu töten. Und wenn der Schnee fest geworden ist, dann soll man hingehen und ihn töten, und dann müssen dazu drei sein. Zwei stecken Stangen kreuzweise vor die Öffnung der Bärenhöhle, und der dritte muß bereit sein, ihn auf den Kopf zu hauen, wenn der Bär herauskommt, um sich umzusehen, wenn sie ihn herausrufen. Und wenn er den Kopf heraussteckt, dann untersucht er, wie viele da sind, und wenn man dann nicht dazu kommt zu hauen, so ist der Bär, wenn er zum zweitenmal herauskommt, wie Feuer, daß man nicht mehr dazu kommen kann zu hauen. Aber dann, wenn er zum erstenmal kommt, um zu untersuchen, da ist es leicht, seinen Zweck zu erreichen, wenn man da nicht zu furchtsam ist. Und die Männer mit den Stangen sind da, damit sie ihn zurückhalten sollen, damit der Bär nicht so schnell hinwegschlüpft, ehe er auf den Kopf geschlagen worden ist. Dann schlüpft er ja hinaus, und wenn er eben hinausgeschlüpft ist, dann stirbt er. Und dann ziehen sie ihm die Haut ab und bereiten viele Heilmittel aus dem Körper des Bären. Die Galle ist gut für Herzkrankheit und für Wunden, auch für andere inwendige Krankheiten. Und die Luftröhre ist gut dazu, wenn Schwamm kommt (bei kleinen Kindern), dann muß die Milch dreimal da durchgegossen werden, und dann müssen sie sie trinken. Und Bärenfett ist eine ganz besonders gute Sehnensalbe, für Gichtkrankheit und für Stiche und für Blasen.

Man fängt Bären auch mit der Schlinge. Und er bleibt hängen, wenn der Mensch sich auf Schlingenlegen versteht. Und die Schlinge soll eine viertel Elle vom Boden ab sein, und dann hängt er daran fest. Und er hat Zähne; und doch beißt er den Strick nicht durch, sondern wirft Urin auf den Strick, und dann versucht er immer ihn da zu zerreißen, wo der Urin den Strick verbrannt hat. Und es bedarf keiner langen Zeit, bis der Strick mürbe geworden ist, so daß er zerreißt. Aber der, der fängt, der soll die Schlinge oft nachsehen. Und auf diese Weise sind viele Bären getötet worden. Und der Strick soll gegerbt sein, damit der Bär den Strick nicht riechen kann. Und man muß einen Zaun quer davor machen, wo der Bär seinen Wechsel hat, und dann eine Öffnung und da hinein die Schlinge.

Von der Fangweise, den Bären betrunken zu machen

Man muß wissen, wo der Bär seinen Wechsel hat. Dann muß man Branntwein in einer blauen[1] tönernen Schale in einen Wacholderbusch oder zwischen Zwergbirken stellen. Und wenn der Bär an die Stellen kommt, so riecht er ihn schon aus weiter Ferne und geht gleich hin, um ihn zu suchen. Und wenn er ihn findet, trinkt er das Ganze, wieviel es auch ist. Und dann wird er so betrunken, daß er von nichts mehr weiß, und er schreit und gebärdet sich auf alle Weise. Und dann hört man es weithin. Und man geht in der Morgen- und Abenddämmerung, um zu lauschen; und wenn man ihn hört, dann geht man hin und erschießt ihn, da hört und wittert er auch nicht. Und er kann auch so viel trinken, daß er ohnmächtig wird. Und da ist auch das, wenn er einmal Branntwein findet und trinkt und wieder nüchtern wird, dann macht er sich sehr oft daran, zu suchen. Und das ist überaus leicht, wenn man ihn erst einmal dazu gebracht hat, daß er was trinkt, dann setzt man wieder was hin und fängt

[1] Die Schale muß blau sein, »weil es die Farbe der Luft ist«, dann ist der Bär nicht bange davor. (Turis Erklärung)

an aufzupassen; er wird schon regelmäßig kommen, um nachzusehen; auch geht er nicht weit von den Stellen, wo er einmal Branntwein gefunden hat.

Die Rentiere verscheuchen den Bären auch von seiner Schlafstelle im Winter. Und dann können die, die Büchsen haben, ihn wohl bekommen; aber ohne Büchse bekommt man ihn doch nicht, nicht einmal im Winter. Aber es kann auch so geschehen, daß man mit schlechter Büchse jagt und schießt; und wenn es eine allzu kleine Büchse ist, kann der Bär sehr wohl das Leben behalten und Reißaus nehmen, und da geht er in das Hochgebirge, und dann verliert man die Spur.

Das Hochgebirge ist auch für viele in der Vergangenheit die Festung gewesen, und ist es auch noch für diesen oder jenen. Wenn der Lappe bange wird, dann geht er in die Berge, und dann findet man nicht das geringste da oben. Da ist der Rat, daß man ein Loch in den Schnee macht und da hineingeht und die Öffnung zudeckt. Und da unten ist es sehr warm. Und dies tut der Lappe oft, wenn er im Hochgebirge ist und nicht zu den Koten zurück kann, und wenn dann Schneetreiben kommt. Und wenn sie dabei sind, die Herde zu hüten, dann gehen sie auch in den Schnee hinab, wenn es kalt ist, aber nicht ganz, nur die Füße steckt man in den Schnee hinein, und da ist es sehr warm.

Von dem Bären

Der Bär ist ein merkwürdiges Tier, das den ganzen Winter lebt, ohne zu fressen. Und er wird nicht böse auf den Menschen, der zu ihm hinkommt und ihm nichts tun will. Er hat versprochen, daß er ihm nichts tun will, der zu ihm in die Höhle kommt, wenn er auch dem *Savolačen*[1] den Kopf abriß, als er anfing, ihn zu binden, und ihm die Augen mit krummen Fingern kratzte, da wurde er böse und riß dem *Savolačen* den Kopf ab. Und die *Savolačens* sind nun auch eine eigene Art von Volk. Aber andere, die nach der Kote des Bären kommen, zuweilen vor den *Ruošas* fliehend, denen tut er nichts, auf die wird der Bär nicht böse, selbst wenn sie den ganzen Winter dableiben. Und ich habe gehört, daß sich ein Mädchen einen ganzen Winter in der Kote des Bären aufgehalten hat, und die Uldas ernährten das Mädchen auch — die Bären und die Uldas wohnen im Winter zusammen, der Ulda bringt dem Bären Nahrung, und der Bär kann nicht auf andere Weise leben, als daß der Ulda ihn ernährt — und sie schlief außerordentlich gut in dem Winter, so wie der Bär. Und der Bär war ein Männchen, und er schwängerte das Mädchen. Und das Kind war ein Junge, und die eine Hand wurde eine Bärentatze und die andere eine Menschenhand. Und die Bärentatze war niemals unbedeckt. Und ein Mann wollte, daß er sie vorzeigen sollte, obwohl er sagte, daß er sie nicht zeigen könne, es sei gefährlich; doch der Mensch glaubte das nicht, sondern wollte, daß er sie zeigen sollte. Und da zeigte er sie denn endlich. Und als er sie dem Mann aufdeckte, da konnte er sich nicht zügeln, sondern zerriß das Gesicht des Mannes. Und da sahen die Leute, daß es wahr war, was er von seiner Hand erzählte.

[1] Nach Turis Erklärung fingen die *Savolačen* alles dumm und verkehrt an, so wie die Schildbürger; aber er konnte keine Aufklärung darüber geben, was für Menschen es waren und wo sie wohnten. Die Begebenheit, auf die hier angespielt wird, lautet nach Turis mündlichem Bericht also: Drei *Savolačen* waren in eine Bärenhöhle gegangen, und einer ging hin, um den Bären anzubinden, was er so ungeschickt anfing, daß der Bär böse wurde und ihm den Kopf abbiß. Die beiden da draußen fanden die Wartezeit zu lang und zogen den dritten wieder heraus. Als sie sahen, daß ihm der Kopf fehlte, fragten sie einander, ob er eigentlich überhaupt einen Kopf gehabt hatte, als er da hineinging; nachdem sie sich eine

Die gefährlichste Jagd

Wenn man sich aufmacht, um den Bären zu verfolgen, und wenn man der Spur folgt, da ist das gefährlich auf diese Weise: Wenn der Bär entdeckt, daß Leute hinter ihm her sind, so geht er und bildet eine gewundene Spur, und dann geht er hin und legt sich neben die Spur, und wenn man an der Spur entlangkommt, dann wacht er neben der Spur, und dann fällt er den Menschen an und zerreißt ihn. Und das ist oft geschehen, wenn die Leute ausgegangen sind, um die Spur zu verfolgen.

Ein Mensch ging aus, um den Bären im Frühling zu verfolgen, und holte ihn viele Male ein und sah ihn nie, und da scheuchte er ihn auf, und der Bär wurde böse und ging unter eine Schneewehe, die über einen kleinen Bach hinaushing. Und als der Mann auf Schneeschuhen über die Schneewehe glitt, da fiel ihn der Bär an und zerriß ihn auf der Stelle, riß die Haut von dem Gesicht ganz über den Kopf, und die Beine riß er ganz nach beiden Seiten. Und der Name des Menschen war Maunos. Und der kleine Bach hat noch den Namen, selig Maunoskluft oder -älv. Und die Stelle ist in Norwegen östlich von Raisa, die Ostseite von Malesjokka, die Südseite von dem kleinen Bach, dessen Name oben genannt ist. Und es liegt nicht mehr als achtzig Jahre zurück von 1908.

Das Gesetz des Bären ist so: Wenn der Bär einen Menschen tötet, dann hat er keine Ruhe, im Winter zu schlafen. Und das haben die früheren Lappen begriffen, daß der Bär ein Gewissen hat. Und zweitens, wenn die Uldas seine Versorger im Winter sind, so wollen sie sich seiner nicht mehr annehmen, wenn er sich mit Menschenblut besudelt hat.

Weile besonnen hatten, rief der eine aus: »Ja, einen Kopf muß er gehabt haben, ich entsinne mich, daß er einen Bart hatte.«

Und eine andere Begebenheit war um dieselben Zeiten, und dieselbe Art von Ereignis ist in Karesuando vorgefallen.

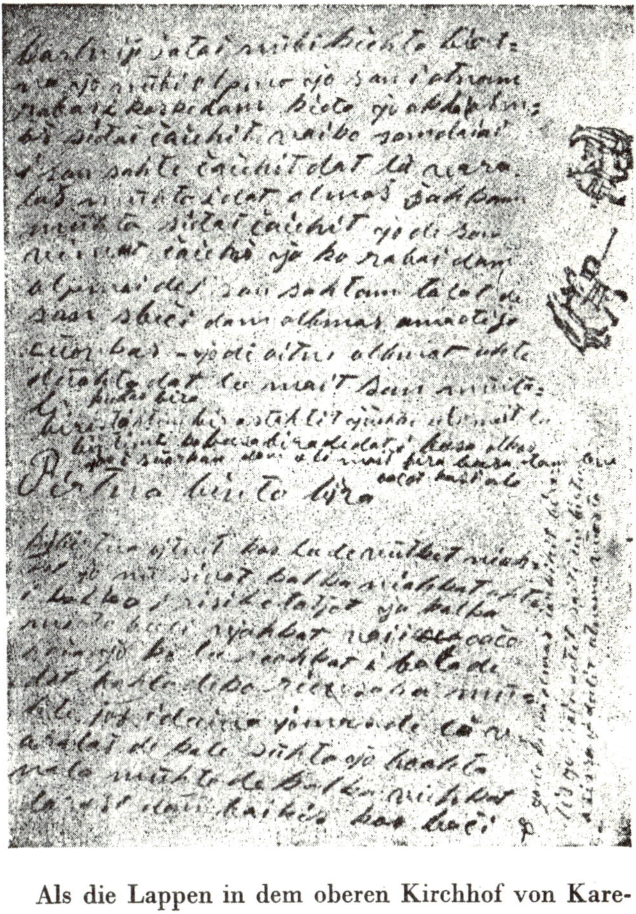

Als die Lappen in dem oberen Kirchhof von Karesuando die frischen Spuren des Bären fanden, da gingen sie, um ihn aufzuspüren. Und sie waren sieben Lappen, und der Name ihres Anführers war »der starke Morto«. Und sie hatten keine Büchse und auch keinen Spieß, aber eine Axt hatten sie, womit sie ihn zu töten gedachten, da die Schneekruste so beschaffen war, daß der Schnee den Bären nicht trug, aber Menschen trug er wie Schneehühner. Und als sie den Bären fanden, da fiel er sie an, da er wußte, daß sie keine Brüder waren, welche der Bär am ärgsten fürchtet; er weiß, daß die einander helfen; aber wenn es keine Brüder sind, so weiß der Bär, daß sie furchtsam sind und einen zurücklassen, daß er totgebissen wird. Und darum griff er sie an, obgleich er sah, daß sie viele waren, und weil er obendrein sah, daß sie sich schon fortscheuchen ließen. Aber der starke Morto war nicht bange, und noch einer, der Morto zu Hilfe kommen sollte; aber er wagte es nicht, doch floh er auch nicht fort, sondern sah zu, wie es ging. Und der Bär fuhr auf Morto los, und Morto sagte: »Ringe mit mir!«[1] Und dann fing der Bär an, mit ihm zu ringen, und der Bär drohte wütend zu werden, weil Morto so stark war. Und da fing der Bär an zu beißen; Morto sagte zum Bären: »Komm mir nicht mit Hundekünsten!« Und dann rangen sie, und Morto rief seinen Genossen zu Hilfe. Und als der Bär das hörte, ging er zu dem Burschen hin und packte ihn und trat ein großes Loch in den Schnee, und dann legte er den Burschen in das Loch hinein und deckte ihn mit Schnee zu. Und er tat ihm nicht das geringste weiter, doch berührte er mit der Spitze der Tatze das Gesicht ein wenig. Morto wagte nicht wegzugehen, obwohl er sah, daß der Bär jetzt ja tun konnte, wozu er Lust hatte. Und als der Bär mit dem Burschen fertig war, nahm er Morto

[1] Nach Aussage der Lappen ist der Bär sehr ritterlich; begegnet man ihm ohne Waffe und kann ihm nicht aus dem Wege gehen, so soll man ihn nur zu einer Kraftprobe auffordern; er nimmt die Aufforderung sogleich an, und wer den Gegner unter sich kriegt, hat gewonnen, und dann trennen sie sich. Und wenn eine Frau dem Bären begegnet, da braucht sie nur ihren Rock vorne in die Höhe zu heben, dann versteht der Bär, daß es eine wehrlose Frau ist, und ist zu ritterlich, um ihr Leids zuzufügen.

wieder in Angriff, und da rangen sie wieder miteinander; und da bekam der Bär Morto unter sich, und da stellte Morto sich tot. Und da ließ der Bär ihn los und ging eine kleine Strecke weg und kam zurück, um sicher nachzufühlen, ob er tot war. Und er befühlte mit der Schnauze die Nasenlöcher, und er fühlte unter den Armen. Und der Mann stellte sich so tot, er atmete nicht im geringsten, während der Bär dabei war, ihn zu untersuchen. Und der Bär befühlte auch den Hintern mit der Schnauze, aber als der Mann sich nicht rührte, da meinte er, tot, das ist er, und da ging er weg. Und als er ging, sah er beständig nach, ob er sich rührte. Und als er ihn sich nicht rühren sah, ging er seiner Wege. Und Morto blieb liegen, bis er sah, daß der Bär ging. Und dann grub er den Burschen aus dem Schnee heraus, und die beiden gingen nach Hause. Doch hatte der Bär Morto die Nase und die Lippen abgebissen, so daß die Zähne bloßlagen. Aber er lebte ja noch lange nachher.

Und da war ein alter Bärenjäger, der hörte, daß ein Bär da in der Nähe gewesen war — er hatte viele Bären getötet, und er hatte den Namen Bären-Mikkel bekommen —, und als er von dannen ziehen wollte, da verbot seine eigene Frau ihm das: »Geh nicht hinter einem bösen Bären her, das ist gefährlich!« Aber der alte Bärentöter verstand nicht, sich zu fürchten. Er zog von dannen und ging der Spur nach. Und der Bär war neben der Spur hergegangen, um aufzupassen, so wie das ja die Sitte eines bösen Bären ist. Und wie der Mann an der Spur entlanggging, da, als er den Mann sah, fiel er ihn an und zerriß ihn augenblicklich.

Erzählung davon, wie zwei Männer ausgegangen waren, um die »Pelzgreise« aufzuspüren

Und sie waren alle beide stark, und der eine hatte viele Bären getötet, aber der andere hatte noch keinen Bären gejagt, er war bange und ungeübt. Und als sie den Bären fanden, da war er so wütend, daß er sie augenblicklich anfiel, und sie liefen hinter einen großen Föhrenbaum, und der Bär lief auf die Föhre zu und umschlang den Baum mit den Tatzen oder den Vorderbeinen. Und der alte Jäger hielt die Tatzen des Bären fest und rief dem anderen zu: »Komm heran und töte ihn!« Aber der kam nicht, sondern ging nach Hause. Und nach vierundzwanzig Stunden ging er hin, um nachzusehen. Und er sah, daß sein Kamerad noch am Leben war; er glaubte, daß er getötet wäre. Und als er näher kam, sagte der, der den Bären festhielt: »Komm du jetzt und halte, hier ist keine Gefahr; der Bär ist schon müde, und seine Tatzen sitzen so tief drin in der Föhre, daß man nur ein ganz klein wenig gegen die Föhre zu drücken braucht.« Und da kam er und fing an zu halten, und der andere sagte: »Halt du jetzt auch vierundzwanzig Stunden; wenn du nicht festhältst, dann wirst du aufgefressen!« Da wagte er nicht loszulassen, da der andere ihn auch ebensolange halten ließ, wie er selbst gehalten hatte. Und als vierundzwanzig Stunden verstrichen waren, da kam der andere und tötete den Bären. Und dann sagte er: »Ist es gut, wenn der eine den anderen in Lebensgefahr allein läßt?«

Erzählung davon, wie der Bär einen Mann anfiel

Er war allein und er lief hinter einen Föhrenbaum, und der Bär umschlang die Föhre, und da hingen die Tatzen in dem Baum fest, und der Mann hieb beide Tatzen des Bären ab. Und der Bär riß sich los und zog auf zwei Beinen von dannen, und der Mann lief ihm nach und schlug ihn auf den Kopf, und der Bär fiel zur Erde und starb. Und er kriegte ihn mit einer Axt, und das hat man noch nie gehört, daß jemand den Pelzgreis mit einer Axt getötet hat.

Eine andere Erzählung

Im Fauros-orda war es sehr grasreich und schön nach Ansicht der Leute, und daher wurde es »der schöne Waldrand« genannt. Und da war viel von allerlei Grasarten und Sauerampfer. Und da lebten viele Bären. Und da war es gefährlich für die Sauerampfersammler; aber wenn die Hunde mit dabei waren, dann fürchteten sich die Bären doch. Wenn der Bär angriff, dann fingen die Hunde an, den Bären am Hintern zu zwicken, und da mußte er fliehen. Einmal war da einer mit einer Sauerampferlast hinaufgegangen, und da kam der Bär auf dem Steig vor ihm. Und der Mensch konnte nicht laufen mit der schweren Last, und er legte sich geduckt auf den Steig. Und der Bär hatte nicht gesehen, daß es ein lebender Mensch war, er wanderte rund um ihn herum und schnüffelte überall, und er schnüffelte ihm auch am Hintern, und der Mann ließ einen Wind fahren, und der Bär erschrak und lief davon; und als er sich ein wenig entfernt hatte, da kam ein anderer Bär, auch er schnüffelte und wanderte langsam umher, und da kratzte er an der Last des Mannes — der Sauerampfer war in einem abgetragenen, steifen Pelzmantel gesammelt. Und als der Bär mit den Tatzen dran kratzte, da raschelte es, und da wurde der Bär so bange, und er lief davon und rannte in den Wald, wie ein Stein hinunterfällt; es war ein Poltern und Krachen. Und als der Mann hörte, daß er wegging, machte er sich auf und ging nach Hause. Aber er war noch bange, als er nach Hause kam, so erschrecken war er.

Der Bär hat den Sinn *eines* Mannes und die Stärke von neun Männern, und darum fürchtet er nicht viele Menschen, aber vor zwei Brüdern fürchtet er sich, weil ein Bruder sein Leben nicht mehr liebt als des Bruders Leben.

Erzählung von dem Wolf

Der Gesang vom Wolf beginnt also:

Über neun Täler springt er in einer Dämmerungsstunde, *voia, voia, nana, nana,*
Über neun Täler ging er in einer Dämmerung, *voia, voia, nana, nana.*

Den Wolf hat *Bärgalak* (der Teufel) gemacht — *Ibmel* (Gott) blies Leben durch die Nasenlöcher — darum will der Wolf nur Böses tun, ebenso wie *Bärgalak.* Aber nicht hat der alte Teufel Macht, etwas fertig zu machen; doch fertige Dinge zu zerstören, dazu hat er Kraft. Aber er war der Engel, der Gottes bester Engel war. Gott wurde zornig, als er anfing zu tun, was sich nicht paßte, und damals machte er den Wolf auch, und darum hat der *Noaide* noch Kraft, Leute zu Wölfen zu machen.

In alten Zeiten wußten die Zauberkundigen vielerlei Künste; für den Wolf ist da auch der Rat gewesen, daß sie, wenn sie eine frische Wolfsspur fanden, die Spur mit dem Messer in ein Viereck einschnitten, dicht unter der Spur, und dann soll man die Spur dreimal nach der Richtung umwenden, die der Wolf gegangen ist, und sagen: »Jesus Christus segne, *juoksat*[1], vorwärts, vorwärts, über Wasser und Land, vorwärts, vorwärts!« Aber man darf nicht über die Spur gehen, ehe man dies gebetet hat. Und dies soll so oft gesagt werden, als da Wölfe sind. Der Wolf ist so, daß er die Kugel verzaubern kann, so daß sie nicht trifft, auch nicht in der Büchse zündet. Aber dafür ist ein Rat: Man zielt erst mit dem Kolben und sodann mit dem Lauf, und dann trifft man schon.

Und der Wolf ist auch so, daß er die Leute in Schlaf lullt, wenn man auf den Wolf lauert, wenn er auf seinem Bau ist oder bei einem Aas. Und wenn der Rentierhirte die Herde um des Wolfes willen bewacht, dann lullt er auch ihn in Schlaf. Und der Wolf hat *eines* Mannes Stärke und den Sinn von neun Männern. Und der, der den Wolf richtig jagen will, der muß alle Namen des Wolfes auf lappisch wissen, die Stellen, wo der Wolf seinen Wechsel hat, und dazu muß er an neun Arten von Fangweisen denken, indem er anfängt den Wolf zu jagen; und mit der muß er bis zuletzt warten, die er anzuwenden gedenkt.

In früheren Zeiten haben die *Noaiden* Diebe zu Wölfen gemacht, und solche, die das Vaterunser nicht auswendig beten konnten oder des Herrn Gebet in drei Sprachen[2], dann konnten sie sie verhexen. Und die, die Menschen ohne Notwendigkeit töten wollten, näm-

[1] Das Wort ist ein altes Zauberwort, das *Vorwärts* bedeutet; aber direkt kann es nicht übersetzt werden, »solche Zauberworte sind immer anders als gewöhnliche Worte« (Turi). Man darf nicht über die Spur gehen, »denn dann hindert man die Beschwörung zu wirken«.

[2] Im nördlichen Norwegen und Schweden sprechen die Lappen außer ihrer eigenen Sprache auch Finnisch, als dritte Sprache muß man dann Norwegisch bzw. Schwedisch annehmen.

lich unschuldige Menschen, solche können die *Noaiden* in Wölfe verwandeln.

Und wenn sie ihn gerade fertigbekommen haben, dann haben sie befohlen: »Fall nun das Rentier an, nimm frisches Fleisch!« Und dann fällt er augenblicklich an, und wenn er Blut von dem Rentier bekommt, dann wird er zum Wolf. Und sie haben viele Menschen zu Wölfen gemacht, und es sind viele Beweise dafür gefunden worden, solche Beweise, daß man in den Hautfalten eines Wolfes (während des Abziehens der Haut) das Feuerzeug ehemaliger Menschen gefunden hat, Stahl und Schwamm und Schwefelgefäß und Feuerstein.

Und solche können die *Noaiden* noch leichter in Wölfe verwandeln, die unschuldige Menschen getötet haben, so wie in der Vergangenheit, als viele *Ruoša-Tschuden* hier umherstreiften und die Lappen töteten und den Besitz der Lappen raubten, Geld und Rentiere, die sie aßen, soviel wie sie brauchten. Und die Lappen waren damals gezwungen, sich auch in Felsschluchten zu verbergen. Und damals gingen sie oft nach den Wohnungen der Uldas, und die Uldas wußten, daß die Lappen auf der Flucht waren, da waren sie außerordentlich gut und erteilten Rat. »Setzt die Kote unter die Erde, damit die *Ruošas* sie nicht finden, und wir helfen euch und kommen, um mit euch zu reden«, sagten die Uldas. Und noch einen Rat gaben sie: »Ihr könnt *Ruošas* zu Wölfen machen, wenn sie eure Rentiere roh gefressen haben, so wie die Wölfe.« Und die Uldas gelobten Hilfe. Und als *Gieddegäš-galggo* (die Wiesenfrau) von der Sache hörte, da sagte sie zu den Burschen, die in der Wildnis gingen und Rentiere zur Nahrung suchten: »Wenn ihr merkt, daß die *Ruošas* in der Nähe sind, dann müßt ihr kommen und es mir erzählen, und wenn Rentiere dicht dabei sind, dann jagt sie nach der Richtung hin.« Und als die Burschen gemerkt hatten, daß die *Ruošas* in der Nähe waren, da gingen sie gleich zu *Gieddegäš-galggo.* Und als sie zu *Gieddegäš-galggo* kamen, da ging sie zu den Uldas hin; sie war mit den Uldas bekannt und wußte, wo sie wohnen und wann man zu ihnen gehen soll. Die Uldas schlafen am Tage, und in der Nacht sind sie wach, da ist es hell für sie. Und als *Gieddegäš-galggo* zu den Uldas gekommen war, da versprachen die Uldas sofortige Hilfe. Und da geboten die Uldas: »Gehe gegen die *Ruošas* und befiel denn: Lauft jetzt wie Wölfe; seht da, ein Rentier, fangt es, es hat leckeres Fleisch, auf andere Weise bekommt ihr keine Rentiere.« Und da tat sie so. Und dann liefen die *Ruošas,* und weil da Rentiere in der Nähe waren, so fielen sie die Rentiere an und bekamen Rentierblut, und dann wurden sie zu Wölfen. Und dann fingen sie an, Menschen zu fressen, und sie waren viele. Und als *Gieddegäš-galggo* hörte, wie die Sache stand, da ging sie wieder zu den Uldas und fragte bei den Uldas um Rat, und erzählte, daß es ja freilich so gegangen war, wie es gehen sollte, aber die Wolfsschar hatte angefangen, Menschen zu fressen. »Was nun?« Die Uldas sagten: »Wohl ist auch Rat für das!« Nun gaben die Uldas ihr ein kleines Fläschchen und geboten ihr, das auf die Wolfsspur zu gießen und den Wölfen zu befehlen, in das *Ruoša*-Reich zurückzugehen, »woher ihr gekommen seid!« Und da tat sie so, wie die Uldas befohlen hatten, und als sie das getan hatte, dann lief die Wolfsschar und rannte, daß Rauch aufstieg. Und sie kehrten zurück in das *Ruoša*-Reich, und daher sind in Rußland so viele Wölfe und so schlimme, daß sie Menschen fressen.

Und seit der Zeit fingen die Leute an, Koten unter der Erde anzufertigen, die Leute, denen die Uldas rieten. Und die Uldas geboten, Gräben zu graben, womit sie viele wilde Rentiere und Bären und Wölfe und alle wilden Tiere fangen konnten. Und sie taten es, und es waren gute Ratschläge. Und die Uldas kamen oft zu ihnen als Gast, und sie waren gut gegen die, die nicht fluchten. Aber das Joigen liebten die Uldas; und die Uldas joigten selbst oft, und die Lappen haben das Joigen von den Uldas gelernt. Und die, die noch Freunde der Uldas werden können, gegen die sind die Uldas auch noch ebenso gut; aber jetzige Menschen können nicht mehr Freunde mit den Uldas werden, weil sie angefangen haben so zu fluchen, und da sind die Uldas böse auf die Menschen dieser Zeit geworden. In der jetzigen Zeit findet man nicht mehr als nur den einen oder den andern, der ein Freund der Uldas ist.

Und die Löcher (in der Erde) findet man noch als Zeichen dafür, daß es wahr ist. Und damals lernten die Lappen viele Zauberkünste, und damals machten sie immer die schlimmen Diebe zu Wölfen, und darum waren da in vergangenen Zeiten nicht so viele diebische Lappen; aber als die *Noaiden* abnahmen, da fingen die Diebe an zuzunehmen.

Von Govka Vulle und dem Wolf vor vierzig Jahren

Der Berg Davanjunje ist hoch an der Ostseite. Und sie waren dreie, Govka unter ihnen, auf Schneeschuhen hinter dem Wolf her. Da liefen sie auf den Davanjunje hinauf. Da hatten sich die Wölfe rund zusammengelegt, wie ein Hund, der schlafen will, und das pflegte ihr Ruheplatz zu sein, und das ist es heute noch. Und da erblickten sie die Wölfe, und die Wölfe liefen auf der Ostseite von der hohen Stelle herunter, und die Wölfe rannten hinab, indem sie glitten und stürzten. Und Govka Vulle glitt auf Schneeschuhen hinter ihnen drein. Und da schnappte er in den Schwanz eines Wolfes und glitt hinunter, und der Wolf zog ihn an seinem Schwanz. Und als er unter den Berg kam, da tötete er ihn wie einen Hund. Und sie, seine Kameraden, die wagten nicht, da hinunterzugehen; sie meinten, daß er sie totschlüge, und sie gingen um den vorspringenden Felsabhang herum. Und als die beiden kamen, da hatte Govka ihm schon das Fell abgezogen. Und an der Stelle ist kein anderer Mensch im Winter gegangen, daß die Leute damals davon gehört hätten. Und er war auch wie ein Eichhörnchen, so geschwind in der Wendung und so schnell im Laufen. Geschrieben im Jahre 1908.

O.N. Svonni

Svonni lief auf Schneeschuhen in der Wildnis, und er hatte einen Spießstab mit. Und da sah er, daß die Wölfe über einen See gingen. Und da blieb er stehen und wartete, bis die Wölfe an das Ufer kamen. Und als die Wölfe an den Seerand kamen, da lief er hinterdrein. Und als er sichtbar wurde, da ging der größte ihm entgegen und ging unter einen großen Tannenbaum. Und er wollte ihn mit dem Spießstab erstechen, aber er wartete nicht; er lief wieder weg. Und er wurde böse. Und als der größte durch die andern hindurchjagte, da lief er auch hinterher, die andern sprangen jeder nach seiner Seite. Und als er sie einholte, da stach er den großen mit dem Spießstab; und ein anderer war gerade auf der entgegengesetzten Seite von dem Rücken des großen. Und dieser andere fiel ihn an und biß ihn ins Knie, und er biß so scharf, daß die Zähne durch das Bein gingen. Und dann stach er ihn ins Auge, so daß das Messer ganz durch das Auge ging, und dann ließ er ihn los, und er sprang fort und fing an zu taumeln. Und der andere Wolf war noch auf der Spießspitze, er wagte nicht, ihn loszulassen, er war bange, daß sie beide über ihn herfallen könnten; dann hätten sie ihn ja getötet. Aber er drückte den Spießstab gegen einen Busch, und der Wolf zappelte und kratzte dort im Todeskampf, und dann sind alle Tiere darauf erpicht zu beißen, und der Wolf ganz besonders, der das gehässigste Tier ist, das man hier findet. Er ließ ihn jedoch nicht los, bis er sah, daß der Wolf die Kräfte verlor; da ließ er ihn los. Und dann setzte er sich daneben hin; und da wurde sein Bein steif, so daß es sich nicht biegen ließ, nicht im geringsten; auch konnte er es nicht ertragen, es wurde so schmerzhaft. Und da dachte er, daß er nun dort auf der Stelle stürbe. Aber da kamen zwei Finnen, die auf Schneeschuhen hinter demselben Wolf her waren, aber sie waren weit zurückgeblieben. Und sie wußten nichts voneinander, aber sie begegneten sich hier. Und als sie hörten, daß er einen Wolf halb tot hatte laufen lassen, da wollten sie hin, um ihn zu verfolgen; aber Svonni ließ sie nicht vor sich, er sagte: »Wenn ich hier allein zurückbleibe, dann sterbe ich auf der Stelle.« Da versprachen sie zu helfen, womit sie nur konnten. Und er bat sie, den Wolf abzuhäuten. Und als sie das Fell abgezogen hatten, da bat er sie, den Magen des Wolfes zu öffnen, und das taten sie. Und da bat er sie, die Galle zu nehmen und die Nierenfetthaut. Und da goß er erst die Galle in die Wunde und wickelte die Nierenfetthaut um das Bein über die Wunden. Und das nahm den Schmerz augenblicklich weg. Und als eine ganz kleine Zeit vergangen war, da hörte die Qual auf, und er versuchte das Bein ein wenig zu biegen. Und im Anfang konnte er nicht ertragen, es weiter als ungefähr einen Millimeter zu biegen, und dann versuchte er immer ein wenig mehr, bis er das Bein geradegebogen kriegte. Und als er das Bein geradegebogen kriegte, da versuchte er gleich auf Schneeschuhen zu laufen, und dann versuchte er, ob das Bein mit den Schneeschuhen folgen könne. Und da fing es an, sich zu biegen und es ertragen zu können. Und da sagte er zu seinen Kameraden: »Ihr könnt gerne den Wolf verfolgen, ich sehe, daß ich nach Hause kommen kann.« Und Svonni zog heimwärts. Und als er sich auf das *Bärbmed*[1] setzte und sie dann anfingen Kaffee zu kochen, da, ehe der Kaffee fertig war, war sein Bein wie Holz, es war gar nicht zu biegen. Die Leute waren gezwungen, ihn von da nach der *Loaiddo*[2] zu einem Ruheplatz zu helfen. Und da lag er drei Wochen, ehe er aus der Kote hinauskam. Und die Wunden fühlt er noch bis zum Tode. Und er lebt noch und ist die Polizei der Lappen (eine Art Dorfschulze).

Eine andere Begebenheit

Ein Lappe lief auf Schneeschuhen hinter einem Wolf her, und als er ihn einholte, da wollte er ihn totschlagen; aber der Wolf schnappte nach den Schneeschuhen und schleuderte den Mann von den Schneeschuhen und biß einen Schneeschuh entzwei. Und dann schnappte er nach dem Arm des Mannes und biß so, daß die Hand die Kraft verlor. Und er kam unter den Wolf und konnte nicht einmal mehr das Messer fassen. Und der Wolf packte die andere Hand und biß auch die. Und dann bekam der Mann schließlich das Messer zu fassen, und dann setzte er die Messerspitze an die Seite des Wolfes und drückte es dann mit seiner Brust da hinein, und dann schnitt das Messer in den Wolf. Und da ließ der Wolf ihn los und er starb

[1] Zwei abgehauene Baumstämme, die vor der Tür zum Herd liegen; sie werden zum Sitzen benutzt; zwischen ihnen liegt das eingeholte Brennholz. Sie dienen auch dazu, die beiden Seiten der Kote abzugrenzen, damit das Fußbodenreisig nicht zerstreut wird.

[2] Der geräumigste Platz in der Kote, zu beiden Seiten der Feuerstätte; dient sowohl als Arbeitsplatz wie als Schlafplatz.

wirklich; aber der Mann hatte keine Kraft mehr in den Händen, gar keine. Er hatte nicht so viel Stärke in den Händen, daß er versucht hätte, den Wolf zu stechen. Er war gezwungen, das Messer mit der Brust hineinzustoßen. Und dann kam er halb tot nach Hause, blieb den ganzen Winter krank und war nahe daran zu sterben.

Eine glückliche Jagd

Ein Lappe zog auf Schneeschuhen hinter dem Wolf her (1898). Sein Name ist Ruvdas Lasse; er lebt noch. Er lief auf Schneeschuhen hinter einer Schar Wölfe her, und er holte sechs Wölfe ein und tötete sie, indem er sie nur schlug. (Die sechs Wölfe tötete er nicht in einer gesammelten Schar, sondern einen nach dem andern; wie er sie einholte.) Und er hatte natürlich oft Wölfe auf Schneeschuhen getötet. Auch er hatte wohl einmal den Wolf über sich bekommen, und der Wolf hatte nach seiner Hand geschnappt; aber er hatte die Hand in den Rachen des Wolfes gesteckt, bis er den Schlund erreichte, und ihm dann die Kehle zugeklemmt und mit der anderen Hand den Wolf gestochen, und er tötete ihn, als wenn es ein Hund wäre.

Von dem Hund

Der Hund ist auch ein wildes Tier gewesen, und er fing an, es beschwerlich zu finden, die Nahrung in der Wildnis zu suchen, da er zuweilen sehr hungerte, weil er keine Nahrung fand, wenn nicht der Wolf mit den Rentieren zusammen an demselben Ort war. Wenn der Wolf und das Rentier an demselben Ort waren, dann war da ja Nahrung genug für alle wilden Tiere, und dann waren alle wilden Tiere versammelt, die Vielfraße, die Füchse, die Raben, die Adler und die Hunde. Und dann war Nahrung genug da; aber dann war da ja auch Jagen und Angst, und kam der Wolf und der Vielfraß, die beiden waren stärker, dann raubten sie; und wenn der Schwächere nicht flieht, dann wird er getötet. Der Wolf tötet oft schwächere Tiere, Füchse, Polarfüchse, Hasen und Hunde. Und der Hund fing an zu denken: »Ich gehe zu dem Lappen und diene.« Er erinnerte sich, wie er einmal zu Anfang nach der *Sida* des Lappen gegangen war, als der Lappe seine Herde sammelte, und der Hund sah zu und hörte zu, während der Lappe die Herde sammelte. Und als der Lappe in Verlegenheit war, weil er seine Herde nicht sammeln konnte, da stürzte er aufgeregt vor und fluchte und heulte, und dann konnte er bellen wie ein Hund. Und als der Hund das hörte, da fing er an zu bellen und jagte in der Richtung des Lappen her und scheuchte die Rentiere und jagte sie zu einer Herde zusammen. Und da gefiel dem Lappen der Hund, und er wollte, daß er sich drein ergeben sollte, bei ihm als Knecht zu sein. Und damals wollte er, daß er auf Besuch kommen sollte, und er gab ihm Suppe zu trinken. Und dem Hund gefiel das Essen, und er sah in der *Loaiddo* viele Knochen und Fleischstücke liegen und hatte Lust, sie zu fressen zu bekommen; aber er wagte es nicht, er war ein wenig bange, daß sie ihn töten würden. Er ging wieder in die Wildnis hinaus und wanderte da draußen und suchte nach Futter. Und er fand eine Wolfsspur und verfolgte sie, bis er fand, wo der Wolf einen Hasen getötet hatte. Und er suchte da, aber er fand nichts weiter als ein Vorderbein, und daran nagte er. Und als er fertig war, ging er wieder spüren, und da fand er ein Rentieraas, und da waren viele andere Tierspuren, und da war ein Bein und Knochen, und das nahm er und fraß es und schleppte es mit sich und ging dahin, wo viele andere Spuren waren. Und er fand, daß dort ein Fuchs getötet und aufgefressen war, daß da nichts übrig war als der Schwanz. Und es gefiel ihm, daß der Wolf den aus dem Wege geräumt hatte, der immer überall zu fressen pflegte, wo Nahrung war. Und als er wieder spürte, da fand er, daß sein Kamerad getötet und aufgefressen war. Da war nur Kopf und Schwanz übrig. Aber er erkannte genau, daß es sein Kamerad war. Und da fing er an, bange zu werden. »So tötet er mich auch einmal!« Und als er die Wölfe kommen hörte, da wurde er bange und lief ohne Aufenthalt zu den Lappen. Und als er kam, da sagte er: »Nimm mich nun als Knecht an, ich habe nicht mehr Lust, ein wildes Tier zu sein.« Der Lappe fragte: »Was willst du als Lohn haben?« Der Hund antwortete: »Ich will nichts weiter haben als Suppe, und was ich mir erschnüffeln kann, und keine Prügel haben, wenn ich nicht mehr arbeiten kann.« Und da wurden sie einig, und der Hund fing als Diener an. Und das war überaus gut für den Lappen. Und da ließ der Lappe den Hund mehr Hunde holen, und er holte mehr. Und einer war so ein Hund, der im voraus wußte, wenn die Wölfe kamen, und er erzählte seinem Herrn, daß die Wölfe in der Nähe waren. Und der Besitzer machte sich daran, seine Herde zu sammeln, und bewachte sie scharf. Und noch sind einige Hunde so, die wachsam sind und wissen, wenn der Wolf kommt. Aber jetzt kann niemand mehr die Sprache des Hundes[1] sprechen, und darum versteht man nicht, was der Hund erzählt. Doch einige Hunde verstehen wohl, was der Mensch sagt. In alten Zeiten konnte alles sprechen, alle Tiere und Bäume und Steine und alles, was sich auf der Erde

[1] »Die Tiere, die Bäume, die Steine und die andern leblosen Dinge haben den Gebrauch der Sprache verloren, aber das Gehör und das Verständnis haben sie noch; und darum soll man die Tiere gut behandeln und alle Dinge betrachten, als seien sie lebende Wesen, die hören und verstehen.« (Turi)

befindet. Und so wird auch alles zur Zeit des Jüngsten Gerichtes sprechen. — Aber der Hund hat noch eins verlangt: Wenn er alt wird, dann soll man ihn hängen, man soll ihn nicht auf andere Weise töten. Und man soll ihn an einer dünnen Schnur erhängen, die schnell zuschnürt, so daß er nicht gequält wird. Derjenige, der den Hund ordentlich erhängt und ordentlich gegen ihn gewesen ist, solange der Hund streng gearbeitet hatte und als er müde war, der bekommt gutes Hundeglück. Und der, der nicht so getan hat, wie sie verabredeten, der bekommt schlechtes Hundeglück. Und am Jüngsten Tage ist der Hund der erste Ankläger und danach die anderen Tiere, die in der Gewalt des Menschen gewesen sind, gegen diejenigen, die allzu hart haben arbeiten lassen oder ihnen schwere Bürde auferlegt und dazu geschlagen haben. Und das arme Tier hat keinen Mund, zu sagen, daß es nicht mehr zu ziehen vermag; und darum ist man gezwungen, so schwer zu ziehen und zu tragen, daß es ihm fast das Leben nimmt, und so, daß auch der Mensch den traurigen Laut hört, der zuweilen wie ein Seufzer ist, auf alle Fälle so ein betrüblicher Laut, der den Leuten fast durch Mark und Bein geht, wenn es nicht ein allzu hartgesonnener Mensch ist. Und daran sollen alle denken, daß sie nicht so hart gegen ihre Untergebenen sein sollen, seien es Menschen oder Tiere.

Ein weniges von den Vögeln und den Füchsen und den Mäusen, die über die Erde wandern

Alle sind sie Umherstreifer, die, die hierunter genannt werden. Und die Wanderratte ist die Anführerin für die andern Wandertiere. Wenn die Wanderratte hierher nach diesem Nordland kommt, so kommen nach ihr der Fuchs und der Polarfuchs und die Schneehühner und die Falken und die Eule und der *Boaimas* (ARCHIBUTEO LAGOPUS), die Hermeline und viele andere kleine Schneehühnertilger. Und wenn die Wanderratte stirbt und von dannen zieht, da gehen alle die andern Tiere auch, die oben genannt sind. Und von denen weiß man nicht sicher, wohin sie gehen. Aber das Rentier geht dahin, wo es weiß, daß im Winter Futter ist. Aber von dem Wolf weiß man sicher, daß er wandert, von Osten kommt er, und nach Westen geht er, wenn die Eisenbahn nicht quer davorkommt, über die wagt er nicht hinüberzugehen, fast niemals; aber er geht doch hinüber, wenn es gerade ein sehr kühner Wolf ist, und wenn es starkes Schneewetter und Schneetreiben ist und die Eisenbahn stockt oder streikt, so daß die Wagen nicht die ganze Zeit hierhin und dahin gehen.

Von dem Schneehuhn

Ein fleißiger Schneehuhnfänger kommt schon durch. Schneehühner halten sich zu Anfang des Winters hauptsächlich an Hochgebirgsflüssen auf und in dem Gestrüpp, das sich vom Hochgebirge herab erstreckt. Aber wenn der Winter kalt wird, dann kommen sie in die Wälder, die dem Hochgebirge zunächst liegen. Darin halten sie sich in der härtesten Winterszeit auf. Und im Frühjahrswinter, wenn die Luft anfängt warm zu werden, dann ziehen sie wieder unter das Hochgebirge hinauf, hinein zwischen die obersten Bäume.

Das Bergrebhuhn oder *Giron,* das ist viel kleiner als das Waldrebhuhn, wie der Lappe auch kleiner ist als alle Hofbewohner. Und die Lappen sind gebeugt und die Beine sind krumm, weil die Lappen schon als Kinder frieren müssen. — Die früheren Lappen sind mutiger gewesen als die jetzigen Lappen. Und die jetzigen Lappen sind auch träger. Die früheren Lappen haben viele Fische gefangen und wilde Rentiere und Bären und alle wilden Tiere.

Vom Fischfang

Lappen, die im Sommer nach Norwegen ziehen, haben keine Zeit, Fische zu fangen, außer im Frühling, wenn die ersten Öffnungen auf den Seen entstehen; dann angeln sie mit einem Angelhaken, den sie selbst aus Zinn gegossen haben. Und daran steckt man den Köder, einen Fetzen rotes oder gelbes Tuch, bis man den Fisch bekommt; dann nimmt man ein kleines Stück von der Magenhaut des Fisches und das ist viel besser. Und im Herbst fängt man auch mit Schlingen in den kleinen Flüssen; und im Herbst sind viele kleine Fische in den kleinen Flüssen. Und mit Netzen und Waten fischen sie, aber nicht oft. Aber sie haben auch Hechte geschossen, im Frühling in den Sümpfen im Riedgras. Der Hecht laicht im Frühling und der Stalling und der Barsch, und der Lachs laicht im Herbst und die Lachsforelle und der Graulachs. — Wenn es im Frühling Gewitter gibt, ehe das Eis auf den Seen aufgetaut ist, dann wird es ein fischloser Sommer, jedenfalls in einigen von den Seen. Der Fisch fürchtet sich und geht den ganzen Sommer tief, den Sommer, wo der Donner über einen eisbedeckten See hinweggerollt ist.

Aber Fang ist nicht nur so, daß man kann, man muß auch Glück haben. Und frühere Menschen haben viele Opferkünste um des Fanges wegen gebraucht. Sie haben die *Seiten* hauptsächlich um des Fangglückes willen angebetet, und auch um des Rentierglücks willen. Und für die Krankheiten der Menschen haben die meisten den Kirchen geopfert. Wohl ist da noch der eine oder der andere, der noch heute der Kirche um der Menschen willen opfert. Und um des Fangglückes willen opfert man wieder irgendeinem armen Menschen und einem solchen, der nicht zu heidnisch oder boshaft ist. Und solchen, die verkrüppelt sind, opfert man auch, sehr Lahmen, die sich nur schlecht durchschlagen können, und ebenfalls solchen armen alten Menschen, die ein schlechtes Auskommen haben. Die haben Glück, die diesen etwas geloben. Und der eine oder der andere Laienprediger hat auch Glück; doch ist man gezwungen zu versuchen, bei welchem Glück ist; aber sie haben allerdings zuweilen ganz besonders großes Glück.

Hier ist ein wenig Erklärung von den Opferkünsten

Der Kirche wird gelobt: wenn es so geht, wie der Mensch, der das Opfer bringt, wünscht. Und wenn man den Menschen etwas verspricht; aber das, was man versprochen hat, das soll man auch geben. Und auf diese Weise haben die früheren Menschen auch die *Seiten* angebetet, und sie haben ihnen Opfer versprochen, wenn sie zu jagen ausgingen. Einige *Seiten* waren zufrieden, wenn sie die Geweihe bekamen, und einige wollten alle Knochen haben, und zwar so vollständig, daß da nicht ein einziger Knochensplitter zurückbleibt. Der Fisch-*Seite* forderte nur die Hälfte des Fettes, dann jagte er die Fische in die Wate, so viele, wie sie nur zu reinigen vermochten. Der eine oder der andere *Seite* forderte ein ganzes lebendiges Rentier, und geschmückt sollte es werden mit allerlei Schmuck, mit Tuch und Wollgarn und mit Silber und mit Gold. Und einige opferten auch Kinder. Auch ist es noch nicht lange her, seit die letzten Opfer-*Noaiden* gelebt haben. Die letzten sind Kumen mitsamt seiner Frau und seinem Vater Dobar gewesen, die einen zehnjährigen Jungen zusammen mit einem Rentier geopfert haben.

Ein wenig von Wetterzeichen. Von Vögeln, die das Kommende verkünden. Von dem Schneehuhn und von dem Kuckuck und von dem Unglückshäher (Guovsak, Garrulus infaustus)

Das Schneehuhn ist zauberkundig. Wenn das Schneehuhn in der Abenddämmerung gackert, dann kommt Schneetreiben; wenn das Schneehuhn gluckst, dann kommt nur Schnee, kein Wind. Es ist meistens im Winter, daß diese Zeichen zu hören sind. Und das Rentier fühlt auch die Wetterveränderung. Wenn es anfängt, hierhin und dahin zu rennen und so viel zu laufen, wie es vermag, das ist ein Zeichen für hartes Schneetreiben. Ein anderes Zeichen ist, wenn das Rentier mit dem Geweih gegen die Bäume scheuert, dann wird es Tauwetter. Und wenn im Sommer die Rentierkuh ihr Kalb leckt, dann wird es regnen. Wenn viele Schneesperlinge in die Nähe der Menschen kommen, dann kommt ein schrecklich harter Schneesturm, das ist zuletzt im Winter. Und wenn viele kleine Vögel kommen, dann kommt ein großer Schneefall. Es gibt solche, die man Zaubersperlinge nennt; wenn sich so einer auf das Wiegenverdeck setzt, dann stirbt das Kind; wenn er sich auf den Gürtel eines Menschen setzt, dann stirbt der Mensch. Und dieser kleine Vogel *(Cičas)* lebt dort den ganzen Winter; er ist dunkelfarben, und der Kopf ist weiß um die Augen herum.

Und der Schneesperling ist ein wenig größer und weiß. Und wenn im Frühling die Zugvögel anfangen zu kommen, dann sind da viele Vögel, die das Kommende verkünden. Der Brachvogel (*Bičus*, CHARADRIUS PLUVIALIS) ist einer. Und wenn man den am Morgen hört, ehe man etwas gegessen hat, dann ist es ungünstig, und der Mensch ist in dem Jahr sehr unglücklich. Aber der, der des Morgens gegessen hat, ehe er den Vogel hört, der wird nicht bekleckert. Und so sind andere Vögel auch, der Kuckuck und die Lumme. Der Kuckuck ist der Vogel, der keine Zeit hat, seine Eier zu pflegen. Er bringt seine Eier immer zu den Nestern anderer Vögel hin, und die pflegen seine Eier auch, und er selbst fährt herum und kuckuckt überall. Und wenn er hier hinaufgekommen ist, dann erst werden die Beeren verdorben. Der Lappe pflegt zu sagen: »Jetzt hat der Kuckuck was auf die Beeren gemacht[1], jetzt kann man sie nicht mehr essen.« Der Kuckuck ist ein Zaubervogel.

Ein merkwürdiges Ereignis. Der Kuckuck kam in eine Lappenkote und fing an, Fleisch von dem Fleischgerüst zu essen, und das haben alte Leute noch nie gesehen. Und in der Kote starben in einem Sommer drei Menschen. — Die Krähe ist auch auf dieselbe Weise ein Zaubervogel. Auch sie folgt dem Lappen und frißt Fleisch von dem Fleischgerüst bei denen, von denen sie weiß, daß jemand sterben wird. — Und der *Bičus* ist auch ein solcher, an dessen Stimme man das Wetter kennt. Wenn er schlimmes kaltes Wetter spürt, dann sagt er »Bi-bi-i, diril, diril«. Dann wird es kalt. Aber wenn er wieder sagt: »Bibil, diril, diril«, dann wird es warm.

[1] Eine Menge Beeren halten sich den Winter hindurch unter dem Schnee frisch, und sie werden von den Lappen im Frühling gegessen; aber wenn der Schnee zur Mittsommerzeit wegschmilzt, werden die Beeren von der Sonnenwärme vernichtet, und scherzend schiebt man dem Kuckuck die Schuld zu.

Und die Lumme ist auch ein Zaubervogel. Auch sie bringt Unglück, und sie pflegt auch zu opfern; sie gibt dem See, an dessen Ufer sie ihr Nest hat, drei Eier. Die Lumme *(Gakkur)* hat auch einen anderen Laut, wenn sie die Wetterveränderung spürt. Wenn sie sagt: »Ka ko, ka ko«, so bedeutet das, daß sie für ihren Namen dankt, indem gutes Wetter kommt. Und wenn sie schlechtes Wetter spürt, dann ruft sie »Hätt' ich doch bloß einen Regenmantel — hätt' ich doch bloß einen Regenmantel!« *(var'luk, var'luk)*. Und von den Füßen der Lumme gibt es auch eine kleine Geschichte, also: Als Gott alle Vögel geschaffen hatte und nicht daran gedacht hatte, der Lumme Füße zu geben, da sagte er: »Da, nimm die grauen Füße!« Aber die Lumme machte sich nichts aus grauen Füßen. Sie wollte auch rote Füße haben, so wie die Gans. Und weil sie sie nicht kriegte, da flog sie weg und sagte: »Auf eine Weise bin ich hübsch genug, aber Füße habe ich nicht gekriegt.« Und da flog sie fort, und da warf Gott die Füße hinter ihrem Rücken her. Und darum sitzen die Füße der Lumme so weit nach hinten, und darum fühlt die Lumme, daß sie nicht gehen kann. Aber beim Schwimmen und Tauchen ist sie die Allerstärkste. Und die Lumme hat einen langen und spitzen Schnabel, und der ist in früherer Zeit eine gute Kampfwaffe gewesen als Bogenpfeil. Den haben sie nicht verhexen können, die alten Kugeln- oder Pfeileverhexer. Sie haben ihn als Bogenpfeil gebraucht, und sie haben ihn auch als Spießspitze gebraucht; ihn hat keiner verzaubern können.

Einmal war da ein *Ruoša,* den sie nicht töten konnten; er verhexte alles Eisen, aber er war nicht stark, und er war schon alt. Und da wußte ein Zauberlappe, daß der Schnabel der Lumme nicht verhext werden konnte. Und da versuchte ein sehr starker Lappe, zu ihm zu gehen, und er schlich sich dahin, wo der *Ruoša* wohnte, daß er während des Schlafes zu ihm hineinschlüpfen konnte, so daß der *Ruoša* ihn nicht hörte, ehe er ihn sah; dann konnte er hinterher gern aufstehen, wenn er (der Lappe) ihn erst schlafend gesehen hatte. Und das ist überall so: Der, der den andern schlafend findet, der gewinnt. Und dieser Lappe kam und fand den *Ruoša* schlafend, und da hörte ihn der *Ruoša,* und da gerieten sie in Schlägerei; aber der *Ruoša* fühlte, daß er jetzt nicht gewann — er war auch zauberkundig —, und er wich schon und sagte: »Tu mir nichts, tu mir nichts!« Und der Lappe versprach, daß er ihm nichts tun wollte. Und als er fortlief, da kehrte der Lappe nicht zurück, er fing an hinter ihm herzulaufen, und als er ihn einholte, da versuchte er, ihn mit dem Schnabel der Lumme zu stechen, und der *Ruoša* fühlte, daß es in seinen Rücken hineinstach. Und da verbot er es: »Du darfst mich nicht stechen.« Der Lappe sagte: »Das bin ich nicht, das ist der Schnabel der Lumme.« Und dann tötete er den großen Zauber-*Ruoša,* dem nicht ein einziger Pfeil hatte etwas anhaben können, sondern nur der Schnabel der Lumme.

Der Unglückshäher ist immer in den Wäldern bei den Lappen, und er frißt Fleisch; aber das ist doch kein böser Vogel, er ist *Ibmels* Engel, der Zaubersperling *(Cicaš)* ist wieder *Birrus* (des Teufels) Engel. Und ein kleiner schöner Vogel ist da, der von *Barbmo*[1] kommt, und sein Name ist Schellenvogel. Und er hat viele Farben, unter dem Kinn ist er gelb, und er ist rot und grün und blau. Und er kann in hundert Sprachen singen. Und sein Name ist auch *Giella välggo* (ERITHACUS SUECICUS), und wenn er Sonnenschein spürt, dann spielt er auf alle Weise, und zuweilen klingelt er wie eine Glocke. Und wenn er kaltes Wetter spürt, dann ist seine Zunge sehr unbeholfen; er kann keinen schönen Laut hervorbringen.

[1] Der Name eines Landes, weit weg, von dem die Lappen annehmen, daß es den Zugvögeln als Winteraufenthalt dient.

Und das sind vier Vögel, die dem Lappen folgen: der Rabe und die Schneehühner und der Unglückshäher und der Zaubersperling. Und sie folgen ihm im Winter. Sie sind die Kameraden der Lappen-*Sida,* und sie bekommen auch Futter; die bekommen Fleisch, die Fleisch essen, und die Schneehühner finden Birkenzweige, die die Lappen auf dem Holzplatz abhauen. Und das Schneehuhn hat den Menschen auch als Zuflucht; wenn der Habicht kommt und anfängt es zu jagen, dann kommt das Schneehuhn zu den Menschen, ja, gerade zwischen die Füße der Menschen, und da muß der Habicht fliehen. Und sie kommen sogar in die Kote hinein, wenn sie draußen keine Menschen antreffen. Und die Menschen tun so einem Schneehuhn nichts; auch erlauben sie nicht, daß die Hunde es anrühren.

Wenn die Elster oder die Krähe anfängt, der Lappen-*Sida* beständig zu folgen, dann weiß sie, daß in der *Sida* ein Mensch stirbt. Wenn sie anfängt, einer Kote zu folgen, und sich neben eine Kote setzt, so fühlt sie, daß in der Kote ein Mensch ist, der sterben soll.

Erzählung von dem Schlangenstein

Der, der den bekommt, der wird niemals von dem Gesetz überwunden — aber wer ihn nur bekommen könnte! — Man muß den Paarungsplatz der Schlangen finden; wenn sie sich paaren, dann werfen sie diesen weißen Stein hierhin und dorthin, und der, der dann hingeht und sie heimlich belauscht, wenn sie den Stein wegwerfen, der kann den Stein erwischen und an das Wasser laufen; und wenn er vor der Schlange an das Wasser kommt, dann bekommt er den Stein. Aber wenn die Schlange zuerst an das Wasser kommt, dann ist es gefährlich. Aber der, der vorher untersucht hat, wo das nächste Wasser ist, der kommt zuerst; sie werden ein wenig dadurch aufgehalten, daß sie nach dem Stein suchen, und währenddessen ist der Mann längst nach dem Wasser gelaufen, und wenn er ihn bekommen hat, dann ist er ein Gesetzesmensch sein Leben lang.

HIER FÄNGT DIE ERZÄHLUNG VON DEN DOKTORKÜNSTEN DER LAPPEN AN

Die Lappen sind schon in alten Zeiten gezwungen gewesen, Rat zu ersinnen, wenn Leute krank wurden; und Ärzte haben die Lappen nicht am Ort haben können; ein Teil hat nicht einmal gewußt, daß es Ärzte gibt. Und auf diese Weise haben sie so viel ersinnen müssen, daß sie sich klar darüber wurden, welche Krankheiten es waren und wie sie sich dagegen helfen sollten. Und sie haben so viel ergrübelt, daß sie viele Krankheiten heilen können, auch die, die einige Ärzte nicht zu heilen verstehen; aber dies gilt nicht für alle Ärzte. —

Hier findet man die Erklärung dafür, wie man jede Krankheit lindern soll, ja zuweilen sie auch heilen, sogar schnell. Aber es ist nicht günstig, alle Ratschläge in dies Buch hineinzuschreiben, weil das Buch in der ganzen Welt gelesen wird, und vielen gelehrten Herren paßt es gar nicht, von allen den Ratschlägen zu hören; sie glauben nicht daran; sie spotten nur über die Dummheit des Lappen; obwohl, wenn sie alles sähen, was der Lappe ausrichtet, sie sich wundern würden, über seine Kraft und woher sie kommt.

Von der Brustkrankheit

Die Lappen sind oft krank unter der Brust. Das steigt zu Kopf und geht in die Beine. Und das Heilmittel für diese Krankheit ist Aderlaß der Körperader. Die Ader sitzt am Bein an der äußeren Seite des Knöchels und darunter an der inwendigen Seite des

Spannes. Und an der auswendigen Seite des Fußes läßt man zur Ader gegen Rückenkrankheit und Lendenschmerzen. Und wenn die Eßlust aufhört und man Schmerz unter der Brust hat, so läßt man auf der Stelle über dem Spann zur Ader.

Und wenn man in der Brust krank ist und es nicht zu Kopf geht und nicht in die Beine, so öffnet man an der inwendigen Seite des Armes in der Armhöhle die Adern, die auf der untern Seite des Armes hinlaufen, und eine andere Ader läuft über den Arm, und aus der läßt man Kopfschmerzenblut zur Ader, wenn der Kopf schmerzt und es keine andere Stelle ist als der Kopf. Und wenn die Krankheit in der Schulter ist, dann läßt man oben auf der Hand zur Ader, zwischen den Fingern. Und wenn man Stiche im Körper hat, so öffnet man eine Ader an der auswendigen Seite des Armes unter dem Ellbogen.

Erschrecken

Erschrecken ist nicht so schlimm, wenn es andere ankommt als Wöchnerinnen, oder eine Frau, die kürzlich ein Kind bekommen hat und noch nicht gesund geworden ist. Ebenso ist es schlimm für eine Frau, erschreckt zu werden, auch ehe das Kind geboren ist; wenn sie schwanger sind, pflegen sie so erschreckt zu werden, daß sie zu früh gebären. Und das Erschrekken kommt zuweilen, wenn sie einen häßlichen Traum sieht, und Kinder werden auch erschreckt, und es währt lange, bis sie völlig ausgewachsen sind.

Gegen die Schreckkrankheit. Man soll nicht eine Herzblutader (Pulsader) gegen andere Krankheiten öffnen, als nur wenn man vom Schrecken krank ist. Dann ist man gezwungen, eine Herzader zu öffnen; aber es soll nicht mehr hinausfließen, als bis es dreimal spritzt, und dann geschlossen werden. Und es ist sehr schwer, daß sich die Ader wieder schließt; aber da ist ein Rat: sie mit einem neuen Zehnörenstück aus Silber zu drücken.

Gegen Ohnmachtskrankheit

Und wenn die Ohnmachtskrankheit kommt, so ist da ein Rat: die Kleider gleich verbrennen, die man dem Körper zunächst trägt. Und wenn sie nicht gleich verbrannt werden, so ist es schlimm, sie wegzubekommen, aber man kann sie wohl wegkriegen, wenn sie den Blutumlauf nicht allzu arg beschädigt hat. Gegen die Ohnmachtskrankheit öffnet man auch Adern — viele — neun Adern —, und da soll man auch eine solche Ader öffnen, die eine Herzader ist. Die Adern, die zwischen dem Ohr und dem Auge laufen, gehen in vielen Zweigen nach oben. Und daraus ist auch Hilfe für Zahnschmerzen, wenn der Schmerz im Oberkiefer ist. Aber wenn er in den Unterzähnen ist, so ist da eine Ader, die über dem Kieferknochen läuft, die zu öffnen ist hierfür auch ein wenig Hilfe.

Gegen Kopfschmerz

ist da so ein Rat, daß man an dem Haar zupft; aber man nimmt nur wenige Haare oben am Kopf, und dann zupft man plötzlich zu, damit die Haut sich löst, die festgewachsen ist, damit das Blut auf seine gewöhnliche Weise rinnen kann. Und gerieben werden soll da, bis der Kopf heiß wird, und das letzte nach dem Reiben ist, daß man hart oder fest aus vier Richtungen aufwärts streicht, zweimal von der Wange; und auf dem Nacken und der Stirnseite soll man nur die Hände in aufwärtsstreichender Weise dreimal gleiten lassen.

Zuletzt soll man das ganze Kopfhaar in die Höhe zupfen und dann den Kopf mit heißem starken Kaffee waschen; aber den Nacken soll man am meisten reiben.

Gegen Magenschmerzen

streicht man bloß quer und gegen die Sonne um den Nabel herum.

Gegen Zahnschmerzen

helfen viele Ratschläge, denn es gibt neun Arten Zahnweh. Und von anderen Krankheiten gibt es auch neun Arten, weil der Mensch neun Monate im Leibe der Mutter war, ehe er kam, das Licht der Welt zu sehen. Gegen Zahnschmerz gibt es noch einen Rat. Wenn es schlimmes Zahnweh ist, so findet man die Drüse unter dem Kieferknochen, die weh tut. Und die soll man mit drei dreieckigen Nähnadeln stechen; um die Nähnadel wickelt man einen Sehnenfaden herum, gerade so lang, wie er in die Drüse hineingestochen werden soll, und man soll sie obendrein nach beiden Seiten wenden, um mehr zu drücken, und damit da auf jeden Fall drei Tropfen Blut kommen.

Gegen Halskrankheit

hilft ein Rat: im Sommer einen Frosch zu nehmen, den man Nacktfrosch nennt. Und man nimmt im Sommer einen jungen Frosch und legt ihn lebend in Salz in ein weißes Tuch, und dann stirbt er bald. Und er soll hell sein, auf alle Fälle der hellstgefleckte. Wenn er dunkel und häßlich ist, dann zerstört er und vergiftet. Und wenn man nun die hellste Art genommen hat, so wie beschrieben, dann muß er ein wenig fein geschnitten werden, und er wird in Milch gekocht und getrunken, und das gebraucht man gegen Halsschmerzen als Medizin. Und wenn Ausschlag kommt, so ist hierfür auch die Medizin, mit diesem Frosch einzuschmieren. Dabei betet der Lappe einige Zauberformeln; aber es kann wohl auch ein wenig helfen, wenn man nicht betet, wenn man es nur nicht tut, um zu spotten. Wenn man die Frösche verspottet, so vergiften sie so, daß das einem das Leben nimmt.

Hier ein Bericht von einem Mädchen

Der Hals des Mädchens schwoll ein wenig auf. Da nahm sie so einen Frosch und drückte damit auf die kranke Stelle; und als sie fertig war zu drücken, da warf sie ihn auf die Erde, so daß es dem Frosch Schmerzen verursachte, und da wurde er so böse, daß er sie noch schlimmer vergiftete. Und das war also diese Art, die vergiftet; das sind die schwarzfleckigen; man soll aufpassen. Und das Mädchen wurde arg krank, und sie ging nach Luleå, aber das half nicht, sie starb. Ein Lappendoktor sah sie in ihrer Krankheit und sagte: »Du hast mit einem Frosch gedrückt und ihn so hart auf die Erde geworfen, daß der Frosch böse wurde, und da vergiftete er dich noch schlimmer, und das kann man nicht abwenden; der hat das Blut schon so verdorben, daß es nicht geheilt werden kann.«

Erzählung von dem Frosch

Der Frosch lebt im Wasser und er lebt auf trockenem Lande. Im Frühling laicht er zur selben Zeit wie der Hecht. Seine Eier sind im Sumpf. Und er hat eine solche Stimme, daß sie quakt so wie das Rentierkalb. Aber man hat beobachtet, daß der Frosch von oben herunterfällt, so wie auch andere Tiere, welche auf den Schnee herabfallen. Es ist sicher, daß der Frosch aus der Wolke auf die Erde herabfällt, weil man ihn im Hochgebirge auf dem Schnee findet, wo weit und breit kein offenes Wasser ist.

Der Frosch ist so ein Tier, wenn ihn einer in die Hand zu nehmen wagt, und wenn der Frosch dann in seine Hand Wasser läßt, dann wird des Menschen Hand eine Heilhand. Wenn man mit solchen Händen die kranken Stellen drücken kann, so erleichtert das den Schmerz sofort.

Und wenn Ausschlag auf den Mund kommt, dagegen ist der Frosch auch ein Heilmittel, wenn man damit drückt und einschmiert.

Schwamm bei Kindern

Und wenn ein Kind Schwamm hat — Schwamm ist so etwas, daß die Zunge des Kindes weiß wird —, da ist auch dafür Heilung im Frosch; dann drückt man auf die Zunge (nicht mit einem lebenden Frosch, sondern ein wenig von einem getrockneten), und das ist das allerbeste Heilmittel dafür. Und er ist auch gut als Magenmedizin. Da muß er in frischer Milch gekocht werden, und dann nimmt man das ein und schluckt es herunter.

Ein anderer Bericht von dem Frosch

Da war eine Frau, die über einen Sumpf ging, und da sah sie einen Stein im Sumpf, und da trat sie drauf. Und es war kein Stein, sondern die Mutter der

Frösche, die so groß war wie ein Menschenkopf. Und da hakte sich der Frosch so an ihrem Fuß fest, daß sie ihn nicht auf andere Weise losbekommen konnte, als indem sie ihn mit dem Stab ablöste. Und da begann der Fuß zu schmerzen, wo der Frosch festgehangen hatte. Und auch sie ging zu dem Luleå-Doktor, aber sie starb. Und sie hatte als Kind die Frösche verspottet, und da taten sie ihr erst Schaden an, als sie zufällig über die Stammutter herkam. — Der Frau von Lunte Andaras ist es so bei Vuoskojaure ergangen.

Gefährliches Wasser

Erzählung davon, wenn man die Eier des Frosches trinkt: so wird es ein großer Frosch und fängt an, einen Laut zu geben, so wie dieser Laut nun einmal ist, und wenn man ihn nicht hinausbekommt, so nimmt er einem das Leben. Dagegen gibt es nicht viele Ratschläge. Die Lappen geben Blut zu trinken — um sich zu erbrechen — und verfaulten Fischdarm; und wenn er dann noch nicht herauskommt, so werden die größten Beinsehnen des Rentieres durch den Mund bis auf den Magen herunter gesteckt, und da ist er ja gezwungen heraufzusteigen; und wenn er da nicht herauskommt, dann stirbt man. Und wenn er herauskommt, dann ist er so rot wie Blut.

Ein gefährliches Tier

Es gibt ein Tier, dessen Name *Ruovdde-goppa*[1] ist. Das hält sich im Wasser auf, und es ist auch so, daß es im Menschen leben kann, und dagegen tut man

[1] Laufkäfer, hier Schwimmkäfer. Die Lappen brauchen den Namen für verschiedene Insekten.

dasselbe wie gegen den Frosch. Und wenn man es nicht herauskriegt, dann tötet es den Menschen auch. Und das trinkt man viele Male mit dem Wasser.

Ein Trinkrohr gebraucht man der Tiere wegen

Solcher Tiere wegen gebraucht der Lappe ein Rohr. Das Rohr ist aus Rentiergeweihen angefertigt, und man braucht es auch aus dem Grunde, damit der Mund nicht im Frühling zerstört werden soll (von Eiswasser). Und ein anderes Trinkrohr macht man aus dem Schenkelbein eines Vogels; darin ist gleichsam ein Netz, so daß keine Tiere in den Mund hineinkommen können. Das braucht man in der Wildnis.

Gegen Erfrieren

Gegen Erfrieren gibt es einen guten Rat. Gleich wenn man merkt, daß etwas am Erfrieren ist, dann muß man mit Schnee drücken und reiben, so lange, bis das Blut wiederkommt und Leben hineinkommt; doch der oberste Schnee hilft nicht, sondern es muß der sein, der *Sänjas* genannt wird, und der ist dicht über dem Erdboden, diese Art Schnee.

Hier ist eine Erzählung von einem Mädchen vor vierzig Jahren. Das Mädchen war zehn Jahre alt und lief draußen in starker Kälte, und da fiel es in ein Schneeloch mit den bloßen Händen, und die Mutter bemerkte es nicht, und da erftoren die Finger; und sie hat es nicht verstanden, mit Schnee zu drücken und zu reiben, und die Finger fielen ab bis zur Mitte. Und sie lebt noch, und ihr Name ist Maret Mikestochter Utsi, und sie hält sich in Sauco auf, und ihres Mannes Name ist Häntot Pito.

Blutfluß

Blutfluß ist gefährlich, wenn da keine Ärzte zu erreichen sind; aber es gibt ja solche, wenn sie es zu hören bekommen, so hört das Blut schon auf zu fließen. Doch viele solcher gibt es nicht; aber wenn sie dazu kommen können, den Kranken zu sehen, so ist der Stillstand des Blutes sicherer. Und für den Lappen ist das gefährlich. Auch dann fließt da viel Blut, wenn die Frau im Kindbett ist, und es strömt so, daß sie schnell stirbt. Und dies kann der Blutstiller zurückhalten oder zum Stillstand bringen. Einen Rat gibt es gegen den Blutfluß der Wöchnerin. Da ist ein kleiner Vogel, dessen Name *Beskuš* (Schwalbe) ist, der sein Nest an der Wand des Hauses anbringt; und dann soll man das Schabsel aus dem Boden des Nestes nehmen und es mit frischer Milch aufkochen und es der Wöchnerin zu trinken geben. Und das hilft, selbst wenn man die Worte nicht kennt; aber es ist ja besser, wenn man die Worte weiß. — Und mit der Kraft des Wortes heilt man viele Arten Krankheiten; aber es gibt nicht viele, die solche Künste ausführen können.

Erzählung von der Sehnenzerrung

Gegen Sehnenzerrung spricht man auch Worte, und das hilft[1]. Es wird mit ungewaschenem Wollgarn, grauem, dreisträngigem Schafwollgarn gemacht. In der Schafwolle ist viel Kraft, weil Jesus viel von dem Schaf gesprochen und Gleichnisse von dem Schaf genommen hat, und auch aus dem Grund, daß, als Jesus

[1] Zu diesem Rat, ebenso wie zu vielen andern gehören »Worte«, Beschwörungen; ich habe Turi indessen auf das festeste versprechen müssen, sie nicht zu veröffentlichen; die Beschwörung würde nämlich in diesem Fall bei künftigem Gebrauch ganz ihre Kraft verlieren.

tot war, man ihn ein Schaf nannte, und ihr Aufenthalt (der heiligen Familie) war der Schafstall. Und darum ist da in der Schafwolle viel Kraft. Und sie ist auch gut für Socken für die Menschen.

Und wenn es die Krankheit ist, daß die Haut zu jucken anfängt (mit Ausschlag), so ist das Heilmittel dagegen, daß man mit Birkenasche einreibt; und wenn es dann noch nicht weggeht, dann soll man *Accišaednes lavče-gippo*[1] nehmen und es kochen, und dann damit einschmieren da, wo es juckt. Und da ist noch ein Rat: ein wenig von neunerlei Bäumen zu kochen, und das ist Hilfe gegen viele Krankheiten.

Rat gegen Zahnweh

Das allerbeste ist, daß man beide Seiten des Halses und ganz rund um den Mund herum und ferner die Nackensehnen und gleicherweise die Rückensehnen gerade über den ganzen Rücken reibt, bis es aufgehört hat zu schmerzen. Es ist sicher, daß es dann aufhört; aber es muß ein fleißiger und tüchtiger Reiber sein. Ein Bärenzahn ist auch ein Heilmittel, wenn man damit auf die Drüse drückt; aber man soll ihn erst ein wenig wärmen und dann schnell ein dünnes Tuch herumwickeln, und dann den Zahn ein klein wenig damit drücken. Und wenn man das Kinnbein des Rentieres findet, ein solches, das so lange in der Erde gewesen ist, daß die Erde es mit ihrer Farbe gefärbt oder es grün gemacht hat, soll man es auch wärmen und dann damit drücken, auf dieselbe Weise wie mit dem Bärenzahn.

[1] »Rentierzügel-Bündel« (d.i. Zauberrute), so nennen die Lappen die feingegliederten Auswüchse, die man an einigen Bäumen findet. *Accišaedne* war ein Zauberweib, das in einen Käfer verwandelt wurde.

Koahdahus-Krankheit

ist so, daß man sehr oft und sehr stark erbricht. Und da ist Messen das Heilmittel, mit der Fingerspanne des kranken Menschen Gürtel zu messen und zurückzuzählen, bei neun anzufangen und bis eins zu zählen, und es muß dreimal gezählt werden, und man mißt den Gürtel dreimal. Und wenn es diese Krankheit ist, dann soll sie wohl geheilt werden.

Vom Quecksilber

Das ist Medizin für viele Stellen. Wenn man ein Bein bricht oder sich sehr stark stößt, so gebraucht man Quecksilber als Heilmittel. Man tut ein wenig in einen Löffel, und das wird eingenommen und heruntergeschluckt, und segnen soll man. Und es ist auch gut gegen Stiche, und bei starker Diarrhöe ist es auch Medizin. Und wer Quecksilber bei sich hat, dem können Geister nichts anhaben. Auch ist im Quecksilber Medizin für die Augen, wenn da Gerstenkörner an den Augen kommen oder Ausschlag. Es wird in das Auge getröpfelt.

Wenn ein Hund einen Menschen beißt

dann soll man Blut von demselben Hund nehmen und die Wunde damit einschmieren, dann nimmt der Schmerz augenblicklich ab.

Kaltes Wasser ist auch gut für eine frische Wunde. Und wenn man ein Bein bricht, dann soll man es auch in kaltes Wasser halten. Und wenn es aus dem Gelenk geht, so soll man es ebenfalls in kaltes Wasser halten (um besser zu sehen, wo der Schaden ist). Und das soll man einrenken, was aus seinem Gelenk gegangen ist, und das, was gebrochen ist, das soll man mit Holz umwinden, so daß es gerade zusammenwächst.

Rentierkäse ist ein gutes Wundenheilmittel.

Wenn ein Mensch ohnmächtig wird

dann ist das Mittel zur Wiederbelebung, daß man ihn an den Armen fassen und auf und nieder heben soll, bis das Leben wiederkehrt.

Davon, wie man Leben in einen ertrunkenen Menschen bekommt

Wenn ein Mensch ertrunken ist und da noch ein wenig Leben ist, so soll man ihm ein Tuch vor die Augen binden, ehe man ihn aus dem Wasser nimmt. Und dann soll man ihn auf das Trockene tragen und ihn so legen, daß das Wasser herausfließt. Und dann soll man ihn reiben, und es sollen nicht mehr Menschen dabeisein als einer oder zwei; und man soll nicht reden, nicht ein einziges Wort, um nicht das Leben zu verscheuchen, wenn es im Begriff ist wiederzukehren, es verträgt dann nicht, irgend etwas zu hören. Und auf diese Weise kommt dann das Leben wieder.

Von der Erdvergiftung

Erdvergiftung ist auch eine gefährliche Krankheit und eine schwere Krankheit. Und davon gibt es auch neun Arten. Das ist so, daß da Ausschlag über den ganzen Körper kommt, und es juckt und schmerzt derart, daß man keine Ruhe bekommen, nicht schlafen und auch nicht essen kann. Und das wird auch mit Worten so abgewendet, wie es oben schon beschrieben worden ist. Und es gibt auch eine Art, deren Name Geschwür ist, und eine andere ist Anschwellung. Und all dies wendet man mit Worten ab.

Von den Frauen der Lappen

Hier wird von solchen erzählt, für die es schwer ist, wenn sie im Kindbett sind, Frauen und Mädchen. Einige Frauen haben es so schwer, daß sie drei Tage lang Schmerzen fühlen, und die Leute halten und drükken ihnen den Rücken; und wenn sie doch nicht gebären, so ist da noch ein Rat. Wenn da viele Männer sind, so heben sie ihre Füße auf und den Kopf nieder und schütteln, damit das Kind zurückgleiten kann, weil es gegen die verkehrte Öffnung gedrückt wird; und wenn das in Ordnung gebracht ist, so pflegt sie in der Regel gleich zu gebären[1]. Und da ist noch ein Rat: Sie muß erzählen, wer des Kindes Vater ist. Und das ist eine Hilfe, wenn sie das erzählt; aber dann gibt man ihr das Wasser oder den Urin von des Kindes Vater zu trinken. Und wenn sie endlich das Kind geboren hat, dann wird der Nabelstrang abgeschnitten, und das Ende, das in die Mutter hineingeht, das wird mit dem Schuhband der Frau festgebunden, damit es sich nicht hineinziehen kann, damit die Nachgeburt herauskommen kann. Und der Frau gibt man Kuhbutter, jetzt, wo man keine Rentierbutter hat. Aber die früheren Lappen molken und machten Butter aus Rentiermilch,

[1] »Mehr darüber, was man mit einer solchen armen Frau tun soll, als was schon oben erwähnt ist. Man soll ihr ein Tuch vor die Augen binden, so, daß es ganz dunkel ist, und sie soll auf eine Decke gelegt werden, und dann schleudert man sie da, das eine Mal mit dem Kopf nach oben und das andere Mal mit dem Kopf nach unten.« (Turi)

die sie dann der Frau zu geben pflegten. Und wenn sie nicht kalt wird, dann kommt die Nachgeburt schnell heraus. Und wenn sie herausgekommen ist, dann bereitet man das Lager.

Nun beginnt die Erzählung von der armen Mutter, die während der ganzen Geburt so viele Mühe und Schmerzen hat, und sie hat frieren müssen. Und wenn die Frau friert, dann kommt die Nachgeburt nicht heraus, dann sammelt sie sich unter der Brust wie ein Kindskopf. Und dann fängt sie an, das Leben zum Stillstand zu bringen, und wenn man dann nicht versteht, was getan werden muß, dann stirbt sie schrecklich schnell. Aber da wird etwas zum Einnehmen bereitet. Man nimmt von dem Birkenwipfel Birkenknospen, die, welche die Schneehühner essen, und die werden fein zerdrückt, und dann gibt man sie in kochendes Sauremilchwasser. Und wenn sie dann noch nicht herausfließt und herauskommt, dann bringt man einen warmen Umschlag an, warmen Sand und Asche in wollenen Sachen, und das wird unter der Brust angebracht. Man nimmt Sand und Asche aus dem Boden des Herdes, weil man es im Winter nicht anderswoher kriegen kann, da die Erde gefroren ist. Aber man soll aufpassen, daß man die Wärme nicht an das Fußende legt. Man soll keinen warmen Umschlag an den Füßen machen, weil es gefährlich ist, die Kälte in den Körper hinaufzujagen, und da nimmt es das Leben so schnell, daß man nicht dazu kommen kann, irgendwelche Hilfe zu suchen. Aber wenn das noch nicht wärmt, dann muß man damit abwechseln, bis es erwärmt wird, dann erst kommt die Nachgeburt heraus. Und dann fängt das Blut zu fließen an, mehr, als ein Mensch vertragen kann, und da ist es gefährlich; auf diese Weise sterben viele Lappenfrauen, weil die so selten sind, die Rat dafür wissen. Einige Lappen sind so, wenn sie es bloß hören, so steht schon das Fließen des Blutes still; doch gibt es wenige solche; aber wenn sie den Kranken sehen, da können sie das Blut besser stillen. —

Erzählung davon, daß in diesem Buch alle Doktorkünste der Lappen sind, aber nicht *Noaiden*-Künste. Und wenn der, der dies alles weiß, was in diesem Buche ist — aber es sind nicht viele, die diese Künste kennen —, und wenn sie nicht die Krankheit der Leute kennen, die, die in diesen Künsten bewandert sind, so fangen sie an zu meinen, daß es eine tödliche Krankheit ist, oder daß sie von Geistern oder Verstorbenen besessen sind, was die Arbeit der *Noaiden*-Leute ist.

Von dem Zuge der Totenschar

Wenn die Toten ziehen, so fliegen sie in der Luft wie Vögel, zuweilen höher und zuweilen niedriger. Und wenn sie umherstreifen, da, während sie kommen, da saust es mit so großer Stärke, daß es dröhnt wie der allerstärkste Sturm, und noch stärker sausen die Geister. Und wenn sie fahren, dann fahren sie nicht hoch oben; aber da, wo sie dahinziehen, da beugen sich die Bäume bis zur Erde, und einige Bäume brechen. Und wenn man das hört, dann sind es die Geister; aber man sieht gar nichts, nur vor des einen oder des anderen Menschen Augen zeigen sie sich; und unschuldige Tiere sehen sie wohl und hören sie auch dann, wenn sie nicht so lärmen, daß Menschen sie hören können. Und ein Toter ist kopflos, und wenn sie ziehen, so fliegen sie, und der eine ist über dem andern; die meisten sind nur bis an die Schulter, und andere sind bloß von der Mitte, vom Unterleib an.

Die Geister entstehen aus den Seelen, die halb sündig und halb christlich sind, und sie kommen nicht in die Hölle und auch nicht in den Himmel. Und sie können sich bloß in der Luft aufhalten; und sie haben Lust,

Arbeit zu bekommen. Und von denen haben die *Noaiden* am leichtesten Hilfe, wenn sie anfangen, Zauberei auszuüben.

Zeichen davon, wenn da ein Geist in einen Menschen fährt: dann fängt der Mensch an, viel zu hören und zu sehen, was andere nicht sehen. Und redet über die Sache, warum da Geister in ihn gefahren sind, und darüber, was sie ausführen sollen und wer sie ihm geschickt hat, und er redet auch von anderer Leute Angelegenheiten. Und was er sagt, das ist meistens wahr. Der Mensch, der im Begriff ist, einen Geist aus einem andern auszulösen, der von einem Geist besessen ist, der redet fremde Sprachen, und da betet er dem kranken Menschen ein Gebet vor, das in fremder Sprache ist. (Und der Kranke muß die Worte wiederholen.) Und der Mensch, der fremde Sprachen redet, wenn der den Geist oder den Teufel auslöst oder beschwört, der ist dann so merkwürdig, daß man es nicht recht beschreiben kann. Er kommt in Bewegung[1], wenn er Geister oder Teufel bei Menschen sieht, und das sehen ja alle solche. Und er ist wohl imstande zu beschwören. Und wohl können solche Menschen vielleicht auch Böses tun, wenn sie wollen; aber sie richten keinen Schaden an, wenn nicht böse Menschen anfangen, sie hart zu bedrängen; aber wenn sie in Not kom-

[1] Turi vergleicht hier mit dem Zustand, in den die Lästadianer durch ihre Versammlungen versetzt werden, den sogenannten *Liikutuksia* (finnisch = Bewegungen). Laut bekennen sie ihre Sünden und, indem sie Gott um Vergebung anrufen, umarmen sie einander unter Schluchzen, Seufzen und Schreien in den wunderlichsten Kehllauten. Jeder hat seine eigene »Melodie«, aber das Ganze fließt zusammen in einen grauenerweckenden Chor, der sehr nervenerregend und ansteckend ist, selbst für einen nüchternen Zuhörer. Die ganze Versammlung ist unter Umarmungen in einer ununterbrochenen wiegenden Bewegung. Dieser ekstatische Zustand kann mehrere Stunden währen und hat eine große Müdigkeit im Gefolge, die jedoch schnell von in den meisten Fällen unmittelbar darauffolgenden Schmäusen und Kaffeetrinkereien in die Flucht geschlagen wird.

men, da ist es ihnen ja auch erlaubt, ihre Stärke zu zeigen.

Der letzte große Lappen-*Noaide* war Dopar, der auch den *Seiten* opferte, zuweilen Rentiere, und wenn er nicht mit einem andern *Noaiden* fertig werden konnte, dann opferte er ein zehnjähriges Kind, ein solches, das auf einem Rentier ritt. Einmal war er dabei, seine Kraft mit einem andern *Noaiden* zu messen, und er konnte sich gar nicht auf andere Weise helfen, er opferte das Rentier und das Kind. Und er wählte das schönste weißgefleckte Zugrentier und brachte Zierate an dem Rentier an, alle möglichen Zierate, Silber und Tuch und Wollgarn, rotes und gelbes und von jeglicher Art, die er kannte, und wie es die Lappen zum Putz verwenden. Und er band es überall hin, wo er konnte. Und dann band er Decken darauf, und dann setzte er das Kind darauf, und dann zeigte er mit dem Finger, wohin das Rentier gehen sollte. Und dann ging das Rentier gleich fort. Und dort ist es noch. Und da gewann er ja über den andern *Noaiden,* so daß der andere *Noaide* um Vergleich bitten mußte. Und sie einigten sich so, daß die beiden nicht mehr ihre Kraft untereinander erprobten. Und Dopar war wohl so ein *Noaide,* daß er alles mögliche in einer Tasse Branntwein sah. Er sah es auch, als sein Wirt[1] in Norwegen starb, der auch ein großer *Noaide* war. Dopar war sein Rentierwächter. Und Dopar brauchte auch die Zaubertrommel, und er brauchte ein Holzgefäß. Und auch sein Sohn Kumet brauchte die Zaubertrommel aus Birkenholz; sie muß aus einem solchen Auswuchs sein, wie es ein Birkenwipfel ist, den die Lappen *Biega Vissir* nennen. Und der, der so einen fand, der hatte ihrer Meinung nach ein großes Ding gefunden.

[1] Wenn die Lappen auf einer Kirchfahrt oder bei ähnlichen Gelegenheiten an bewohnte Orte kommen, hat jeder einzelne seinen bestimmten »Wirt« unter den Ansässigen, bei dem er einkehrt und mit dem er in

Von der Zaubertrommel

Sie ist ein *Noaiden*-Gerät, diese Zaubertrommel; und sie wird so gemacht: In sie hinein werden Ringe getan und neun Stücke von einer »Zauberrute«, und dann fängt der *Noaide* an, mit einem Kupfer- oder Hornhammer zu schlagen und zu pfeifen, und zuweilen knirscht er mit den Zähnen. Und dann ist er also im Begriff, Zauber auszuüben. Und wenn die *Noaiden* dabei sind zu zaubern, dann brennen sie die Kesselkette ganz rotglühend, und dann schlagen sie soviel um sich, wie sie nur können, und knirschen mit den Zähnen, soviel sie können, und kehren den Pelz und die Mütze um, aber sie schwören nicht, auch stehlen die *Noaiden* nicht.

Ein solcher *Noaide,* der ausgelernt ist und noch die Zähne hat, der ist bei voller Kraft.

Und die früheren *Noaiden* sind so gewesen, daß sie geflogen sind, und mancher ist mit einem Wolf zum Kirchgang gefahren, und wenn er den Kirchhof erreichte, da spannte er aus, und der Wolf verschwand. Und wenn er wieder zurückzog, dann kam der Wolf wieder. Und er fuhr an allen den andern Fahrenden vorüber.

Und die *Noaiden* sind so gewesen, wenn sie dabei waren, Zauber auszuüben, dann haben sie den Körper wie tot zurückgelassen, und das Leben ist mit *Birrus* Engeln auf Arbeit gegangen — irgendeinem Menschen Böses zuzufügen. Und wenn man dann den Körper anrührte, dann ging er, und dann kamen die beiden (Seele und Leib) nie wieder. Und solche werden Baumfäulnis-*Noaiden*[1] genannt. Und die *Noaiden* sehen auch in Branntwein, und sie sehen alle Dinge, und den,

einer Art freundschaftlichen Verhältnisses steht. In der Regel ist dies der Bauer, dessen Rentiere er zu hüten hat.

[1] Wenn der *Noaide* einen Baum nur ansieht, welkt er hin und verfault.

der gestohlen hat. Und wenn der eine oder der andere von einem Geist besessen ist, und er kommt zu einem *Noaiden* und will Hilfe von ihm haben, dann fragt er: »Hast du Branntwein?« Und wenn er hat, dann gibt er. Und dann sieht der *Noaide,* wie der Geist gesandt ist, dann kann er ihn wohl einmal beschwören; aber wenn der andere viel stärker ist, so wird er wieder gesandt; aber dann kommt er oft über die Familie des besessenen Menschen. Und wenn er wieder wegbeschworen wird, da fährt er wieder in den einen oder den andern aus derselben Familie. Aber ist der *Noaide* viel stärker, da geht der Geist in den, der ihn gesandt oder auf den Menschen gehetzt hat. Und ist er noch stärker, dann bannt er ihn in die Kirchenerde zurück. Aber das muß ein solcher sein, der *Noaide* von Gott ist oder aus Gottes Kraft handelt. Und er redet dann in fremden Sprachen, und er ist auch da wie betrunken, er ist in Bewegung, und er sieht dann alle *Noaiden*-Sendungen. Und er gewinnt ja, wie stark auch die *Noaiden* sind, die das gesandt haben, was durch Teufels Kraft gesandt ist.

Und die bösen Geister werden mit einem lebenden Vogel gesandt; und der Vogel kommt gerade zu dem Menschen hin, zu dem er gesandt ist. Der Rabe ist ja der, welcher der Vogel des Bösen ist, der bringt solche Post, die des Bösen Engel ist — solche Leute (die Geister) sind nichts anderes als des Teufels Engel. Und wenn sie nicht mit einem Vogel bekannt sind, so folgen sie der Spur; aber über den Landrücken ist es schwierig hinüberzukommen, oder über die Wasserscheide. Und wenn sie darüber kommen, da fahren sie dahin, wo der Mensch ist. Und wenn sie kommen, dann erschrecken sie ihn, und wenn sie ihn erschreckt haben, da können sie sich augenblicklich festsetzen; aber wenn man so unerschrocken ist, daß man nicht bange wird, da können sie sich nicht festbeißen, dann fahren sie in einen unschuldigen Menschen und fangen an, ihn zu plagen; doch töten sie ihn nicht, sondern plagen ihn nur, und die sind leicht zu beschwören.

Ein wenig Rat gegen die Teufel oder Geister, von denen oben erzählt worden ist

Man soll, wenn man glaubt oder weiß, daß nun ein Geist kommt, drei Holzstöße anzünden und durch sie hindurchgehen, dann können sie einen nicht verfolgen. Und ein anderer Rat: Der, welcher Quecksilber in einer Feder hat, in der Wurzel der großen Flügelfeder, der soll das immer bei sich haben, und wenn man es bei sich hat, dann kann der Mensch nicht von ihnen besessen werden. Und wenn man anfängt zu fühlen, daß man einen Geist in sich hat, dann soll man das Vaterunser in drei Sprachen beten, dann können die Toten einem nichts anhaben. Und wenn man Bibertestikeln hat, dann können sie dem Menschen nichts anhaben, der die hat.

Da war ein *Noaide,* den auch ich (J. Turi) gesehen habe, dessen Name war Johann Goven. Und er wohnte in Kistrand, Porsanger, in Norwegen. Und er war allerdings ein starker *Noaide,* und er kam weit umher an der Küste von Norwegen und war in Ivgo (Skibotn) zu allen Marktzeiten. Und er war so, daß er kranke Leute kurierte. Und zur Marktzeit kamen viele Leute zusammen. Und es ist klar, da, wo viele Menschen und viele Arten sind, da ist auch die Art, daß sie von dem Eigentum anderer stiehlt. Und da kam es zur Kenntnis der Leute, daß Goven so war, daß er die Diebe dazu bringen konnte, das Diebesgut zurückzugeben. Und dann allmählich, als die Diebe stahlen, da gingen die Bestohlenen immer zu Goven und erzählten, was gestohlen worden war, und dann ließ er den Dieb es zurückbringen; wie weit der auch gekommen war, so mußte er dennoch zurückkehren, mochte es ein Lappe sein oder ein Norweger. Und dann zuletzt machte er die Diebe so bange, daß sie nicht mehr zu stehlen wagten, wenn sie wußten, daß Goven gekommen war. Und Kranke zogen auf den Markt, um Goven anzutreffen, damit er sie möglicherweise heilen sollte. Und er kurierte viele Kranke ohne Medizin. Und er gebrauchte auch ein wenig Medizin, aber er heilte die meisten ohne Medizin. Und er bannte Geister aus den Leuten. Auch habe ich nicht gehört, daß er irgendeinem Böses getan oder irgendeinem einen Geist zugesandt haben soll, selbst wenn er wohl gekonnt hätte, wenn er wollte.

Einmal stahl ein Norweger etwas von einem Lappen, Fleisch und Felle. Und dann waren sie viele in einem Boot und zogen von dannen, der Dieb und die andern. Und da merkte der Lappe, daß eben ein Dieb Sachen von ihm gestohlen hatte. Und da ging er zu Goven hin und bat ihn, ihm Hilfe zu leisten, und da fing er an. Und da war das Boot viele Meilen gefahren, ehe es ihm gelang, es in seine Macht zu bekommen. Aber dann ging das Boot freilich nicht mehr vorwärts, nicht im geringsten. Und dann waren sie gezwungen zurückzukehren, obwohl sie viele schuldlose Leute waren. Und der Dieb mußte das Diebesgut zurückbringen. Und dann konnten sie ja wieder weiterkommen. Und er trieb viele solche Künste mit den Dieben.

Und eine *Noaiden*-Kunst ist so, daß man Schaum von dem Mund eines toten Menschen nimmt, und dann tut man den in eine Flasche. Und dann geben sie es einem Menschen, und dann stirbt der Mensch. Und es ist so: Wer angefangen hat, dergleichen zu gebrauchen, der ist gezwungen, fortwährend irgendeinem Menschen davon zu geben, ehe zwei Jahre verstrichen sind. Und wenn er nicht dazu kommt, vor Ablauf jedes zweiten Jahres einem Menschen davon zu geben, dann beginnt es, ihn selbst zu plagen, und schließlich tötet es ihn. Und darum sind sie gezwungen, ihr Leben zu retten, indem sie einem zufälligen Menschen davon geben. Und das kann man tun, es einem beliebigen, unschuldigen Menschen geben. Und sie brauchen auch die Zähne von den Toten und Kirchhofserde oder Sand. Und das geschieht auf dieselbe Weise und wird auf dieselbe Weise gebraucht wie die vorigen Künste. Und darum sind diese Künste böse und gefährlich, da man dazu kommt, auch den zu töten, den man nicht töten wollte, und darum ist es eine gefährliche Sache. Aber es wird hier bei den Lappen noch aus dem Grunde gebraucht, weil es leicht ist; auch kann niemand es abwenden, nicht einmal ein *Noaide*. Aber wenn sie gleich dazu kommen, es alles wieder von sich zu geben, dann kann der Mensch wohl leben bleiben, der diese oben erwähnten Dinge getrunken hat. Eine andere häßliche Kunst ist, daß es einem auf alle Weise gut ergehen soll — daß die Herde groß wird und man viel Geld einsammelt —, darum geloben sie sich selbst dem Bösen und zuweilen ihre Kinder. Und es ist nicht lange her, daß man zuletzt davon gehört hat, daß sie sich selbst dem Bösen gelobt haben. Und als die Zeit erfüllt war, da war der Teufel gekommen und hatte sie geholt. Aber der eine oder der andere ist dem Teufel doch entwischt, wenn er es Leuten erzählt hat und die Leute es dem Geistliche haben zu Ohren kommen lassen. Und der Geistliche hat angefangen, ihn zu unterrichten, und noch ein christlicher Mensch, der Bibelleser war. Und als sie den Teufel kommen hörten, da gingen sie ihm mit der Bibel entgegen und lasen einige Kapitel. Und da bekam der Böse keine Macht. Dann fuhr er von dannen, aber dreimal kam er, und die beiden machten es immer auf dieselbe Weise, wenn der Teufel kam, und da war er zuletzt gezwungen, den Menschen in Frieden zu lassen. Aber wenn da nicht solche gewesen wären, dann hätte der Teufel ihn geholt. Einmal hat ein Mann gesehen, daß der Teufel einen Menschen holte. Und er führte ihn in die Höhe gehoben von dannen, so daß er hin und wieder gerade die Baumwipfel berührte. Und er hatte ihn nur mit dem Nagel seiner Hand gefaßt, den er in die Hautfläche des Mannes eingehakt hatte. Und der Teufel hatte zu einem Menschen gesagt, der in der Nähe ging, daß der Mensch, den er holte, bis ans Ende der Welt in derselben Stellung leben sollte und erst dann das allgemeine Gericht hören sollte, das da kommt.

GESCHICHTEN UND SAGEN

Von Stallo

Und die *Stallos,* das sind Leute, die halb Mensch und halb Kobold oder Teufel sind. Er war stark und war sehr zauberkundig. Und Jettanas war fast von derselben Art; aber er haßte nicht die Menschen so wie Stallo. Stallo tötete Menschen und fraß sie. Jettanas war stark, er war auch groß, und auch er war *Noaide.* Die beiden kämpften oft, und sie wanderten auch zusammen. Einmal gingen sie zu einem Goldbaum hin, um goldene Blätter zu pflücken, und sie hatten nicht mehr als ein Auge, und das war noch dazu Jettanas'. Stallo hatte keine Augen mehr, seit damals, als sein Knecht sie ihm aussengte[1] (Stallos Knecht hat heißes Zinn in Stallos Augen gegossen, als er ihm diente, und seit damals war er blind); und nun konnte er deshalb nicht sehen; aber weil Jettanas ein Auge hatte, halfen sie sich damit. Und ein kleiner Junge ging mit, um zu sehen, wo die Goldbäume waren. Und da kletterte Stallo in den Goldbaum hinauf und fing an, Goldlaub zu sammeln; und da konnte er nicht sehen, weil er das Auge nicht hatte, und da bat er Jettanas, ihm das Auge zu geben, damit der sehen könne, um die Blätter zu nehmen. Und da reichte Jettanas ihm das Auge, aber der Junge schnappte es weg, und Jettanas meinte, daß Stallo es nahm; da bat Stallo, daß er ihm schnell das Auge wiedergeben sollte, und Jettanas sagte: »Ich habe es dir ja schon gegeben!« Und da entstand Zänkerei zwischen ihnen, und sie wurden wieder zornig und

[1] Bezieht sich auf eine unter den Lappen allgemein bekannte Geschichte von Stallo und seinem Knechte. Sie wird mit verschiedenen Abweichungen erzählt.

prügelten sich, bis sie alle beide platzten. Und der Junge nahm die goldenen Blätter, so viele er tragen konnte. Aber später fand der Junge den Ort nicht wieder. Die Stallos und die Jettanas verbargen den Ort.

Wenn man die toten Stallos holte, so kehrten sie wieder ins Leben zurück, wenn sie in ihre Häuser kamen. Ihr Leben war in einem kleinen Hause, und inwendig darin war eine Tonne, und in der Tonne war ein Schaf, und darin war ein Huhn, und inwendig darin war ein Ei und in dem Ei das Leben.

Die Stallos einigten sich untereinander, daß der eine nicht auf des andern Gebiet gehen durfte; auch durfte der eine nicht zu den andern gehen. Sie hielten sich bei Stallojaure (Tuollujärvi) auf, als sie das Gesetz machten, und jeder von ihnen hielt das Gesetz.

Erzählung von Stallo, der bei Stallojaure gewohnt hat

Und von dem Wohnplatz dieses Stallo hat der See seinen Namen bekommen, und Spuren findet man noch da. Stallo wohnte an diesem selben Stallojaure, und er hatte Frau und Sohn und Tochter, und sie fingen Fische und wilde Rentiere und die Rentiere der Lappen. Und Stallo war zauberkundig oder *Noaide*, und seine Frau war ebenso, und sie hatte ein eisernes Rohr, womit sie die Kraft der Leute wegsog, wenn sie in Gefahr kam. Und wenn sie sich dann doch nicht retten konnte, dann sog sie auch das Leben weg, wenn das dann nicht solche Lappen waren, die zaubern konnten. Wohl sind da viele Lappen gewesen, die zauberkundig gewesen sind, die Eisen und Kugeln verhexen konnten.

Die Stallos töteten Menschen und fraßen Menschen, und die Leute fürchteten die Stallos und gingen um die

Orte herum, wo die Stallos wohnten. Und dieser Stallo wohnte auf Stallojaures engster Stelle. Und da ist ein Berg an der Westseite des Sees, und der Berg war Stallos Hauptaufenthaltsort. Und wenn die Lappen an diesen Berg kamen, dann tat Stallo den Lappen beständig irgend etwas Böses an. Zuweilen tötete er Rentiere, und zuweilen wurden die Lappen auf den Bergen krank. Und da fingen die Lappen an, den Berg Goarttavare (Zauberberg) zu nennen, weil da auf allerlei Weise Zauber wirkte; zuweilen blieben Rentiere fest in Felsklüften hängen, zuweilen wurden die Rentiere lahm und ebenso die Menschen, und zuweilen verschwanden Menschen und Rentiere. Und daher fingen die Lappen an, den Berg Goarttavare zu nennen, und so heißt er noch. Und der erste Wasserfall, da, wo der Fluß aus dem Stallojaure herausgeht, da ist ein kleiner See, wo Stallo immer fischte. Durch den Wasserfall hat Stallo einen Bootweg gegraben und so große Steine hingewälzt, daß die jetzigen Menschen sie nicht von der Stelle rücken können, wenn sie auch zwanzig Mann wären. Man würde es auch gar nicht glauben, wenn da nicht Spuren wären, woran man sieht, daß es wahr ist. Und aus dem Grunde heißt auch der Wasserfall der Stallofall, und er hat noch denselben Namen.

Und der Berg, der an der Ostseite von Stallojaure ist, dem hat Stallo seinen Namen gegeben. Stallo hatte von den Uldas gehört, daß in dem Berg viel nach Erz gebohrt wurde, und darum fing Stallo an, den Berg Bohrberg zu nennen, und diesen Namen hat er noch. Und oben auf dem Bohrberg ist ein See, dessen Name Vatnimajaure (Verrenksee) ist, und der hat seinen Namen davon bekommen: Wenn die Lappen auf der Wanderung sind und über das Ufer hinauf wollen, da ist dies so steil, daß die Rentiere nicht imstande sind, die Schlitten zu ziehen, dann verrenken sie sich, und darum hat der See den Namen bekommen. Südlich von Stallojaure an der Westseite ist ein Berg, dessen Name Paccajägil ist, und der hat den Namen bekommen, weil da die besten Rentierflechten gewesen sind, und da sagte man, daß auf dem Berg noch Flechten übrig wären, und da bekam er den Namen *Paccam Jägil* (= übriggebliebene Flechten), und das ist noch sein Name: Paccajägil. Und diese Wohnplätze der Uldas sind am Abhang des Goarttavare, gerade gegenüber von Coalmis (Salmi), und da ist noch eine Felsschlucht oder ein Loch, und in dem Loch haben die jetzigen Menschen auch Ziegen verloren, zehn, und eine Zeit darauf nur die Knochen gefunden. Und derselbe Ort, glaubt man, kann auch dem helfen, der ihn anbetet, mit ihm spricht und etwas gibt.

Erzählung davon, wie es dem Stallo ging, der an dem Ufer des Stallojaure wohnte

Als ein christlicher Lappe auf der Wanderung begriffen war, kam er in die Kote dieses Stallo. Der Lappe hatte eine schöne Tochter und einen Sohn, und der Lappe war müde und auch hungrig. Und Stallo gab ihm von seinen Speisen zu essen, und er aß, obgleich er nicht recht konnte, weil Stallo viele Menschen in diesem Kessel gekocht hatte; aber er war gezwungen zu essen. Und als er gegessen hatte, fragte Stallo: »Gibst du deine Tochter meinem Sohn?« Und er wagte nicht, sich zu weigern, und versprach ihm seine Tochter. Und sie verabredeten, wann sie Hochzeit halten sollten. Damals war kein Aufgebot zu bestellen, sie taten nichts weiter, als daß sie einig waren und sich die Hände gaben, und dann war dies in Ordnung. Und da der Lappe wußte, wo die Uldas wohnten, und da er mit den Uldas bekannt war, da ging er zu ihnen hin und bat um Rat, weil es ihm so sehr zuwider war, seine Tochter Stallos Sohn zu geben. Und als er nach der Wohnung der Uldas kam, sagte die Ulda-Großmutter gleich: »*Voi, voi,* daß du dem Stallo deine Tochter als Schwiegertochter gegeben hast.« Der Lappe sagte jedoch: »Weißt du nicht einen Rat?« Ulda antwortete: »Ich weiß es nicht sicher, aber wenn du hierherkommen willst, wenn du nach Stallos Kote gehst, dann will ich dir raten.« Der Lappe ging nach Hause und da erzählte er seinem Hausstand, wie die Sache jetzt stand. Und da zogen sie von dannen, um Hochzeit zu halten. Und als sie gingen, da kamen sie zu den Uldas. Die rieten ihnen: »Ihr sollt auf der Nachtseite (Nordseite) des Goarttavare gehen; Stallo hat wohl davon geträumt, daß ihr von der Nachtseite des Berges kommt, da ist das gefährlich. Und er fragt euch gleich, von welcher Seite des Berges ihr kommt, von des Berges Nachtseite oder Tagseite (Südseite)[1]. Sie antworteten: »Wir kommen von der Tagseite.« Und da fürchtete er sich nicht. Und sie fingen an, Hochzeit zu halten, und sie hängten zwei große Kessel über das Feuer. Und als das Fleisch gekocht war, da hob der Sohn des Lappen den einen Kessel nieder, auf den Knien sitzend, und Stallo sagte zu seinem Sohn: »Heb auch du den Kessel auf den Knien, so wie der andere Bursche es getan hat.« Und als er anfing den Kessel zu heben, sagte seine Braut: »Soll ich dir nicht helfen?« Und Stallo sagte: »Er ist stark genug, er kann allein heben.« Und als er dann anfing, ihn aufzuheben, griff die Braut in den Kesselhenkel, wie um zu helfen, und sie hob ihn so hoch, daß sie die heiße Suppe durch die Brustöffnung in den Pelz des Bräutigams hineingoß, und er verbrannte sich den den Magen und die Geschlechtsteile. Und er sagte nicht, daß er sich so arg verbrannt hatte. Und da

[1] Hier muß man annehmen, daß die Lappen dann nach Stallos Kote gegangen sind und daß er die Frage gestellt hat.

fingen sie an zu essen. Und es waren viele Lappen zur Hochzeit gekommen, und sie aßen und tranken; aber der Bräutigam, der am Sterben war, der aß nichts; er ging hinaus und legte sich hin, und die Braut setzte sich an seine Seite; sie sah ja, daß er nicht leben konnte. Und da gingen sie hinab auf den See, um zu spielen, so wie das Brauch unter den Lappen war in alter Zeit, zu spielen, wenn sie das Hochzeitsmahl gegessen hatten. Und die Lappen hatten viele Löcher in das Eis gehauen und sie mit Schnee zugedeckt und große Knittel darauf gelegt. Und da machten die Frauen viel Scherz untereinander und kochten Tränke, bis die Männer zurückkamen. Die Frauen der Lappen wußten wohl, welche Künste geschehen sollten. Sie wußten, daß Stallos Frau ein gefährliches eisernes Rohr hatte; wenn sie anfing, damit zu saugen, dann war Not am Mann. Und darum stahlen sie ihr eisernes Rohr und steckten die Mündung in die glühenden Kohlen. Und dann lausten sie einander die Köpfe. Und die Männer spielten draußen auf dem See. Stallo hatte seine Augen bedeckt, und die andern liefen rundherum und berührten seinen Pelz, und Stallo schnappte nach ihnen. Und wenn er einen fing, dann sagte er: »*Njauka, njauka,* ja wahrlich kriege ich eine frische Mahlzeit, das soll Abendbrot sein.« Und er biß ein Stück aus den Kleidern, selbst wenn auch Fleisch zwischen die Zähne kam; er biß so tief, wie er fassen konnte; und dann liefen sie noch stärker. Und wenn er dann wieder einen gefangen hatte, dann sagte er wieder: »*Njam, njam,* gut war es, daß ich einen kleinen Morgenimbiß bekam.« Und er biß so, daß Fleisch zwischen die Zähne kam, und freilich tat das sehr weh, und böse wurde er auch. Und da liefen sie, bis sie es so weit brachten, daß Stallo in ein Loch fiel, und da fingen sie an, ihn mit Knütteln auf den Kopf zu schlagen. Stallo fing an, seine Frau zu rufen: »So, das Saugrohr her!« Und als sie die Stimme ihres Mannes hörte, da fing sie an, nach dem Rohr zu suchen, und fand es nicht. Und sie hörte, daß Stallo in Not war. Da sagte die Frau, die sie lauste: »Was ist das, was da im Feuer brennt?« Und als Stallos Frau das Rohr erblickte, da riß sie es an sich und sog das brennende Rohr, und den Hals bekam sie voll glühender Kohlen, und sie verbrannte den Hals und den Magen, so daß sie auf der Stelle starb. Und der Lappe und seine Kameraden schlugen Stallo, bis er starb. Und der Sohn war um dieselbe Zeit gestorben wie die Mutter. Und Stallo lebte ein wenig länger. Und als Stallo starb, suchten sie Steine und banden sie um Stallos Hals und versenkten ihn in ein Loch im Eis. Und darum ist der Stallojaure der fischärmste See. Und Stallos Frau und Sohn sind an der Ostseite des Sees begraben. Und da ist noch die Grabstätte. Und die Erde ist so verflucht, daß alle Menschen ein wenig angesteckt werden, und sie werden so zanksüchtig untereinander, daß sie schlimmer sind als irgendein anderer Mensch in der Nähe.

Von Bure Laura und Stallo

Als der Greis Bure Laura mit der *Sida* nach Süden über Polno zog — Stallo wohnte dort am Wege —, und als Bure Laura umzog, steckte Stallo ein Glockenrentier fest zwischen zwei Zweigen in einen Baum, um andere Rentiere herbeizulocken. Und als Bure Laura hörte, daß Stallo das getan hatte, da ging er hin, und da fingen sie an zu ringen. Und da zerbrach er erst Stallo einen Finger. Und als Stallo ihn nicht recht unterkriegen konnte, fing er an zu beißen. Und Bure Laura verbat sich das: »Brauch keine Hundekünste!« Da hörte er auf zu beißen und fing an »Rakas« (Stallos Hund) zu rufen; aber der war angebunden — wenn der los gewesen wäre, hätte er wohl einen Menschen totbeißen können; aber als auch das nicht half, da kämpften sie weiter. Und da brach Stallo sein eines Bein, und da kriegte Laura Stallo unter sich, und er zerbrach Stallo einen Arm. Und dann fing er an, ihn zu zerteilen. Und da sagte Stallo: »Stich mich mit meinem eigenen kleinen, silbernen Messer und nicht mit deinem verrosteten Ding!« Aber das tat Laura nicht; er wußte, daß Stallo sein Messer verhext hatte. Und als er ihn getötet hatte, da fing er an, mit Stallos eigenem Messer zu schneiden, und da ging das Fleisch gleich wieder zusammen; und da versuchte er, Stallos Körper wieder mit seinem eigenen Messer zu zerteilen, und da ging er voneinander. Und da band er mit Weidenzweigen die Stücke von Stallo in ein Bündel, und dann zog er es in den See. Und darum hat der See noch grünes Wasser (von verfaultem Fleisch). Und einen Teil kochte er in Stallos eigener Kote. Und er zog Stallos Bart und ganzes Äußere ab und zog das selber an. Und als Stallos Weib kam — sie war auf der Reise gewesen —, gab er ihr zu essen, und das Weib sagte: »Warum mir das wohl so schmeckt?« Und Laura hatte einen eisernen Keil in das Feuer gelegt. Und er saß neben Stallos Weib, und sie glaubte, daß es nur Stallo wäre, und dachte nicht an Furcht. Das Weib war noch stärker als Stallo selbst. Da plötzlich riß Laura das heiße Eisen heraus und steckte es der Frau in den Mund. Und da kam es wieder zum Kampf. Und mit Not und Mühe überwand Laura das Weib; aber er wurde ihr doch über. Und als er sie getötet hatte, verbrannte er das Weib und die Kote und nahm die besten Sachen, die Stallo von den Lappen geraubt hatte. Der Hund war das letzte, was auf Beski (das ist der Name des Ortes) getötet wurde.

Rimagalles

war der größte Stallo. Es war eine halbe Elle zwischen seinen Augen, und er hatte einen schrecklich langen Bart, und er war allein, und er war friedlich. Er haßte die Lappen nicht und tat niemand etwas Böses, und er war auch *Noaide.* Aber die Lappen trauten ihm doch nicht recht. Sie sprachen untereinander davon, wie sie ihm das Leben nehmen könnten. Und die Rede ging weit umher über ganz Lappland von Osten nach Westen, um zu hören, wo da solche waren, die mit diesem Rimagalles zu kämpfen wagten. Und in Jokmok waren da drei, ein Starker, ein Schneller und ein Eisenkundiger (einer, der Eisen verhexen konnte), die da hingingen, um mit Rimagalles zu kämpfen. Und als sie am Abend Feuer angemacht hatten, da sprachen sie darüber, daß sie morgen den Abstand zwischen Rimagalles' Augen messen wollten. Und Rimagalles hörte selbst, worüber sie sprachen. Und als sie schliefen, verhexte er ihren Hund, so daß er nicht bellen konnte, und selbst ging er an das Feuer und legte einen eisernen Spieß in das Feuer, um ihn glühend zu machen. Und als er weißglühend gebrannt war, da stach er ihn durch die beiden, durch den Schnellen und den Eisenkundigen. Und den Starken ließ er am Leben, nur zerbrach er seinen Arm. Und da befahl der Starke: »Fache das Feuer an, so daß ich sehen kann, wie du zwischen den Augen bist.« Und als er das sah, sagte er: »Ho, ho, du bist auch nicht wie ich.« Denn es war eine halbe Elle zwischen Rimagalles' Augen. Da gebot dieser dem Starken: »Geh heim und komme dann mit mehreren wieder!« Und da ging er zurück. Und dann kamen das nächste Mal neun Männer, und Rimagalles wußte gleich, daß sie auf dem Wege waren; er war *Noaide.* Und er ging hin, um am Flußufer, dem obersten Ende von Rautasjaure, aufzupassen. Und als sie im Begriff waren, über den Fluß zu waten, und alle ins Wasser kamen, da schoß Rimagalles mit dem Bogen durch sie alle hindurch; nur einer blieb halb tot am Leben. Und der Pfeil ging noch weiter, auf der andern Seite des Flusses kreischte er in die Erde hinein. Der neunte ging nach Hause. Rimagalles hat so ein Gesetz, daß er immer einen leben läßt, der Botschaft bringt, und er befahl ihm, noch mehr zu bringen. Aber als der neunte sah, daß er so vollkommen schoß, daß der Pfeil noch weiter ging, da wagte er nicht mehr zum Kämpfen zu kommen.

Noch einiges von den Stallos

Die Stallos waren groß, und wenn Menschen (Lappen) kamen, dann schämten sich die Stallos darüber, daß sie so groß waren und die andern Menschen hier so klein und so hübsch. Und die Stallos waren unzulänglich darin, sich zu vermehren, auch hatten sie wenig Weiber[1]. Sie lebten meistens von wilden Rentieren und Bären und andern wilden Tieren.

Erzählung von einem Stallo und einem Lappenmädchen

Ein Stallo war Junggeselle, und er wanderte zuweilen mit den Lappen. Und da fing er an, sich in einer *Sida* aufzuhalten, die ungewöhnlich reich war. Und dieser Lappe hatte eine Tochter, und Stallo warb um dieses Lappenmädchen, und das Mädchen fing auch

[1] Die Stallos haben auch wenige Weiber, weil sie sehr oft ihre Frau und ihre Kinder auffressen; mit Vorliebe fressen sie die Frau, wenn sie von lappischer Herkunft war, »ihre eigenen schmeckten wohl ein wenig schwefelig.« (Turi)

an, Gefallen an dem Stallo zu finden. Und der Vater des Mädchens war sehr dagegen. Er wußte nicht, wie er seine Tochter von Stallo fortbringen sollte. Aber dann ersann er ein Mittel. Er wartete, bis Stallo ausging, um wilde Rentiere zu fangen, so wie es ihre Sitte war. Da machte der Lappe alles zum Weiterziehen bereit. Und als sie von dannen zogen, sagte er zu seinem Schwiegersohn: »Ich ziehe weiter, wenn du lange fortbleiben solltest, aber ich hinterlasse das Mädchen und die Schlachtrentiere für euch.« Und als er weiterzog, band er die Rentiere für seinen Schwiegersohn an, und die Kleider des Mädchens zog er über einen trockenen Baumstumpf und ordnete alles sorgfältig und brachte Zweige darunter an, unter dem Schnee. Als Stallo später vorüberging, trat er auf diese Zweige und meinte, daß sie lebendig seien, weil die Zweige, die unter dem Schnee verborgen waren, den losen Baumstumpf bewegten. Und als er das Essen fertig hatte, da rief er seine Braut zum Essen herein. Aber als sie nicht kam, sagte er: »Komm, wann du willst, dann esse ich eben allein.« Als die *Sida* weiterzog, hatte sie viel Löcher in das Eis auf den Wegen gehauen, und sie überdeckten das, wie sie es früher zu machen pflegten, wenn sie Verfolgung fürchteten. Und als Stallo schlafen wollte, da rief er wieder nach seiner Braut: »Komm und schlaf!« Sie hatten schon oft früher zusammen geschlafen. Als die Braut nicht zu ihm kam, da lief er hin und packte sie und trug sie an seine Seite, und er fing an, in der Brustöffnung des Pelzes herumzutasten, und wer weiß, wo er hintastete, als er merkte, daß es nur ein eingekleideter Birkenstumpf war. Und da wurde er so böse, wie die Stallos rasend gewesen sind, wenn sie böse wurden, und dann haben sie nicht gewußt, was sie zuerst anfangen sollten. Und dieser Stallo wußte auch nicht, daß er sich erst hätte ankleiden sollen und dann nachher ausziehen, um die *Sida* zu verfolgen; aber er war von derselben Art wie die andern Stallos. Er lief nackend den Weg entlang, und weil da viele Löcher gehauen waren, so lief er in der Dunkelheit in ein Loch, und er kam das erstemal wieder heraus, und lief dann weiter und fiel in das nächste Loch und kam wieder heraus, lief noch schneller und fiel wieder hinein. Und nun war er halb erfroren und konnte nicht herauskommen, und dann erfror er ganz. Und dann gingen sie, um zu sehen, wie es gegangen war, und das Mädchen ging auch mit, um zu sehen. Und da fanden sie ihn, wie er erfroren war, und der arme Geschlechtsteil war vorstehend erfroren, und das mochte seine Braut doch nicht, als sie das sah, daß ihr Bräutigam erfroren war, und da sagte sie: »*Voi, voi,* wie das arme Ding erfroren ist!« Und sie weinte fast. Sie hatte angefangen, Gefallen an dem Stallosohn zu finden, und sie hätten geheiratet, wenn es ihnen geglückt wäre. Aber der Vater schied seine Tochter von Stallo auf die Weise, daß er ihn so verstümmelte, wie oben erzählt worden ist.

Die Stallos sind jetzt fast alle verschwunden; aber es leben doch noch einige Lappen, die mit Stallos verwandt sind. Und das ist auf die Weise zugegangen: Wenn sich die Stallos mit einem Lappenmädchen verheiratet haben, da sind einige Menschen halb Stallo und halb Mensch geworden, und sie sind ein wenig anders als andere Leute von Aussehen und Natur.

Von den Ruoša-Tschuden

Die beste Zuflucht des Lappen ist, wenn er fliehen und sich vor andern Menschen verbergen kann. Und darum haben die Lappen in der früheren Zeit Koten auch unter der Erde eingerichtet und sich dort verborgen. Die Lappen haben viele Feinde, so auch die *Ruoša-Tschuden,* welche über Lappland streiften und alles töteten, was sie fanden, und all die Besitztümer nahmen, die sie antrafen. Und darum haben sie auch Silber und Gold in der Erde versteckt. Und es ist noch viel in der Erde hier oben. Und die *Ruošas* haben auch Geld in der Erde versteckt, in Lapplands Erde.

Und schließlich fingen die Lappen an, daran zu denken, wie sie möglicherweise die *Ruošas* umbringen konnten. Endlich erfanden sie das Mittel, daß sie viele *Ruoša-Tschuden* töteten.

Eine Begebenheit, die ich vollständig gehört habe, wie *Ruoša-Tschuden* auf Tschudebuolča umgekommen sind. Der Bergrücken hat den Namen davon bekommen, und er hat heute noch diesen Namen. Es fängt also an: Da ist ein Bergrücken, und die *Ruošas* kommen an ihm entlang, und von dem Bergrücken läuft das eine Ende in ein großes Vorgebirge aus. Und da sind viele solche Inseln, die das Volk irreführen. Sie sind so hoch wie der Bergrücken, und da sind viele Inseln Seite an Seite. Und als die *Ruošas* an das Ende des Bergrückens kamen, da begegneten sie einer alten Frau, und sie sagten, sie sollte sie zu den Leuten bringen. »Wir tun dir nichts.« Die alte Großmutter sagte: »Sie fliehen, wenn sie euch kommen sehen; aber wenn ihr versprecht, mich als Wasserträgerin oder Dienstmädchen anzunehmen, damit ich leben kann, will ich euch raten.« Als die *Ruošas* das hörten, da gefiel ihnen das, und sie versprachen, sie zu nehmen, und sie sagten: »Das ist ein Führer für uns.« Da fragten sie: »Wie meinst du, daß es am besten zu machen ist?« »Ich meine, zu warten, bis sie schlafen; die Lappen sind so schnell im Laufen und Schwimmen, daß ihr sie nicht erreicht, wenn sie uns bemerken.« Die *Ruošas* sagten: »Das wird wohl so sein, wir warten.« Da warteten sie, bis es dunkel wurde. Und da nahm das Mütterchen ihren Mantel aus Birkenborke um, der also verfertigt war: Es waren Fetzen von gegerbtem Fell, worin Luft war, auf die Birkenborke festgenäht. Der war ausgezeichnet zum Schwimmen. Den hatten die Lappen schon in alten Zeiten erfunden. Und die *Ruošas* verstanden gar nichts davon. Da erzählte sie, daß sich einige auf einer Insel und einige am Strande aufhielten, und sie sagte: »Wir werden wohl ein wenig waten müssen. Könnt ihr schwimmen?« Die *Ruošas* sagten: »Das können wir wohl.« Die *Ruošas* fragten: »Kannst du?« »Ich kann ein wenig«, antwortete die Frau. Und dann kam ein Nordwind. Die Frau sagte: »Ich werde wahrscheinlich Feuer von Birkenrinde anzünden müssen, damit ihr mich sehen und mir folgen könnt.« Den *Ruošas* gefiel dieses wieder, und sie versprachen, der Frau zu helfen, wenn sie nicht mehr aushalten könnte zu schwimmen. Das Mütterchen hatte eine große Mütze. Und da sie sah, daß der Nordwind sehr hart war, da würde es wohl gehen. Da sagte sie: »Jetzt gehen wir; jetzt schlafen sie wohl, die Lappen; und da es harter Wind ist, so hören die Lappen uns nicht.« Und wieder gefiel den *Ruošas* das. Und da zogen sie von dannen und schwammen an die erste Insel. Und dahin kamen sie sehr leicht. Und dann zogen sie weiter. Und dann zündete sie ein großes Bündel Birkenborke an, und dann fing sie an hinauszuschwimmen. »Aber ihr müßt nicht gleich kommen, ihr, die ihr so schnell schwimmt. Ich bin langsam, es ist langweilig für euch, zu warten, bis ich weiterkomme«, sagte die Frau. Sie taten das, und die Frau zog von dannen. Und als das große Borkenfeuer brannte, da sahen sie es weithin. Als sie es sich entfernen sahen, da zogen sie auch von dannen. Und die Frau ließ das Birkenbündel fahren, und es brannte. Und ihre eigene Mütze ließ sie auch schwimmen, und der Wind führte sie am See entlang. Und die Frau schwamm selbst an das nächste Ufer. Und die *Ruošas* folgten dem Borkenfeuer. Und der

Wind führte das Borkenfeuer so schnell weiter, daß sie es nicht einholten, ehe sie mitten auf dem breitesten See waren. Da holten die Schnellsten es ein und fanden die Mütze der Frau. Und als sie die fanden, da sagten sie: »Sie ist ertrunken.« Da fingen sie an zu suchen und schwammen hierhin und dorthin in dem See, bis sie ermattet waren und allesamt erfroren und da umkamen. —

Es kam ein *Ruoša-Tschude* an einen Ort, wo er wußte, daß Leute in der Nähe waren, und sie fingen an zu suchen und fanden die Koten, und die Leute waren weggezogen. Aber ein mutiges *Noaiden*-Weiblein war nicht bange; sie wartete. Sie hatte sich schon ausgedacht, was sie machen sollte. Und als sie zu den Koten kamen, da sahen sie, daß da keine Leute waren, und sie fragten: »Wo sind die Leute?« Das Weib antwortete: »Sie sind in die Stadt gegangen. Da ist nun die Versammlungszeit, und da sind viele Feste.« Als die *Ruošas* das hörten, da befahlen sie ihr, sie dahin zu führen, und sie sagte: »Ich will euch wohl dahin führen.« Aber die *Ruošas* waren sehr hungrig, und das Weib hatte viel Essen. Und sie gab ihnen das ganze, und sie wollten noch mehr Essen haben, und sie sagte: »Ich habe nicht mehr, ehe ich hingehe und es hole.« »Heute?« fragten die *Ruošas*. »Heute, ja.« »Wenn du heute gehst, gehen wir auch«, sagten die *Ruošas*. Das Weib antwortete: »Ihr könnt nicht vorwärts, es ist ein so enger Weg, daß ihr in der Dunkelheit nicht vorwärts kommen könnt.« Und die *Ruošas* bekamen große Lust. Sie schickten sich an, gleich zu gehen. Aber da sagte das Weib: »Wenn ihr mir nun folgen wollt, dann sollt ihr einen Strick von hier mitnehmen.« — Und die Lappen hatten Stricke aus Rentiersehnen gemacht, die fein und stark waren. — Und sie sagte: »Dann müßt ihr euch alle zusammen an den Strick binden, auf dem engen, gewundenen Wege.« Und sie taten also. Und als sie an die Stelle kamen, da befahl sie ihnen, nun sich um den Hals zusammenzubinden, und sie sagte: »Wartet ein wenig, ich gehe, um die Wege zu untersuchen.« Und sie hatte viel Birkenborke mitgenommen. Und als sie vor ihnen herging, da zündete sie Feuer von vieler Rinde an und warf es hinunter in die Schlucht. Und dann band sie den Strick um einen großen Stein, und eine Stange war an der Seite, womit sie ihn bewegte. Und als sie das fertigbekommen hatte, ging sie zu den *Ruošas* hin und sagte: »Jetzt gehen wir, da ist Licht in der Stadt, ich ging so weit, daß ich es sehen konnte!« Und als sie an den Abhang kamen, da sagte sie: »Könnt ihr die Stadt sehen?« »Ja, das können wir.« (Sie hielten die brennenden Rindenstücke für die Lichter der Stadt.) Das Weib sagte: »Nun sollt ihr schnell laufen, hier ist ein hoher Abhang, ich laufe nun so sehr, wie ich kann.« Und als sie an den Stein kamen, den sie vorbereitet hatte, da schlang sie den Strick fest um den Stein, und mit der Stange stürzte sie den Stein hinab. Und dann fingen sie an, so schnell zu laufen, wie es möglich war. Und der letzte begann zu ahnen, daß dieses Unternehmen nicht glücklich war; aber er vermochte nicht stillzustehen, auch gelang es ihm nicht, das Band durchzuschneiden. Und da stürzten sie alle zusammen da hinab. Das Weib ging am Morgen hin, um zu sehen, wie es gegangen war. Der größte Teil war tot, und ein Teil war nur verstümmelt, hatte aber noch ein wenig Leben. Und als sie das Weib sahen, da fluchten sie und wünschten, daß sie sie zu fassen kriegten. Und sie sah, daß sie nie wieder irgendwo umherstreifen würden. Und sie stürzte Steine herunter, so daß sie allesamt zerschmettert wurden. Und der Felsen ist noch rot, als wäre es Blut.

Erzählung von Giebosduoddars Namen, einem Berg nördlich von Gällivare

Als die Lappen wußten, daß die *Ruošas* in der Nähe waren, da hatten sie vor einer Schlucht ein Gerüst von Föhrenbäumen angefertigt und viele große Steine darauf gelegt; und eine solche Schießeinrichtung, die ist so leicht wie eine Büchse abzuschießen. Und sie hatten einige Leute, die erspähten, wo die *Ruošas* waren und wohin sie gingen, und sie wurden selbst gar nicht gesehen. Und dann sahen die Lappen, daß die *Ruošas* nun dahin kamen, wo sie sich aufhielten. Aber die Lappen hatten das Gerüst da, wo sie die Stellung hatten. Sie hielten sich da in der Nähe des Ortes auf. Und als die *Ruošas* an die Stelle kamen, da hinterließen die Lappen ein listiges *Noaiden*-Weib, gerade da, wo sie wußten, daß sie hinkommen würden. Und da kamen die *Ruošas* und fanden das Weib, und sie fragten: »Wo sind Leute, wenn sie nicht hier sind, obwohl hier doch Koten sind?« Das Weib antwortete nicht, weil sie hören wollte, was sie sagten. Da fingen sie an, ihr Lohn zu bieten, wenn sie sie zu Leuten führte. Und da versprach sie, sie zu führen. Und da ging sie mit ihnen und wanderte umher in den Bergen, bis es anfing dunkel zu werden, und da erst führte sie sie an die Schlucht, und dann sagte sie: »Nun müßt ihr die Schlucht entlanggehen, bis ihr Leute findet, aber ihr müßt Licht voran haben, damit ihr den Weg sehen könnt.« Und da gingen sie und gingen die Schlucht entlang in eine Ecke hin. Und als sie dort versammelt waren, da zogen sie es ab, die über der Schlucht waren, und da rasselte das Gerüst herunter, oder man nenne es eine Falle. Und sie kamen unter die Falluke und wurden alle zusammen totgeschlagen. Ein *Noaide* blieb halb tot zurück; er war ein Kugel- und Pfeilverhexer, sie mochten aus Eisen, aus Kupfer, aus Blei oder aus Silber sein. Und sie schossen viel auf ihn, doch konnten sie ihm das Leben nicht nehmen. Aber da nahmen sie den Schnabel der Lumme und schossen damit. Und da traf ihn der Pfeil, und da sagte er: »Alles habe ich gewußt und verhext, aber von dem Schnabel der Lumme wußte ich nichts, auch könnte ich den nicht verhexen.« Und dann fragte er: »Ist Bruder Giebo noch am Leben?« Aber er war schon tot, und der Berg bekam den Namen davon. Giebosduoddar ist heute noch sein Name. Die Lappen verstanden alles, was die *Ruošas* sagten. — Und das sind die letzten *Ruošas* gewesen.

Erzählung von Govare

Eine kleine Untersuchung darüber, woher der Name kommt und wie man darüber Klarheit bekommen hat.

Hier oben auf Torneträsk sind von Anfang an nur Lappen gewesen, und sie waren alle ungelehrt. Sie konnten nicht schreiben, auch nicht geschriebene Schrift lesen — damals waren da auch nicht viele Bauern, die schreiben konnten. Die Zeit verging, und dann kam ein etwas aufgeklärter Mensch, und sein Name war Gova. Und er gab kund, daß er vom König hierhergesandt sei. »Und ihr sollt mir gehorsam sein und mir Steuer von allen Menschen bezahlen, die sterben, und von denen, die geboren werden, und wenn ihr es nötig habt, dann will ich euch wohl helfen.« Und die Lappen glaubten ihm und taten alles, was Gova wollte. Wenn Leute starben, dann teilte er das Erbe. Und von den Kindern nahm er einen geringen Teil, und wenn die Frau starb, dann nahm er ein Fünftel, und wenn der Mann starb, dann teilte er sich ein Viertel zu. Und wenn

Kinder geboren wurden, dann nahm er auch einen kleinen Teil. Und er wanderte im Sommer mit den Lappen, und wenn es Winter wurde, dann ging er hinab (südwärts). Und er wurde reich, er nahm viel Besitz von den Lappen. An der Südseite (der schwedischen Seite) von der Grenze Norwegens fing er an, den Besitz zu nehmen. Kattuvuoma war sein Hauptarbeitsplatz. Und als nun wieder die Frau eines Mannes im Frühling gestorben war und Gova das hörte, da wollte er, daß sie teilen sollten, so daß er auch seinen Teil bekommen konnte. Und der Lappe sagte: »Ich teile noch nicht, ehe ich alle meine Sachen gesammelt habe, dann erst teile ich.« Und als es Winter wurde, da zog er hinab, um Aufklärung zu suchen, ob es wohl nicht ein besseres Gesetz gebe. Und er erfuhr, daß dieser Gova ein Betrüger war. Und als er zu den Leuten zurückkam, da erzählte er, daß Gova falsch war, und sie beratschlagten, was sie tun sollten. Und sie fanden den besten Rat, ihn an einen Baum zu hängen. Und sie taten das, und hängten ihn auf und begruben ihn auf einem Hügel. Und der Hügel wird Govabuolča genannt. An den Namen erinnern sich die jetzigen Menschen noch, die in diesem Jahr 1908 leben. Aber er hat nun einen andern Namen bekommen, Skattobuolča ist sein jetziger Name. Und darum hat er den Namen bekommen, weil das Tal Skattovuobme ist. Und Skattovuobme (=Kattuvuoma) hat den Namen davon bekommen, daß Gova sich in Skattovuoma aufhielt und dort Steuern *(Skat)* nahm. Der Name seines Anteils war Steuer. Und Govare und Gojaure und Gomuotke haben ihre Namen nach demselben Menschen bekommen, nach Gova, der sich an den Orten aufhielt und den Lappen-*Sidas* folgte.

Von den Uldas

Die *Uldas* sind die Menschen, die unter der Erde und in den Felsklippen wohnen, und sie stammen von dem Geschlecht, das unsere ersten Eltern unter der Erde unterbrachten. Die Uldas sind merkwürdige Geschöpfe. Es ist nicht gut zu wissen, was für welche sie sind, woher sie angefangen haben zu kommen, ob sie Menschen sind oder nicht; aber auch sie sind doch Adams Kinder. Und sie haben Rentiere, und ihre Rentiere sind viel schöner als die Rentiere der Lappen. Und die Rentiere der Uldas sind weiß und weißgefleckt und hellgrau und weißschnauzig und in jeder Weise schön. Und zuweilen zeigen sie sie den Lappen, solchen Lappen, die sie gern haben. Und sie geben auch, wenn man das tut, was man tun soll. Wenn man die Herde der Uldas sieht, darf man sie nicht aus dem Gesicht verlieren, ehe man dazu gekommen ist, Stahl über sie zu werfen, ein Messer oder auch nur eine Nähnadel; und wenn man dazu gelangt ist, es über sie zu werfen, dann bekommt man alle die, über die man Stahl geworfen hat. Und die Rentiere, die man von den Uldas bekommt, bleiben beständig ebenso bunt. Und wenn einer eine solche Herde mit vielen weißen und weißgefleckten Rentieren hat, pflegen die Lappen sie Uldasherde zu nennen. Und die Uldas finden nicht Gefallen an allen Menschen. Sie finden Gefallen an denen, die schwarzes Haar haben und redlich sind und sprechen können, daß es einem gefällt. Einige Uldas sind sehr tüchtig im Joigen; das hören die Lappen oft, und sie haben das Joigen auch von den Uldas gelernt. Und die Uldas sind ebenso gekleidet wie die Lappen, und sie hüten die Rentiere und rufen, und die Hunde bellen, und die Glocken klingen, aber man sieht nichts, und wenn der eine zu dem andern sagen will: »Höre, hörst du es jetzt?«, so hört man gar nichts. Zuweilen hören die Lappen, daß es weint, und das ist ebenfalls so, wenn der eine zu dem andern sagt, daß er etwas hört, dann hört man gar nichts mehr. Aber das bedeutet, daß die Menschen zu weinen haben werden.

Wenn die Lappen in der Wildnis wandern und wenn es Regenwetter ist, dann suchen sie Schutz unter Steinen und in Felsschluchten; und da kommen sie zuweilen in eine schöne Wohnung, und da ist viel Gold und Silber und Essen. Und sie bieten gleich den Menschen an zu essen; und wenn man ißt, dann kann man nicht wieder hinauskommen; aber den, der nicht ißt, den können sie nicht halten, und dann stoßen sie ihn hinaus.

Und der Hund kann die Uldas auch sehen, und einige Menschen sehen und hören niemals etwas, nicht das geringste; nur der Hund bellt und sieht; aber er ist doch nicht so rasend auf die Uldas wie auf die Geister und die Kirchhofleute.

Erzählung davon, daß die Uldas auch Kinder mit den Lappen vertauschen

Die Uldas sind auch gefährlich. Sie wollen sich schöne schwarzhaarige Kinder gegen ihre eigenen alten Eltern austauschen, die sie nicht versorgen mögen, und die Alten von den Uldas leben lange und werden alt. Und dies geschieht, wenn die Lappen ein Kind allein in der Kote oder draußen auf einem Baumzweig[1] oder neben einem Stein lassen. Und am schlimmsten ist es, ein Kind allein zu lassen, wenn es kein gestempeltes Silber an sich hat. Und darum haben die Lappen Silber in der Wiege des Kindes und

[1] Es geschieht sehr oft, daß eine Lappenfrau die Wiege mit dem Kinde an einen Baumzweig hängt, wenn sie draußen ist und irgendeine Arbeit vorhat.

andere solche Dinge. Und in der Wiege der Knaben haben sie gewöhnlich ein Messer, und bei den Mädchen haben sie gewöhnlich eine Nähnadel, von den dreikantigen, die man gebraucht, um Fellsachen damit zu nähen, und Feuerstahl und einen Ring, um Nähsachen daran zu tragen. Aber wenn da nichts ist und das Kind allein bleibt, dann ist eine große Gefahr, daß es vertauscht wird. Und wenn das Kind vertauscht ist, hat es wohl dasselbe Aussehen, aber es wächst nicht und spricht nicht, wie Kinder zu sprechen pflegen, und es läuft nicht. Auch hat das Kind nicht dieselbe Natur wie die eigenen Kinder, und es ist auch viel häßlicher, und die Augen sind schlecht. Und solche, von denen hier erzählt worden ist, sind nur die, die die Uldas gegen *alte* Uldas vertauscht haben. Aber die, die vertauschte *Kinder* sind, die wachsen ja und sprechen auf dieselbe Weise wie andere Leute; aber sie sind doch ein wenig anders von Aussehen und Natur. Und der Ulda tauscht sein schönstes Kind nicht weg, aber er nimmt nur das schönste Kind.

Erzählung davon, daß die Uldas in aller Art Erde wohnen

Wenn Leute zufällig ihre Kote auf ihren Wohnplatz stellen, so werden sie unfriedlich, weil sie am Tage schlafen und des Nachts wachen; und dann sind sie bösartig, doch nicht gegen alle; sie befehlen ihnen nur, fortzuziehen. Und wenn man gehorcht, dann tun sie nichts; gehorcht man aber nicht, so lassen sie einem keinen Frieden zum Schlafen. Sie rumoren so in der Nacht, daß man nicht begreifen kann, was es ist; aber man bekommt keine Ruhe zum Schlafen; der Schlaf kommt nicht, obgleich man nicht gerade etwas sieht; aber sie kommen ja in einem Traum und sprechen.

Einige Menschen bitten sie ganz ruhig, von dem Ort fortzuziehen, wo man über ihrem Wohnplatz ist, und wenn man fortzieht, dann ist vollständiger Friede. Aber die Uldas sind nicht gut gegen alle Menschen; manchen sagen sie nicht, daß sie sie fort wünschen, sondern plagen sie nur und töten die Tiere, und zuletzt fangen sie auch an, die Menschen totzuschlagen, wenn man nicht versteht fortzuziehen, und wenn man noch dazu arg flucht.

Und die Uldas sind auch heute noch da wie andere Menschen. Die Lappen sehen sie oft und hören sie häufig. Und die Uldas sind sehr schön, die die Menschen gesehen haben. Und hin und wieder einmal hat ein junger Bursche ein Uldamädchen gesehen, und es war so schön, daß er wünschte, näher zu kommen, und als er näher kam, da dachte er: »Wäre sie doch die Meine!« Und dann verschwand das Mädchen, und dann stand der Bursche allein da, und er wurde betrübt. Und er ging am nächsten Tage an denselben Ort, und da hörte er, daß das Uldamädchen joigte, und er meinte, daß es dasselbe Mädchen sei, und er hörte lange dem schönen Joigen zu; ein so schönes Joigen hatte er noch nie zuvor gehört. Und der Bursche lernte das Joigen von dem Uldamädchen, und er lehrte auch andere Lappen joigen.

Und einige Lappen haben viele Zauberkünste von den Uldas gelernt. Und die Uldas sind so gut gegen einige, daß sie alles das erzählen, was in Zukunft geschehen wird. Und wenn sie etwas Böses wissen, was geschehen wird, dann erzählen sie es und helfen ihnen raten, wie man es machen soll, und solche Menschen kommen vorzüglich vorwärts. Es sind namentlich die starken *Noaiden,* denen die Uldas helfen. Und die Uldas pflegen auch die Rentierherden, so daß sie nicht umkommen; aber dann soll man ihnen auch Abgaben bezahlen. Und das geht so, daß man an irgendeinen

Ort Geld oder etwas anderes gibt, Kupfer oder Messing oder Silber, und das wird in eine große Moräne oder in Wasser an einen Ort geworfen, wo kein Mensch es bekommt. Und man soll zu den Uldas sagen: »Dies gebe ich euch.« Und die Lappen pflegen den Uldas noch oft etwas zu geben; zuweilen gießt man Kaffee auf die Erde und zuweilen Branntwein und sagt: »Trink auch ein wenig von meinem Kaffee und hilf mir fernerhin.«

Von der kochenden Quelle, die wie ein Kessel ist

Sie sprudelt, und da leben Nacktfrösche. Und in solchen Quellen sind starke *Halden,* und die verehren die Lappen auch. In solcher Quelle ist Heilung für den, der es weiß. Auch braucht man nichts weiter, als sich zu waschen und ein wenig von irgendeiner Art zu bezahlen. Aber wenn man eine solche Quelle böse macht, da ist sie sehr schlimm; sie erschreckt einen oder macht einen krank. Und aus einer solchen Quelle sollte man niemals Wasser trinken und es auch nicht anders gebrauchen als wie Medizin. Die *Halden* werden böse, wenn es zu anderm gebraucht wird als zu Medizin.

Einmal war ein Lappe draußen auf der Wanderschaft, und er kam zu einem solchen Quell und fing an, Kaffee zu kochen. Und als der Kaffeekessel im Begriff war zu kochen, da fing es an, inwendig im Kessel zu schreien. Und er schüttete das Wasser weg und setzte ihn wieder aufs Feuer. Und dann fing es wieder an auf dieselbe Weise. Und da ahnte er, was es war. Und da fragte er: »Warum bist du hier und läßt mir keine Ruhe?« Und da sagte es: »Ich bin hier begraben, da ich ermordet worden bin.« Und da betete der Mann das Gebet, das der Pfarrer für die Toten betet, und da bekam er Frieden, aber er sagte: »Man soll nie Wasser aus einer solchen Quelle nehmen; das ist gefährlich.« Zuweilen haben Kinder in solchen Quellen gewühlt, und da ist eine solche Froschgestalt aufgestiegen, daß sie Menschengröße hatte, und ein Mensch wurde sehr arg erschreckt; aber da er ein solcher war, der es beschwören konnte, so wurde er wieder gesund; aber er war gezwungen, der Quelle Opfer zu bezahlen.

Der Saivo-See

ist ein wunderlicher See, auf die Weise, daß da zuweilen schrecklich viele Fische sind, und zuweilen ist da nicht ein einziger Fisch, obgleich es ein kleiner, enger See ist.

Im Saivo sind viele Fische und große und fette; aber der, der nicht weiß, wie er sie fischen soll, der bekommt nicht einen einzigen, selbst wenn er ihn auch in der Wate hätte. Man muß im Saivo aufpassen, daß man nicht schreit oder den allergeringsten Lärm macht. Und wenn man so die Netze hat auswerfen können, dann wird man schon viele Fische bekommen; man muß auch flüsternd sprechen, so daß sie nichts hören. Dann werden sie schon in der Wate an Land kommen.

Dieser Saivo ist ein etwas merkwürdiger See; man ist sich nicht richtig klar darüber geworden, was für Seen es sind; aber das Wissen hat man halbwegs erlangt, daß da zwei Seen übereinander sind und nur ein Loch in der Mitte, wie das Rauchloch in einer Kote. Und die Fische gehen durch die Löcher auf und nieder.

Von vergrabenen oder verborgenen Schätzen

Der Schatz wird in einer Moräne oder auf einem hohen Hügel untergebracht. Und er wird zuweilen mit solchen Worten niedergelassen, daß niemand anders als die Verwandten ihn nehmen kann. Und wenn andere ihn nehmen, dann wird ihnen bange gemacht. Und darum wagt man nicht, verborgene Schätze zu nehmen, selbst wenn man weiß, wo sie sind. Alte Lappen sprachen viel von den verborgenen Schätzen, daß sie in der Erde seien. Und nach ihrer Rede war es ja so, daß sie ungefähr wußten, wo die verborgenen Schätze waren, und sie sprachen viel davon, daß hier ein Schatz sei, und an jenem Ort sei auch ein Schatz; und sie flüsterten davon, daß sie hingehen und ihn holen wollten; aber sie fürchteten die verborgenen Schätze; denn sie hatten von jemand zu wissen bekommen, daß es gefährlich sei, sie zu nehmen. Es ist so, wenn einer jetzt einen solchen verborgenen Schatz findet, dessen Besitzer und Erben tot sind, und wenn dann der Kesselrand zum Vorschein kommt und sie beginnen, ihn in die Höhe zu nehmen, dann fängt er an, ihnen bange zu machen. Dann verwandelt sich der Kesselrand, an den sie fassen, in einen Ochsenkopf, und wenn man ihn nicht losläßt, so wird er zu einem großen Frosch, und dann wieder verwandelt er sich in eine Schlange, und dann verwandelt er sich in alles mögliche. Manchmal fängt er da an zu brennen, wie ein grünes Feuer. Und dann kommt endlich der leibhaftige *Bärgalak*. Und dann soll man also sagen: »Du brauchst dieses nicht, du kannst dich schon behelfen, wenn du Menschenseelen in die Höhle kriegst — weiche von hinnen, Satan!« So, wie in der Bibel geschrieben steht. Und dann soll man im Namen der drei Personen (Dreieinigkeit) segnen: »Nun nehme ich dieses!« Und dann endet es alles. Und dann kann man den Schatz in Frieden nehmen. Aber mutig muß der sein, der dies alles tut, so, wie es oben erzählt worden ist.

Aber die Schätze, die mit Worten niedergelassen worden sind, die kriegt man nicht auf andere Weise, als wenn man ein großer *Noaide* ist.

Das glaubt vielleicht keiner, daß das Wahrheit ist, daß die verborgenen Schätze überhaupt gefunden werden. Und auch nicht der, der dieses schreibt, würde es richtig glauben, obwohl er viel von seinen Eltern gehört hat, und viel von den andern; aber er hat selbst gesehen, wie sein Großvater Geld da wegnahm, wo er den Schatz in der Erde versteckt hatte unter einem Felsblock, in einer kleinen Moräne, wo er hingestellt worden war.

Und da war ein verborgener Schatz nach ihrer Rede oder nach ihrem Wissen, und da sollte viel Geld sein; da hatte man viele kleine Silbermünzen neben einem Stein gefunden. Und das begriff man, daß da Menschen gewesen waren und daß der Stein da angebracht war. Und er war sehr groß, so daß es nicht weniger Menschen Arbeit war, ihn anzubringen. Aber das sagten alte Lappen, die hätten frühere *Ruoša-Tschuden* hierhergelegt, das Geld und das Silber, das sie von den Lappen geraubt hatten. Und an den Stellen im Hochgebirge findet man Pfeile, die sie als Bogenpfeile gebraucht haben. Einen solchen Pfeil hat der, der dieses schreibt, gefunden.

Ein wenig mehr Bericht von demselben Stein

Ein Mensch ging hin zu dem Stein, in der Absicht, ein Loch unter dem Stein zu graben und den Schatz wegzunehmen. Und als er in die Nähe kam, da wurde es neblig, schwierig fand er nach Hause, und als es sich aufklärte, da ging er wieder dahin nach dem Stein und wollte versuchen, den Schatz zu bekommen. Und als er in die Nähe kam, da sah er, daß da ein Schneehuhn auf dem Stein saß; und als er näher kam, da wurde der Vogel groß, und er wurde so groß wie ein

Mensch. Und da fing sein Mut an, so sehr zu schwinden, daß er genötigt war, zurückzugehen. Und seither ist er nicht zu dem Stein hingegangen in dem Gedanken, Geld zu holen. Auch haben andere nicht versucht, an der Stelle zu graben, obwohl sie sicher glaubten, daß da Geld ist. Und ich kenne den Menschen, der zweimal gegangen ist, um den Schatz auszugraben, und sein Name ist A. N. Aeirra. Und die Stelle befindet sich an der Ostseite des östlichen Raiso, die *Faures Orda* (»der schöne Waldrand«) genannt wird — und der Ort hat den Namen, weil er sehr schön und grasreich ist und sich da Sommerwohnplätze befinden. Und der Umzugsweg ist auf sehr hohen Bergen, über die sie Frühling und Herbst ziehen. Und an diesem Sommerwohnplatz befindet sich auch ein großer Stein, der Glückstein *(Onegädge)* heißt. Und da sind viele Höhlen. Und unter einem Vorsprung pflegen sie Sachen zu haben. Und wenn sie im Frühling zuerst an den Glückstein kommen, da grüßen sie und reden wie zu einem Menschen, und sie trinken Branntwein und gießen ein wenig auf die Erde und sagen: »Sieh, da ist auch für dich, trink auch du ein wenig!«

Von der Mittsommernacht

In der Mittsommernacht gibt es viele Künste. Eine Kunst ist, wenn ein Mädchen zu wissen wünscht, wer ihr zukünftiger Bräutigam ist, dann soll sie in der Mittsommernacht auf einen Stein im Wasser gehen, der immer von Wasser umgeben ist und der immer trocken ist (und dazu ist ein großer Stein in einem Fluß ebensogut); da muß nie Wasser über den Stein gehen. Und sie soll sich dann auf ihn setzen, bis der Bursche zu dem Mädchen hinkommt (oder das Mädchen zu dem Burschen hin). Und wenn er ihr etwas anbietet, soll sie es nicht nehmen. Er gibt wohl zuweilen auch ein Messer, und wenn sie das nimmt, dann wird er sie mit dem Messer töten, wenn sie verheiratet sind; aber sie soll nicht nehmen, was er ihr anbietet. Und das zeigt sich auf dieselbe Weise auch für den Burschen.

Und in der Mittsommernacht pflegt man zu sagen, daß man grünes Feuer über den vergrabenen Schätzen oder dem verborgenen Geld sieht.

DIE GESÄNGE DER LAPPEN

Der Gesang der Lappen ist Joigen. Es ist eine Erinnerungskunst an andere Menschen. Einige werden in Haß erinnert, und einige werden in Liebe erinnert, und andere werden in Trauer erinnert. Und man gebraucht die Lieder auch von einigen Gegenden und von Tieren, von dem Wolf und dem Rentier und dem wilden Rentier. Und die Singform ist so, wie sie hier unten beginnt:

Nun sagt das eine Mädchen zu dem andern Mädchen: »Singe von deinem Liebsten Nilas.« Nilas war schön nach dem Sinn aller Mädchen, und alle Mädchen wünschten, ihn für sich selbst zu bekommen als Ehemann, und darum joigten sie viel von ihm. Und der Name des Liedes ist *Luotte* (Lied). Und dann fängt sie nun an, Nilas' Lied zu singen:

»*Voia, voia, nana, nana,* sehr tüchtig, sehr schön,
sehr hold, sehr mild,
Voia, voia, nana, nana, wenn er läuft, dann fährt er
dahin wie ein Vogel, *voia, voia, nana, nana.*«

Und dann befiehlt sie dem andern Mädchen: »Singe du nun deines Liebsten Lied.« Und das erste Mädchen sagt: »Ich habe keinen Liebsten.« Die andere sagt: »Den hast du doch.« Die erste sagt: »Nun, wer ist es denn, den du mit meinem Liebsten meinst?« »Ich meine Matte.« Die erste sagt: »Matte macht sich nichts aus mir, er hat die, die besser sind als ich.« Sie ist ein listiges Mädchen, sie erzählt der anderen nicht, daß sie einen Liebsten hat, obwohl ihr Liebster Nilas ist. Und darum wünscht sie zu hören, ob dieses dumme Mädchen am Ende glaubt, daß sie Nilas kriegt. Aber Nilas hat nie daran gedacht, sie zu nehmen. Nilas liebt das schelmische Mädchen. Er joigte oft das Lied des Mädchens also:

»*Voia, voia, nana, nana,* große Milde, große Anmutsvolle und große Tüchtige,
Voia, voia, nana, nana, Große und Holde, das war des Kirchspiels bestes Mädchen, *voia, voia, nana, nana.*«

Und wenn Nilas das schelmische Mädchen kommen sah, dann joigte er nicht mehr. Aber das schelmische Mädchen joigte Nilas zu, daß seine Liebste Ani sei — das war der Name des dummen Mädchens — und des schelmischen Mädchens Name war Elle. Und dann joigte sie Nilas zu:

»Des Kirchspiels bester Bursche verführte Ani, *voia, voia, nana, nana,*
des Kirchspiels bester Bursche, *voia, voia, nana, nana.*
Als er eines andern Burschen Liebste nahm, *voia, voia, nana, nana,*
Und ließ Matte weinen.«

Und Nilas fürchtete auch, daß er die schelmische Elle nicht kriegen würde.

Auch Matte liebte Elle, und Elle hatte versprochen, Matte zu nehmen, und Matte glaubte, es sei Ernst, auch er joigte oft Elle zu:

»*Voia, voia, nana, nana,* große Milde, *voia voia, nana, nana,*
Große Holde, große Tüchtige, *voia, voia, nana, nana,*
Es ist das beste Mädchen auf diesem Berg, *voia, voia, nana, nana.*«

Und als Matte hörte, daß Nilas Elle Brautgeschenke gegeben hatte, da joigte er und weinte: »*Voia, voia, nana, nana,* großer Betrüger.« Und er weinte und trauerte so, daß sein Verstand fast verwirrt wurde, und er wurde erbittert auf Nilas und tötete Nilas' Rentiere. Und wenn er sich betrank, dann joigte er und schwur also:

»*Voia, voia, nana, nana, Birru Bärgalak,* ich töte alle Nilas' Fahrrentiere, *voia, voia, nana, nana.*
Satanas falsche Elles verfaulte Fellhose; wohl sind da viele solche, *voia, voia, nana, nana.*«

Und dann weinte er noch ein wenig und joigte. — Matte dachte bei sich: Es ist dumm, daß ich auf Nilas und Elle böse bin; ich finde schon ein ebenso gutes Mädchen und ein noch besseres Mädchen. Seine Schwester Ingir sagte zu Matte: »Die Burschen sehen nicht Andaras' Marja; das ist ein gutes Mädchen, und sie wird reich.« Ingir war ein junges Mädchen und ein verständiges Mädchen. Und Matte sagte zu Ingir: »Meinst du, daß Marja mich nimmt?« Ingir antwortete: »Ich weiß es nicht, aber ich will Andaras' Marja fragen, ob sie dich nehmen will.« Und da gefiel Matte seine Schwester, weil sie ihm helfen wollte, eine Frau zu bekommen. — Und da ging Ingir eines Sonntags nach der *Sida,* wo Marja war. Und da begegnete sie Marja, und da fragte sie: »Versprichst du, meinen Bruder Matte zu nehmen?« Marja antwortete: »Matte macht sich nichts aus andern als Lodnes Elle.« Ingir sagte: »Es ist nicht ganz so; du kannst glauben, wenn ich es sage, dann ist es so, daß ihr schon geschaffen seid, um zusammen zu sein.« Marja antwortete: »Woher weißt du, daß wir beide geschaffen sind, Glück in der Ehe zusammen zu haben?« Ingir antwortete: »Ich habe es geträumt, und es ist immer so, wie ich es träume.« Marja antwortete: »Wenn die Sache so ist, dann verspreche ich, daß ihr nach Verlauf einer Woche hierherkommen dürft, da habe ich gedacht, fertig zu sein; paßt das?« Und dann trennten sie sich. Und Ingir zog nach Hause.

Nun kam sie zu ihrem Bruder hin und erzählte, was sie gehört hatte. Und als die beiden es Mutter und Vater erzählten, da gefiel es denen sehr gut. Und als eine Woche verstrichen war, da zogen sie wieder zu Marja. Und die Lappen haben in früherer Zeit die Sitte gehabt, wenn der junge Mann auf Freite kommt, dann soll ihm das Mädchen entgegenkommen und das Rentier des Freiers ausspannen, und dann ist das ein Zeichen, daß sie ihn nehmen will. Und wenn das Mädchen nicht kommt und ausspannt, dann fährt der junge Mann rings um die Kote und zwischen die Kote und den Holzhaubaum. Und wenn das Mädchen noch nicht kommt und des Freiers Rentier ausspannt, dann weiß der Bursche, daß das Mädchen ihn nicht haben will. Und manche Burschen gehen dann gar nicht in die Kote hinein, dann fahren sie zurück. Und da Marja das alles wußte, wie es sein sollte, und wie die Sache stand, da, als Marja Matte kommen sah, ging sie ihm entgegen und löste Mattes Fahrrentier, und dann kam Matte in die Kote hinein und grüßte so, wie es der Lappen Brauch ist. Und der Lappen Brauch ist, daß sie um den Hals fassen und Nase gegen Nase drücken. Und Matte tat auch so, und er küßte so lange, daß er niemals fertig wurde. Und da erst fingen sie an zu reden, und ein wenig Branntwein zu trinken — damals gab es noch keinen Kaffee. Und dann verheirateten sie sich am selben Tage, und Matte zog heim. Und da gebot Marjas Vater, Andaras, Marja, ihr Kirchenrentier zu holen und es Matte zu geben. Und als Marja das Rentier holte, da fuhr Matte nach Hause, und Marja setzte sich in den Schlitten. Und als sie von dannen fuhren, fielen sie einander wieder um den Hals und küßten sich; und die beiden glaubten, jetzt wäre nichts weiter mehr nötig; aber da sagte Schwiegervater Andaras: »Ihr beide werdet wohl noch eine Fahrt machen müssen, ehe ihr fertig seid, ihr müßt noch zu dem Kirchenvater gehen und Erlaubnis haben.« Matte sagte: »Hat Marja noch einen Vater, oder hat Marja einen andern Mann, oder wie ist die Sache?« Matte wußte nicht, daß man auch von dem Kirchenvater Erlaubnis haben mußte, oder, wie es jetzt genannt wird, Trauung. — Und als Matte dann zum zweiten Male zu Marja zog, war er noch bange, wenn nun der Kirchenvater ihm seine Frau wegriß. Er war gleichsam ein wenig verstört im Kopf geworden. Und in der Heiratszeit pflegt der Verstand jedem, der Blut in den Adern hat, oft ein wenig verwirrt zu sein. (Erklärung hierfür, warum einige Menschen solch schwaches Blut haben, daß es geneigt ist, ein wenig in Verwirrung zu geraten: das ist, daß einige Menschen so liebevoll veranlagt sind, daß sie an gar keine andern Dinge denken in der Zeit. Und so ist es, als wenn der Verstand verwirrt wäre. Und wohl sind einige auch hinterher verliebt, aber es ist nicht jeder, der hinterher verliebt ist. Und wenn sie die Heiratsangelegenheit in Ordnung haben, dann pflegen sie wieder so klar zu werden wie vorher.) Und als Matte zum zweitenmal zu Marja hinfuhr, da nahm er das Tauschrentier und kam wieder damit zu Marjas *Sida* (Braut und Bräutigam tauschen immer Rentiere als Zeichen für das Jawort). Und dann begrüßten sie einander wieder wie früher. Und dann fingen sie wieder an, Branntwein zu trinken und über das Paar zu reden, wie sie es nun machen sollten, und darüber, daß sie morgen zu dem Kirchenvater fahren sollten. Aber Matte war bange, daß er Marja an den Kirchenvater verlöre. Er hatte keine Lust, dahin zu ziehen; aber da Marjas Vater sagte, es sei notwendig, das zu tun, da machten sie sich auf den Weg, Und da nahmen sie drei Ersatzrentiere und Schlitten, in denen Fleisch und Rentiermilch war. Und als sie anfingen zu fahren, nahm der Schwiegervater Andaras die Ersatzrentiere, und Marja und Matte durften mit freien Rentieren fahren[1], und sie fuhren mit den Tauschrentieren. Und die Rentiere waren schneeweiß und hatten sehr geschmückte Halfter und Gurte, die mit allerlei Art Tuch ausgenäht waren. Der Gurt ist mitten um das Rentier, und der Halfter ist auf dem Kopf, das Band, womit man das Rentier lenkt, gleichwie der Zaum des Pferdes. Und dann fuhren sie, und dann liefen die Rentiere und sausten dahin, so daß da ein Schneerauch war, daß sie die Augen nicht offen halten und auch nicht atmen konnten.

Und dann ist es gefährlich, wenn der Schlitten hinter einen Baum oder hinter einen Stein geschleudert wird, und dann kommt man leicht um. Und wenn die Rentiere eine kleine Strecke gelaufen sind, dann sind sie ein wenig müde, und dann beginnen sie ruhiger zu gehen, und da ist es herrlich zu fahren, und dann fängt man an, also zu joigen:

»*Voia, voia, voia, voia, nana, nana, nana, nana,*
prächtige Rentiere laufen nun, *voia, voia, voia, nana, nana, nana.*
Sie fahren wie der Wind, *voia, voia, voia, nana, nana, nana.*
Sie fahren so gerade wie eine Büchse, *voia, voia, voia, nana, nana, nana.*
Der Herde geweihreichste Rentiere, *voia, voia, voia, nana, nana, nana.*«

Und nun fangen die Rentiere an, erhitzt und durstig zu werden, und dann schnappen sie beständig mit dem Maul Schnee in den Mund, um die Hitze zu kühlen und möglicherweise den Durst zu löschen. Und dann hielt Matte sein Rentier an, und dann standen alle Rentiere

[1] Matte und Marja fahren jedes in seinem Schlitten, »mit freien Rentieren«, d.h. ihre Schlitten sind nicht in der Reihe angebunden, wohingegen Andaras eine *Raide* bildet, indem er die Reserverentiere mit ihren Schlitten in einer Reihe hinter seinem Schlitten anbindet.

still, um zu verschnaufen. Da ist eine bestimmte Stelle, wo man die Rentiere Schnee fressen und ihre Notdurft verrichten läßt; es ist gefährlich, wenn man lange in einem Zuge fährt. Wenn das Rentier nicht Wasser läßt, so bekommt es die Blasenverstopfung, und es kann nicht mehr Wasser lassen. — Und als Ingir sah, daß alle Rentiere ihre Notdurft verrichteten, da fing sie an zu joigen:

»Dem jungen Paar wollen wir nun wünschen gut Glück, *voia, voia, nana, nana,*
Das junge Paar soll schon reich werden, *voia, voia, nana, nana,*
Und schmucke Kinder kriegen, *voia, voia, nana, nana.*
Schöne kleine Marja, du strahlst wie ein Licht, *voia, voia, nana, nana.*
Und dann fährt sie nun wieder, *voia, voia, voia, nana, nana, nana,*
Das große Zugrentier saust wieder dahin, *voia, voia, nana, nana.*«

Und dann fuhren sie wieder. Und als die Rentiere sahen, daß Marja und Matte sich in die Schlitten setzten, da liefen sie, und da dort ein wenig frischer Schnee war, so wurde es wieder ein solcher Rauch, daß man nicht das geringste sah. Und Marja vermochte das Rentier nicht zu halten, und da fing der Schlitten so stark an zu schlingern, daß Marja aus dem Schlitten herausgeschleudert wurde, und dann zog der Schlitten nach der entgegengesetzten Seite, und da kam er hinter einen Baum, und da hing Marjas Hand fest[1], und da

[1] Die erste Bedingung, um von einer Schlittenfahrt mit einem Rentier gut davonzukommen, ist, daß man die Zügel nicht losläßt, wie arg es auch hergehen mag. Läßt man sie los, indem man umgeworfen oder aus dem Schlitten geworfen wird, so läuft das Rentier davon, und wenn man dann allein ohne Schneeschuhe ist, so ist man in der Wildnis nahezu preisgegeben. Darum wickelt man den Zügel um den Arm und die Hand,

riß sich das Rentier los, und Marja stieß sich so sehr, daß sie erst keine Besinnung hatte, und das Rentier sprang mit dem Schlitten hinter Matte her, und Matte sah nicht, daß Marja zurückgeblieben war, aus dem Schlitten fort. Und dann mußten sie einen Bergabhang hinauf, und da konnten die Rentiere nicht mehr so stark laufen, und da sah Matte, daß Marjas Schlitten leer war. Und da ward er so erschrocken, daß es ihm ganz schwarz vor den Augen wurde. Es gelang ihm jedoch, Marjas Rentiere einzufangen. Und er brauchte einige Zeit, bis er klar wurde. Und da ging er, um Marja zu suchen, in der Richtung zurück, aus der er gekommen war. Aber Ingir und die andern Fahrenden waren hinterher, ihre Rentiere liefen nicht so schnell wie die des jungen Paares. Und als sie sahen, daß Marja auf der Spur lag, da waren auch sie erschrocken. Und mit ihnen war ein älterer Mann, der der Doktor der Lappen war. Und er untersuchte Marjas Arm, und die Hand war ausgerenkt. Und er hieß sie sich in den Schlitten setzen; Ingir hatte ein zahmes, großes Rentier, und sie selbst war leicht. Und da setzten sie sie in Ingirs Schlitten. Und dann fuhren sie ein kleines Stück. Da kam Matte, um Marja zu suchen, und er weinte, soviel er konnte; er fürchtete, daß Marja tot sei. Und als Matte sah, daß Marja am Leben war, da hörte er auf zu weinen und fing an zu fragen, wie es zugegangen war. Und als er hörte, daß Marjas Hand arg verletzt war, da sagte er: »Hat Nuvte Marjas Hand untersucht?« Nuvte antwortete: »Das habe ich wohl getan, aber fahre weiter über den Bergrücken, da ist eine offene Quelle.« Und als sie an das Ufer der Quelle kamen, da nahm Nuvte Marja ein wenig beiseite an den Quellenrand und steckte die Hand in die Quelle

und der Lappe läßt ihn nicht los, außer in einem Fall wie dem eben beschriebenen, wo das Mädchen sich die Hand verletzte und ohnmächtig wurde.

hinab, bis die Hand kalt wurde. Und da befühlte er die Hand, wo sie am schlimmsten war. Und da drückte er die Hand da, und da fühlte er, wo sie verrenkt war, und da renkte er die Hand wieder in das Gelenk ein. Und da war die Hand gleich wieder gesund. Und da fuhren sie von dannen; und Nuvte gebot Matte: »Binde Marjas Fahrrentiere hinter deinem eigenen Schlitten an, und laß die Rentiere nicht so scharf laufen; jetzt kommt ein steiler Berghang abwärts, und da mußt du einen Birkenzweig zwischen den Schlitten und den Zugstrick stecken, damit der Schlitten nicht hinabrutschen kann.« Und sie taten so, wie Nuvte gebot — Nuvte war der klügste Mensch dort um die Zeit. Und dann fuhren sie glücklich hinab unter dem hohen Berg; und dann fuhren sie noch über einen großen See und auf einen steilen Abhang. Und dann war da wieder so eine Stelle, wo die Lappen anhalten und ruhen und ein wenig Branntwein trinken und den *Halden* der Erde auch ein wenig Branntwein geben, und sie sagen: »Trinkt auch ihr meinen Hochzeitswein.« Und sie gießen ein wenig Branntwein auf die Erde. Und der, der keinen Branntwein auf die Erde gießt, dem widerfährt irgendein Unglück. Und die Frauen, die Kinder haben, stillen diese; doch schnüren sie das Kind nicht los, sondern beugen sich auf die Knie neben die Wiege nieder. (Die Wiege ist eingepackt und in dem Schlitten festgeschnürt.) Und dann nehmen sie die Brust aus der Brustöffnung und setzen sie an den Mund des Kindes, und dadurch pflegen ihnen freilich die Brüste zu erfrieren, und dann schwellen sie auf, und daraus entsteht eine schlimme Qual. Aber hier wird nicht von viel anderm erzählt als von dem jungen Paar. —

Und an dieser Stelle pflegen sie ein wenig zu den *Halden* der Erde also zu joigen:

»Der Halden schlanke, schöne Töchter seid bedankt,
voia, voia, nana, nana,

Ach so gut waren sie, schützten unsere Kirchenrentiere,
So daß sie nicht stürzten von den hohen Bergen, *voia, voia, voia, nana, nana, nana.*
Seid bedankt, liebe Haldenmütter, *voia, voia, voia, nana, nana, nana,*
Und beschirmt ferner, *voia, voia, nana, nana,* unsere Rentiere, *voia, voia, nana, nana.*«
Und dann fahren sie wieder von dannen.

Und dann band Matte auch ferner Marjas Rentiere hinten an. Und so fuhren sie, bis da auch der Weg einer anderen *Sida* kam, zu dem Weg, der auch unser Weg war, und da wurden es viele Fahrende, und mit ihnen waren Nilas und Elle. Und die beiden waren noch nicht verheiratet. Und da fuhren sie wieder eine Weile, und dann wurde es dunkel. Und da machten sie halt und fingen an, Feuer anzumachen. Und die Rentiere spannten sie aus und banden sie an eine Birke, damit sie Nahrung bekommen konnten. Und die Rentiere fingen an, auf die Weise zu weiden, daß sie mit den Vorderklauen den Schnee aufschaufeln oder von der Erde aufgraben, und dann ist da gutes Futter für die Rentiere. Und andere fingen an, Feuer anzumachen. Die früheren Menschen hatten keine Streichhölzer, so wie jetzt; da war es eine andere Kunst, damals gab es nur Feuerstein und Zunder und Schwefel. Und wenn Feuerstein und Zunder nebeneinandergelegt wurden, dann schlug man mit dem Feuerstahl, und dann sprühte der Feuerstein Funken, und dann wurde der Zunder angezündet, und der Zunder wurde in das Schwefelgefäß gesteckt, und dann brannte der Schwefel, und dann zündete der die Birkenrinde an. Und die Birke ist immer der beste Baum des Lappen. Auch diesmal ist es Birke, womit sie dabei sind, Feuer anzumachen. Föhrenholz hatten die Leute nicht; aber sie hatten Birkenrinde mitgenommen. Und da fingen sie an, Feuer anzumachen, aber da waren die Birkenreiser übereist, so daß sie nicht brannten, und sie fingen nicht Feuer. Und dann kam auch Nuvte; er hatte ein träges Zugrentier, er konnte denen nicht folgen, die die besten Fahrrentiere hatten. Und dann waren auch noch andere zusammen mit Nuvte. Und als Nuvte sah, daß sie kein Feuer zustande brachten, da gebot er: »Grabt Reiser unter dem Schnee heraus; die sind aufgetaut, die sind nicht übereist, die unter dem Schnee sind.« Und da machten sie sehr leicht Feuer. Und als sie Feuer gemacht hatten, da setzten sie den Kessel auf das Feuer, mit Schnee gefüllt, daß da Wasser werden konnte. Und als der Schnee schmolz, da tat Matte Fleisch hinein zum Kochen. Damals gab es noch keinen Kaffee, sondern Branntwein statt Kaffee, und sie tranken Branntwein. Und da waren nun viele Menschen. Und da sie nicht alle zusammen um ein Feuer Platz hatten, so machten sie noch ein Feuer. Und die Leute an dem andern Feuer hatten Kinder. Elles Schwester war eine junge Frau, und sie hatte ein kleines Kind. Und ihr Name war Birrit. Und als sie das andere Feuer angezündet hatten, da bündelte Birrit das Kind aus. Und das Kind hatte sich so naß gemacht, wie es Kinder zu tun pflegen, und daher war sie genötigt, es aufzunehmen, obwohl es Schneetreiben war und kalt. Als sie das Kind ausgebündelt und aus der Wiege genommen hatte, da blies der Wind ihr Schnee in die Augen, und er blies auch Schnee in die Wiege. Und zuweilen blies er Kohlenglut aus dem Feuer und Rauch nach allen Richtungen, und auch nach dem Kinde hin, so daß das arme Kind nicht einmal einen Laut hervorbringen konnte. Und einmal wehten Kohlen auf das Gesicht des Kindes, so daß sie ihm die eine Wange verbrannten, und da kam eine Wasserblase. Und das Kind weinte stark. Und Birrit hatte keine andere Zuflucht, als das Kind in die Wiege zu legen. Und in die Wiege war viel Schnee hineingeweht; aber als sie mit einem Reis die Tücher schlug, da ging der Schnee ab. Und da wollte sie in aller Eile das Kind in die Wiege legen, aber da fiel ihr ein, daß Nuvte unter ihnen war, und da rief sie: »Oheim Nuvte, komm hierher!« Und da kam Nuvte und sah, was da geschehen war, und da schalt er, weil sie ihn nicht früher gerufen hatte. Und da gebot er, einen Markknochen aufzuschlagen und das Mark zu nehmen und auf ein Tuch zu legen und das auf der verbrannten Stelle anzubringen. »Hier ist auf alle Fälle kein besserer Rat.« Und dann taten sie das in aller Eile. Und das Kind legte sie bald in die Wiege, da so starkes Schneetreiben war. Und als Birrit das Kind in die Wiege gelegt hatte, da fing sie an, es zu stillen; da erfror ihr die eine Brust, und da fing sie an zu schmerzen, daß sie fast nicht schlafen konnte. Aber die andern schliefen in einem Haufen, der eine neben dem andern. Und Nilas und Elle schliefen sehr dicht zusammen, und die beiden hielten sich gut warm. Und als es gegen Ende der Tagesdämmerung war, da fingen sie wieder an, Feuer anzumachen. Und als sie Feuer gemacht hatten, da machten sie sich wieder daran, Speisen zu wärmen und zu essen. Und einige gingen hin, um die Rentiere an einen anderen Baum zu binden, damit sie noch mehr fressen sollten. An der Stelle, wo sie am Abend angebunden waren, war es ja vorbei mit der ganzen Schneeoberfläche, obgleich sie schon am Abend einmal nach einem andern Baum gebracht worden waren; aber Rentiere fressen viel in einer Nacht. Und als sie gegessen hatten, fragte Birrit Nuvte, ob sie das Kind aufnehmen sollte, wenn es so kalt war. Und Nuvte sagte: »Das Kind kann nicht gedeihen, ohne aufgenommen zu werden.« Und da bündelte Birrit das Kind wieder aus. Und die verbrannte Stelle war wieder gut. Und der Wind war nicht mehr so scharf, aber es war ja noch kalt. Und da kein so scharfer Wind mehr war, so war es nicht so schlimm für das Kind. Und sie besorgte ihr Kind. Und dann erzählte sie Nuvte, daß ihre Brust so weh tat und so schmerzte, »daß ich nicht habe schlafen können«. Und da sagte Nuvte: »Zeig sie mir.« Und als er es sah, sagte er: »Du hast dir die Brust erfroren.« Und dann zog er aus seinem Brustlatz einen Stallostern[1] und drückte damit, und da ließ der Schmerz nach vierundzwanzig Stunden nach, aber nicht früher. Und als es schon vollständig hell war, da fingen sie an, die Schlitten zuzuschnüren und die Rentiere vorzuspannen. Und als die Rentiere das Sielengeschirr aufhatten, fingen die Mädchen an, so zu joigen, wie die Lappen zu tun pflegen, wenn sie von dannen ziehen, da müssen die Mädchen joigen. Und dann fingen sie an:

»*Voia, voia, voia, nana, nana, nana,* nun jagen des Kirchspiels beste Fahrrentiere wie eine Vogelschar,
Voia, voia, voia, nana, nana, nana, die großen Schlanken, wenn sie zu laufen anfangen,
Voia, voia, voia, nana, nana, nana, da springen sie so, daß man nur den Rauch sieht stieben.
Und dazu fahren sie wie der wilde Gießbach, *voia, voia, voia, nana, nana, nana.*«

Und dann fuhren sie. Und als die Rentiere sahen, daß sich die Leute in die Schlitten gesetzt hatten, da liefen sie, und da fuhren sie wie eine Vogelschar. Da es aber ein so ebener Weg war, so blieben sie alle in den Schlitten. Und als sie dann die Kirche erblickten, da hielten sie an und warteten, bis sie alle versammelt waren, da fingen sie wieder an, Branntwein zu trinken.

[1] So heißen die silbernen viereckigen Knöpfe an dem Gürtel der Lappen; aber ein Stallostern, der Heilkraft besitzt, muß sehr alt sein und von schwerem Silber, mit drei Menschenköpfen in der Prägung.

Und da wurden sie ein wenig betrunken. Und da fingen einige junge Burschen an, einander wegen Rentierstehlerei auszuschimpfen und zu beschuldigen, und da entstand auch fast eine Prügelei. Aber Schwiegervater Andaras verbot ihnen den Streit: »Es ist nicht so; das sind nur Lügen; ich will wohl später erzählen, wie sich die Sache verhielt.« Und da hörten die Burschen auf. Und da fuhren sie wieder und fuhren nach der Stadt. Und der Name der Stadt war Markan (Enontekiö), so genannt in der Lappen Sprache. Und dann gingen sie hinein, in die kleinen Hütten, und einige gingen nach den Koten, die auf dem Kirchplatz sind. Die früheren Lappen waren genötigt, sich Koten zu machen, weil da zu wenig Häuser waren. Und als es Morgen wurde, da gingen Matte und Marja zu dem Pfarrer hin. Und da erklärte der Schwiegervater Andaras, daß sie gekommen waren, um sich zu verheiraten. Und es war Sonntag morgen. Und als sie mit dem Essen fertig waren, da fingen sie an, Hochzeitskleider anzuziehen. Und als sie alle fertig waren, da gingen sie zu dem Pfarrer. Aber Matte fürchtete, daß der Pfarrer ihm seine Marja wegnehmen würde. Aber sie gingen trotzdem hin. Und als sie nun zum Pfarrer hinkamen, da fing der Pfarrer an, die Trauformel zu lesen: »Ich nehme Marja und ich liebe sie durch Glück und Unglück.« Und da erschrak Matte sehr, daß der Pfarrer doch die Absicht hatte, Marja zu nehmen. Und als er die Worte verlas, da schwur Matte: »Zum Teufel auch, ich gebe dir Marja nicht, sie ist meine Frau, und Andaras hat Marja mir gegeben. Ich gebe sie nicht weg.« Und da zerrte er an Marjas Hand und wollte hinausgehen. Aber Marja war ein verständiges Mädchen; sie ging nicht hinaus, und sie begriff wohl, daß Matte Unsinn redete. Und als Marja nicht hinausging, da meinte er, daß Marja ihn auch betrügen wollte. Und Matte stürzte hinaus, und der Pfarrer war gezwungen, die Trauung zu unterbrechen; er rief: »Du sollst Marja ja haben, ich mache mir nichts aus ihr.« Der Pfarrer hatte ja gehört, daß Matte fürchtete, daß er Marja selbst haben wollte. Aber Matte war hinausgegangen, und er war bange, daß der Pfarrer Marja für sich selbst wünschte, und er weinte. Matte hatte überaus wenig im Buche gelesen, aber er war doch konfirmiert worden. Damals brauchte man nicht so viel zur Konfirmationsvorbereitung zu lernen. Aber Marja verstand sich gut auf das Lesen, und sie kannte wohl den Text (das Trauritual). Und als Marja aus der Kirche kam, war ihre erste Arbeit, Matte diesen Trautext lesen zu lassen. Und als Matte ihn gelesen hatte und gelernt hatte und Verständnis davon bekommen hatte, wie sich die Sache verhielt, da gingen die beiden am nächsten Tage wieder zum Pfarrer, und da lehrte der Pfarrer Matte auch, wie er antworten sollte. Und dann machte er sich daran, sie zu trauen. Und da konnte Matte es ja so, wie er sollte. Und da verrichtete der Pfarrer die Trauung. Und als sie fertig waren, da gingen sie von der Kirche zurück und begannen Hochzeit zu feiern. Sie hatten nichts weiter als Branntwein und Fleisch und Milch. Und da tranken sie das, wer Lust hatte und konnte. Und dann wurden sie betrunken und fingen an zu joigen, so viele, wie da in der Stube waren. Und die Burschen nahmen die Mädchen um den Hals und joigten, so daß man nicht mehr das geringste verstand, und einige weinten und joigten zugleich.

»*Voia, voia, nana, nana,* sehr sanft und anmutsvoll
ist meine Liebste.«

Und die Mädchen joigten den Burschen wieder zu:

»*Voia, voia, nana, nana,* große Schöne und große
Tüchtige, *voia, voia, nana, nana.*
Sie fahren wie fliegende Vögel — den springenden
Rentieren folgen sie, *voia, voia, nana, nana.*«

Und sie schliefen nicht in der Nacht. Und am Sonntag hatte es so geschneit, daß der Schnee zwei Viertelellen hoch lag. Und da sagte Nuvte, daß sie reich würden, wenn es am Hochzeitstage schneite. Das ist ja der Aberglaube der Lappen in alter Zeit gewesen und ist es wohl noch. Als die Stube warm wurde, da gingen einige hinaus und schliefen. Und es schneite so, daß die, die draußen schliefen, unter den Schnee kamen, so daß man sie nicht auf andere Weise fand, als daß die andern sie aus dem Schnee herausgruben.

Nilas wagte nicht, sich zu verheiraten, ehe Matte sich verheiratet hatte. Und als er und Elle sahen, daß Matte sich verheiratete, da fingen sie auch an, sich verheiraten zu wollen. Aber da der Sonntag vergangen war, so konnte der Pfarrer keine Trauung mehr halten, da er auch am selben Tage das Aufgebot verlesen sollte. Aber sie gaben doch dem Pfarrer den Aufgebotsbrief. Und da konnten die beiden ja in dem Jahr nicht mehr getraut werden. Aber sie zogen zusammen und lebten zusammen wie ein anderes Paar. — Die Lappen pflegten nicht öfter als einmal im Jahr nach dem Kirchenplatz zu ziehen. — Nilas war der reichste Bursche, und Elle war ebenso reich. Und die Leute waren ihnen gut, und sie wünschten, daß Nilas und Elle Hochzeit gemacht hätten; aber sie hielten es nicht für einen großen Fehler, daß sie vor der Trauung zusammen waren; sie waren ja doch aufgeboten.

Aber Nilas war ein hitziger Mensch, und Elle war ein sehr verständiger Mensch. Elle dachte wohl daran, wie sie mit Nilas fertig werden sollte, da er so heftig war; aber sie sah ja wohl, daß er auch wieder gut war, wenn der Zorn vorübergegangen war. Und er war aus einer reichen Familie. Und die früheren Menschen hatten viele Zeichen davon, aus welchem Geschlecht ein jeder war. Sie hatten gesehen, wenn eine Familie arm war; aus der Familie waren sie fast alle arm. Und wenn es eine wohlhabende Familie war, so sind sie in der Familie fast alle wohlhabend, wenn sie nicht anfangen, etwas Verkehrtes zu tun oder Rentiere zu stehlen. Die werden ja arm, die etwas Unrichtiges tun. Wenn sie nicht in ihrer eigenen Zeit arm werden, so werden jedenfalls die Kinder arm. Ein Menschengeschlecht ist wie ein Fluß. Wenn da ein Fluß ist, der lang ist wie ein Menschengeschlecht. Und manche Flüsse haben grasreiche Quellen, so weit, wie der Fluß geht. Und ein anderer Fluß ist auf demselben Berge, und der geht auch ebenso weit, und der hat kein Gras, nicht am Quell und nicht am Auslauf. Und so sind die Menschengeschlechter. Und wenn da eine Baumart irgendwo ist, sehr verzweigt mit feinen, geraden Zweigen, dann wächst da an dem Ort dieselbe Art Bäume. Und wenn da an einigen Stellen häßliche Bäume sind, so wachsen da auch ferner häßliche Bäume, einige gehen aus, und andere kommen statt dessen, dieselben häßlichen Bäume. Und so sind auch die Menschengeschlechter. Und darum pflegen die Lappen zu rechnen, wie die Familie aller Menschen ist. — Und darum sahen sie auch Nilas als wertvoll an, weil er von einer brotreichen (wohlhabenden) Familie war.

Und als das nächste Jahr kam, da fuhren die beiden nach Markan zur Hochzeit. Da zogen viele von ihren Freunden dahin, um mit zur Hochzeit zu kommen. Und als sie reisten, nahmen sie zwei Koten mit und viele Zugrentiere und Schlitten. Und als sie zur Trauung gingen, da kleideten sie sich in die schönsten Kleider, die zu dem Schmuck der Lappen gehören, seidene Tücher und Mützen, silberne Gürtel und feine Tuchwämser und vielfarbige Perlen und silberne Knöpfe und silberne Spangen — womit die Tücher zusammengehalten wurden — und schneeweiße Pelze und weiße Pelzhandschuhe und weiße Stiefel. Und die Brautjungfern sollen auch schöne Kleider anziehen, und die

Brautführer ebenfalls feine Kleider. Und so ziehen sie zum Pfarrer, und drei Paare müssen vor dem Paar hergehen und drei Paare hinter dem Brautpaar, und es sollen nur junge Mädchen sein und junge Burschen, die sechs Paare. Und viele andere Verwandte und Freunde folgen nach. Und wenn sie in die Kirche kommen, dann soll der Brautführer die Mütze des Bräutigams tragen. Und wenn der Pfarrer anfängt zu trauen, dann wird ein viereckiges Linnen über die Köpfe des Brautpaares gehalten, einer hält an jeder Ecke, bis der Pfarrer mit der Trauung fertig ist. Und wenn sie zurückgehen, dann soll der Brautführer die Mütze des Bräutigams tragen, und die Paare sollen wieder vorher- und hinterhergehen auf dieselbe Weise. — Und so kamen sie zurück zu dem Hause, wo sich einige aufhielten, und andere waren in den Koten, die als Kirchenkoten mitgebracht waren. Und da fingen sie an, Hochzeit zu feiern. Und es wehte stark, und da kam Schneetreiben, und zuweilen hörte das Unwetter auf, und es war sehr schöne und milde Luft. Und das nehmen die Lappen als Vorbedeutung, wie das Wetter ist. Und nun fingen sie an, den Hochzeitsschmaus zu halten. Und da kamen viele Menschen. Und Nilas hatte viel Branntwein gekauft, und er hatte viele Verwandte und Bekannte oder Freunde. Aber der eine oder der andere der Burschen war neidisch, weil er Elle nicht bekommen hatte. Und da war ein Mädchen, deren Name war Anne. Sie meinte, daß Nilas sie hätte nehmen wollen. Und als sie sah, daß Nilas sich nichts aus ihr machte, da fing sie an, viel von Nilas zu lügen, daß Nilas mit ihr gehurt habe, und erzählte das auch Elle. Und Elle sagte: »Dann bist du ein gutes Mädchen, daß du Nilas gegeben hast, als er Not litt, ich will dir schon Lohn zahlen.« Und da schämte sich Anne über sich selbst, sie hatte es allen Menschen erzählt, daß Nilas ihr Verführer wäre. Aber als Elle dies zu ihr gesagt hatte, da erzählte sie es niemand mehr. Die Schelme fragten Anne immer: »Wieviel bezahlte Elle dir, als du halfst?« Und da fing sie an sich zu schämen und wünschte nicht mehr darüber zu reden. — Und so fingen sie denn nun an, den Hochzeitsschmaus zu essen und zu trinken. Und als sie anfingen, da ging das junge Paar hin und setzte sich oben an den Tisch. Und da sollten sie sitzen, solange die Hochzeit währte. Und es wurde ja viel getrunken, und sie fingen an, also zu joigen:

»*Voia, voia, nana, nana,* nun haben wir Hochzeit bekommen, *voia, voia, voia, nana, nana, nana.*
Voia, voia, nana, nana, des Kirchspiels reichster Bursch brach sich nun das Bein[1],
Und nun trinken wir ja ein wenig, *voia, voia, voia, nana, nana, nana.*
Und die schöne Elle leuchtet wie ein Sternhimmel,
Die Prächtigste im Kirchspiel, *voia, voia, voia, nana, nana, nana.*
Wer wird nun des Kirchspiels Stern, *voia, voia, voia, nana, nana, nana.*
Und nun wünsch' ich euch viel Glück, *voia, voia, voia, nana, nana, nana.*«

Und dann joigten sie alle durcheinander, daß man nichts mehr verstand. Und da fingen die Burschen an, sich untereinander zu zanken und zu prügeln, so daß die Leute gezwungen waren, sie zu trennen, und zu reden, daß sie aufhören sollten. Und da hörten sie auf. Und da war einer, den sie binden mußten und gebunden halten, bis er nüchtern war. — Und nun kam der Zeitpunkt, wo sie anfingen, Hochzeitsgeschenke zu geben. Und sie gaben Geld und Silber und Rentiere. Und zum Vorsteher der Hochzeit wird immer ein sol-

[1] Eine scherzhafte Anspielung darauf, daß er nun nicht mehr auf eigene Faust umhergehen kann.

cher gewählt, der redlich ist und ein gutes Gedächtnis hat. Und sein Amt verlangte, daß er von niemandem allzuviel Geschenke nahm; wohl gibt ein betrunkener Mensch oft viel über das, was nötig ist. Und darum muß der Vorsteher ein gutes Gedächtnis haben, um sich zu erinnern, wieviel ein jeder gibt und wer Rentiere verspricht. Und nach und nach, so, wie sie Hochzeitsgeschenke geben, fassen der Bräutigam und die Braut sie um den Hals und danken, und sie wünschen dem Geber Glück, und ebenso wünscht der Hochzeitsvorsteher ihm viel Glück, hier und nach dem Tode. Und dann ist da wieder einer, der Branntwein austeilt, und dann gibt es den feinsten Wein, wenn sie Geschenke gegeben haben. Und wenn sie fertig damit sind, Hochzeit zu halten, dann hält der Vorsteher eine kleine Rede und singt einen Gesang aus dem Gesangbuch. Und der Inhalt der Rede ist also, daß er dem jungen Paar und allen Hochzeitsgästen Glück wünscht. Und der Bräutigam und die Braut danken dafür, daß sie gekommen sind, um »sich mit uns zu freuen über das neue Glück, das *Ibmel* (Gott) uns beiden gegeben hat, da er gesehen hat, daß es gut war, daß er dem Mann die Frau zur Gefährtin gab, als er sah, daß der Mann nicht allein fertig werden konnte«. Und wenn der Vorsteher das ausgeführt hat, dann erwidern die Hochzeitsgäste den Dank, und der Bräutigam und die Braut. Und dann schließen sie nun damit, Hochzeit zu halten, und ein jeder geht an das Seine.

Matte und Marja waren schon älter, und sie waren reich, und sie hatten vier Kinder, und sie lebten in Einigkeit und hörten auf, Rentiere zu stehlen. Und die beiden waren nicht allzu klug, doch war Marja nicht dumm. Aber sie verstand nicht, Leute für sich zu gewinnen. Und eines Tages, als sie allein waren, da kriegte Marja ein Kind, und da war nicht die geringste

Hilfe zur Hand. Matte war gezwungen, sich allein zu behelfen und seine Frau und das Kind zu versorgen, das eben geboren war. Und das älteste war sieben Jahre, und es war von geringer Hilfe. Und die Herde blieb ohne Aufsicht, und die Wölfe kamen und verfolgten die Herde. Und er sah wohl, daß die Wölfe kamen und um die Kote herumjagten, aber er konnte nicht aus der Kote herauskommen, da die Frau ein Kind gekriegt hatte. Und ein Mensch lief auf Schneeschuhen gerade um die Zeit in der Nähe der Kote. Aber er wußte es nicht, daß Matte in Not war, und er ging nicht in Mattes Kote hinein. Er überlegte in seinen Gedanken: »Ich gehe nicht in Mattes Kote, da verstreicht die Zeit nicht, ich gehe in Nilas' Kote. Nilas hat eine gemütliche Hausfrau, und er selbst ist freundlich.«

Und Nilas' Frau hatte auch ein Kind gekriegt. Aber Nilas holte Leute, denn er konnte die Zeit ausrechnen, wann seine Frau ein Kind kriegte, und das war auch eine Hilfe für ihn. Aber er wohnte zusammen mit Nachbarn. Und die Nachbarn hüteten die Herde, und er und seine Frau waren ja auch Freunde mit allen Menschen, obwohl er heftig war und sich zuweilen mit allen Leuten zankte. Aber er machte es alles wieder gut, und war wieder so gut, daß er nicht wußte, was für Gutes er tun sollte. Und Elle war ein sehr guter Mensch. Sie war gastfrei und freundlich, und die Leute mochten sie sehr gern. Und Nilas war auch gutmütig, die Leute waren gut, obwohl Nilas oft zornig wurde in der Rentierausscheidungszeit; aber er war doch nicht lange zornig. Jeder war ihm dienlich, wenn er Hilfe bedurfte.

Und als Nilas einmal auf den Markt gereist war und seine Elle nicht mit war, da trank er so, daß er nicht das allergeringste wußte. Da stahl man all sein Geld. Und als er aufstand und nüchtern wurde, da sah er, wie es gegangen war, und er wußte nicht, was er tun sollte und wer nun sein Geld gestohlen hatte. Da trank er wieder, und in seinem Zorn fing er an, sich mit andern betrunkenen Menschen zu zanken. Und dann entstand eine Prügelei, und da wurde er so geschlagen, daß er einhändig wurde und im Kopf ein großes Loch bekam. Doch das waren nicht Lappen, sondern Norweger. Und er konnte nicht das allergeringste kaufen, weil das Geld weg war. Aber die Leute kauften alles für ihn und zogen ihn selbst nach der *Sida*. Und als Elle das hörte, sagte sie: »Man muß ja auch die Widerwärtigkeiten mitnehmen, dann ist das Glück auch nahe.« Und da wurde Nilas so froh, daß er an gar nichts mehr dachte. Und da ließen sie Nuvtes Sara holen; sie hatte von ihrem Vater gelernt, Doktor zu sein, und als sie kam, da tat sie so, wie ihr Vater zu helfen pflegte, da erholte seine Hand sich schnell. Und er tat das Gelöbnis, daß er nicht mehr hingehen und trinken wolle, und zweitens, daß er nicht mehr allein auf den Markt gehen wolle. Wenn er Elle nicht zurückgelassen hätte, dann wäre es ihm nicht so ergangen, wie es ging.

Und im nächsten Jahr wanderte Nilas einmal allein umher, und da fand er einen alten vergrabenen Schatz, und das war viel Geld. Und er hatte keinen Namen, wessen er war. Und da bekam er all das Geld selbst. —

Erzählung von Matte. Da Matte nun in einer solchen Not war, da dachte er, daß er wohl dumm war, daß er seine *Sida* von den andern trennte, wenn die Frau schwanger war. Und sie waren beide so beschränkt, daß sie nichts davon verstanden, wie die Zeit verstrich, wann die Frau das Kind kriegen sollte. Aber da ging Andaras' jüngere Tochter hin, um sich nach ihrer Schwester umzusehen, und da kam sie, und da war Marja schon so, daß sie ihre Schwester nicht erkennen konnte, so krank war sie. Und da ging sie hin, um mehr Leute zu holen. Aber Marja war drei Monate krank, und der Wolf tötete vierzig Stück Rentiere, und die Herde hungerte, so daß die Rentiere erschöpft wurden. Und darin ist eine Warnung, daß man seine Kote nicht so einsam aufschlagen soll, wenn man nicht Ersatzvolk hat und die Frau schwanger ist. Wenn Matte auch nicht arm wurde, so blieb seine Frau doch von der Zeit an kränklich. Sie mußte aufstehen, ehe sie gesund geworden war. Und es geschah auch, daß sie fror, und sie bekam Kältekrankheit seit der Zeit. Sie wurde nicht mehr so gesund wie früher.

Das Joigen fängt an. Eines jungen Mannes Lied

Großer Listiger, *voia, voia, voia, nana, nana, nana.*
Nicht ein Einziger hat gewußt, ob er Fisch ist oder Vogel, *voia, voia, voia, nana, nana, nana,*
Auf der geschützten Seite mit der großen Glocke[1] weidete er in Ruhe, *voia, voia, voia, nana, nana, nana,*
Der kleinen Burschen Zuflucht, wenn sie in Not waren, wenn sie beim Diebstahl ertappt wurden, *voia, voia, voia, nana, nana, nana.*

Und die jungen Burschen wünschten alle, diesen Burschen mitzuhaben, wenn sie auf Rentierdiebstahl aus-

[1] Das Leitrentier. »Der großen Glocke folgen« heißt: sich der Gefahr fernhalten. Wenn sich ein Rentierhirt mit der Herde im Schneetreiben oder anderm Unwetter verirrt, da braucht er oder sie nur dem Leitrentier, der großen Glocke (dem Rentier, das die größte Glocke um den Hals hat), zu folgen; denn wenn das Unwetter sich legt und der Lappe ausgeht, um die Herde zu sammeln, da ist das Leitrentier stets das erste, das er aufsucht, so daß, selbst wenn es einen oder auch mehrere Tage währt, der Betreffende sicher sein kann, wiedergefunden zu werden, wenn er nur das Leben ohne Nahrung und Feuer fristen kann.

gingen. Denn er war listig und stiftete um diese Zeit ein wenig Streit zwischen den Lappen untereinander. — Und sie stahlen, der eine von dem andern, und der eine spähte den andern aus, wenn sie im Begriff waren zu stehlen. Und auf diese Weise wurden sie oft beim Diebstahl ertappt. Und dann brauchte man Rat, wie man aus der Sache herauskommen sollte. Und darum wünschten sie den listigen Burschen herbei; sie nannten ihn den König der Jungen. Und ihn hatten sie alle gern, und er war auch kein Dieb, aber doch auch nicht ganz schuldfrei; jedoch kam er nie ins Gerede. Er erlaubte auch nicht, viel zu stehlen, wenn er zugegen war. Und die Leute wußten, daß sie dann nicht viel stahlen, wenn der Bursche in der Nähe war; aber die Speiserentiere verbot er nicht zu stehlen.

Und er war ungeübt, mit dem Lasso zu werfen, aber im Laufen war er so schnell, daß er einem laufenden Rentier folgte, und so ausdauernd, daß er in einem Zug eine Meile lief. Er pflegte nicht stark zu laufen, wenn die Leute es sahen; aber es traf sich so, daß sie es sahen, wenn er es nicht wußte, wenn er hinter einer davonlaufenden Rentierschar herlief, die gegen den Wind anjagt, alles, was sie nur ausholen kann. Und es muß ein Schneller sein, der folgt, wenn man einen schlechten Hund hat. Der Hund kann wohl die Schar wenden, wenn es ein solcher ist, der kann und mag.

Und von diesem selben Burschen pflegten die Mädchen auch zu joigen:

»Mit einem Wort fand er das Herz, *voia, voia, voia, nana, nana, nana.*«
Großer Schelm, wenn er stahl, dann kam es über der andern Haupt, *voia, voia, voia, nana, nana, nana.*«

Hier beginnt das Lied des Rentieres

Seidenbrust, Seidenbrust, *voia, voia, voia, nana, nana, nana.*
Fährst hin wie Sonnenstrahlen, *voia, voia, voia, nana, nana, nana.*
Kleine Kälber rufen, *voia, voia, voia, nana, nana, nana.*
Und es saust und braust, *voia voia, voia, nana, nana, nana.*[1]

Das Joigen ist so, wenn es ein wirklich tüchtiger Joiger ist, dann ist es so schön zu hören, daß die Zuhörer fast anfangen zu weinen; aber wenn es solche Joiger sind, die schwören und mit den Zähnen knirschen und dann drohen, die Rentiere zu töten, ja sogar den Besitzer, da ist es häßlich zu hören.

[1] Im Frühling in der Kalbungszeit, wenn die Lappen ununterbrochen mehrere Tage und Nächte bei der Herde sind, werden sie zuletzt ganz wirr im Kopf von dem eigentümlichen Laut, den die Kälber und Rentierkühe hervorbringen, wenn sie einander rufen. Es ist dies, worauf das Joigen anspielt.

KAUTOKEINO

Das Geschehnis, das die Kautokeino-Verirrung ganannt wird, welches im Jahre 1852 geschah

Lästadius war ein Pfarrer, der Redner war, und er war sehr hart und ekstatisch und begabt und eindringend; aber er hatte nicht den heiligen Geist, ehe er ihn durch ein Lappenmädchen bekam[1]. Und selbst las er die Schriften und konnte herausfinden, wo der Weg zum Himmel ist oder die Gnade des ewigen Lebens. Und er predigte streng und beharrlich; doch predigte er hart das Gesetz und das Gericht und das Evangelium, und predigte so, wie es da in der Schrift steht, daß man mit einem zweischneidigen Schwert streiten soll, und wenn man nicht versucht, genau gleich mit beiden Schärfen zu schneiden, oder gerade soviel, wie man soll, da ist das gefährlich. Und es war, als wenn Lästadius eine Zeitlang die eine Schneide schärfer gebrauchte; denn einmal entstand eine große Verwirrung um seiner Predigt willen, weil er fast zu hart das Gesetz und das Gericht predigte. Und als da viele Menschen von vielen Gemeinden versammelt waren, da predigte er und hielt ihnen die ganze Zeit die Erweckung vor. Und da er der einzige Prediger war, so vermochte er nicht überall zu raten und sie zu lehren. Und ein Teil, der aus Kautokeino gekommen war, die zogen wieder nach Kautokeino zurück. Und nun waren sie aus dem Sündenschlaf erwacht, und für sie waren das Gesetz und das Evangelium gepredigt; aber es war, als wenn das Gesetz am meisten gepredigt war,

[1] Lästadius wurde zu seiner großen Religiosität durch ein frommes Lappenmädchen erweckt.

denn die Gesetz-Ekstase stieg diesen Menschen zu Kopf. Sie waren sehr rücksichtslos, und das Christentum war ihnen eine Herzenssache. Und sie fingen an, selbst zu predigen und von derselben Gesetz-Ekstase, mit der sie erweckt waren. Aber da Lästadius nicht da oben hinaufgekommen war, um sie zu lehren und zu leiten wie das Kind, das fast nicht gehen kann, so mußten sie selbst anfangen zu rudern, und da ging es gerade den verkehrten Weg. Es ist ja gesagt, die anfangen zu fliegen, ehe die Flügel tragen, die fallen ins Dreckloch. Es ist ihnen so einmal ergangen, und es geht wohl noch ebenso, mit den geistlichen Dingen und gleichermaßen mit den weltlichen Dingen.

Erzählung von denen, die nach Kautokeino zogen

Als sie Christen durch Lästadius' Wort geworden waren, verwirrte sich ihr Verstand, und sie begannen Lästadius nachzuahmen. Sie predigten und verurteilten alle die, welche sich nicht anschickten, ihnen zu folgen. Und sie wurden allmählich eine kleine Schar. Und darauf griffen sie noch härter zu. Und sie begannen so erregt zu werden, daß sie ihre *Sidas* verließen, und fingen an, den andern *Sidas* zu folgen und so zu predigen, wie sie Lästadius hatten predigen hören. Aber sie wußten nichts anderes mehr, als alle die in die Hölle zu verdammen, die ihnen nicht folgten und nicht auf dieselbe Weise zu predigen anfingen wie sie. Und da ihnen noch immer mehr Leute folgten, so wurde es noch ärger, und ihr Verstand verwirrte sich noch immer mehr. Und sie begannen Leute stark zu beschwören, daß sie ihnen folgen sollten. Und als sie sie nicht dadurch bekamen, daß sie sie verdammten, da fingen sie an zu schlagen und zur Hölle zu verurteilen und zu fluchen und die zu verspotten, die nicht beginnen wollten. Und als das eine Zeit gewährt hatte, da wurden sie außerdem noch so, daß ein jeder sich selbst lobte: »Ich bin größer als du.« Und der nächste sagte: »Ich bin noch größer.« Und ein anderer sagte: »Ich bin so groß wie Gott.« Der dritte sagte: »Ich bin noch größer als Gott.« Und sie sagten, daß sie die ganze Welt gewinnen wollten. »Und wenn wir nicht auf andere Weise gewinnen, so führen wir Krieg, und wir gewinnen sicher die ganze Welt.« Und sie drohten schon den Streit anzufangen; aber die Leute glaubten es nicht; doch fürchteten sich die Lappen, die sahen, daß sie die Lappen prügelten, die sich nicht anschickten, ihnen zu folgen. Und allmählich wurde es so, daß der eine oder der andere gezwungen wurde, widerwillig in den Glauben einzuwilligen, damit sie aufhören sollten zu prügeln. Und da wollten sie anfangen, die Sündigen, die nicht ihrem Willen folgten, zu richten und zu verfluchen. Und viele Jahre lang waren sie in einem solchen Nebel, und die Schar wurde größer und größer. Und da kamen ihre Köpfe in einen noch schlimmeren Nebel, so sehr, daß sie anfingen, sich Henkertätigkeit zuzulegen. Und diese Arbeit der Finsternis wurde von ihnen ausgeführt, als ihnen das Gesetz zu Kopf gestiegen war. Und sie fingen an, die »Herren« zuerst zu töten. Und es wurde endlich ein völlig ernster Streit. Aber es gab auch Lappen, die sich anschickten, dagegen zu kämpfen.

Das Kirchdorf namens Kautokeino schickten sie sich an abzubrennen, und sie töteten Menschen. Den Kaufmann und den Lehnsmann gelang es ihnen zuallererst zu töten. Und dann entkam ein Lappe nach einem andern kleinen Dorf, dessen Name Auči war. Und die schickten sich an, Leute aus den Lappen-*Sidas* zu sammeln, die in der Nähe waren. Und als sie einige Lappen versammelt hatten, da zogen sie gleich alle von dannen, auch die Frauen. Und in der Nacht fuhren sie ab. Und das versteht wohl ein jeder, daß es da nicht vergnüglich war, nach dem Kirchdorf zu fahren. Und sie kamen am Morgen, als es gerade anfing zu dämmern, und sie banden die Rentiere an die Außenseite des Zaunes. Und Stäbe hatten sie als Waffen. Und sie waren eine kleine Schar, aber sie waren vor nichts weiter bange als vor der Büchse des Kaufmanns, wenn die andern die gefunden hatten, und das hatten sie ja; aber es half ja nicht, weiter mußten sie, sie mochten nun getötet werden oder nicht. Aber es war die Frage, wer sollte vorangehen? Und da gingen die beiden stärksten und größten Männer. Die Namen der Männer waren des einen O.O. Thuuri, und des andern Name war Juffu. Und als sie zum Vorschein kamen, da entdeckten die Wächter der Verirrten sie und fingen an zu rufen: »Seht, da kommen Kriegsleute, wir gehen ihnen entgegen, wir gewinnen schon!« Und sie liefen von dannen und riefen so laut, wie ihre Stimme es erlaubte. Und als sie ihnen begegneten, da fingen sie an, mit Knitteln zu schlagen. Und da sahen die nüchternen Leute, daß es am besten war, sein Leben zu schützen. Und da fingen sie auch an, mit Knitteln zu schlagen, und da kämpften sie wie die Wölfe. Und sie sahen, daß sie gut fertig wurden; aber da schossen sie auf O.O. Thuuri, doch war es wahrscheinlich nicht mit Schrot, sondern mit Pulver. Er erzählte, daß es nur seinen Pelz schwärzte. Ich habe das von ihm selbst viele Male gehört. Ich bin sein Sohn, und er hat sie unzählige Male erzählt, alle die Begebenheiten. Und dieser Krieg war ein richtiger Krieg. Die Nüchternen schlugen die Verirrten nur, bis sie ohnmächtig wurden, und andere banden sie nach und nach. Und als sie fertig mit dem Kampf waren und sie gebunden hatten, da liefen sie schnell weiter, um zu sehen, ob der Pfarrer noch am Leben war. Und als sie in den Pfarrhof kamen, da sahen sie, daß die Fenster zertrümmert waren und Wächter vor jedem Fenster, und viele Späne schon hineingesteckt zum Feueranlegen. Und als O.O.Thuuri kam, da rief er mit lauter Stimme, so, wie seine Stimme war, wie ein kleiner Donner, man konnte wohl erschrecken, wenn sie unerwartet ertönte; er rief: »Ist der Pfarrer noch am Leben?« Sie antworteten: »Am Leben ist er, aber er ist gebunden.« Und da schrie er noch lauter: »Laßt ihn los, und das sogleich, wenn ihr wollt, daß es euch gut ergehen soll.« Und da ließen sie ihn los. Und Thuuri lief selbst überall hin, um zu sehen, ob da irgendwo Feuersgefahr war. Und als der Pfarrer losgelassen war, da stürzte er Thuuri um den Hals und weinte laut, und dankte ihm, weil er kam und sein Leben rettete. — Und so hatten sie denn gewonnen. Da war freilich einer von den Verirrten im Kampf totgeschlagen worden, aber das rechnete das Gesetz nicht für ein Verbrechen.

Und dann schickte man die gebundenen Menschen nach Norwegen, und sie wurden in Alahäjo oder Bossekop verhört, und das währte den ganzen Winter, jeden Tag, und einige von den Verirrten begaben sich auf die Flucht nach dem Hochgebirge mit der ganzen *Sida,* als sie sahen, daß sie nicht so stark waren, wie sie gemeint hatten. Und dann kam die Nachricht von den Regierungsleuten, daß man sie alle fangen sollte, und sie zogen aus und holten die ganze *Sida,* und sie kehrten zurück. Und ihre Herde verkauften die Regierungsleute auf Auktionen. Und von den schönen Rentieren wurden viele auch hierher von den Jukkasjärvi-Lappen gekauft.

Und als sie alle Sachen durch vieles Grübeln entwirrt hatten, da wurden einige zu langer Gefangenschaft, zu zwölf und zu sechs Jahren verurteilt. Und zwei wurden geköpft, so, wie sie ja auch zwei andere gemordet hatten, den Lehnsmann und den Kaufmann. Leben für Leben und Zahn für Zahn.

Und einige von den Gefangenen wurden große gelehrte Männer. Einer war so, daß er viele Bücher aus dem Norwegischen ins Lappische übersetzt hat und der Gelehrsamkeit halber wohl zum Pfarrer geeignet gewesen wäre; aber er hatte ein so großes Verbrechen begangen, daß das Gesetz das nicht erlauben konnte. Und der Pfarrer, der in Lebensgefahr gewesen war, er erlaubte es gar nicht; und er war ja damals so weit gekommen, daß er Bischof wurde, und darum hatte er große Macht, das nach dem Gesetz zu hindern, und er gewann leicht die Sache so, wie er wollte.

Weiterer Bericht davon, wie sich die Kautokeino-Herren nicht gegen die einfältigen Lappen behaupten konnten, die sie schlugen und schließlich töteten

Es war auf die Weise, wie es seit vielen Jahren mit dieser Verirrung gewesen war, dieselbe Drohung, daß sie alle gewinnen wollten in der ganzen Welt. Die Herren wußten, daß das nie geschehen würde, daß sie nichts weiter gewannen als einige von den dümmsten Lappen, so, wie es auch ging, doch so, daß sie gefährlich waren. Aber die Kautokeino-Herren glaubten nicht, daß sie so hart zugreifen würden, und mit so großem Haß gegen sie. Wenn sie das geglaubt hätten, dann würden sie für Waffen gesorgt haben und für einige Kriegsleute, womit sie die ganze Schar vernichtet hätten; aber sie wollten es gar nicht glauben, wie es war. Und als sie hörten, daß sie den Streit nun mit Macht angefangen hatten, und es ihnen gesagt wurde, daß sie drangehen sollten, sich Hilfe zu suchen, da antworteten sie, das habe man schon früher gehört, und dennoch sei es nicht schlimmer oder gefährlicher geworden. Und der Unglaube ist ja das, was viele Dinge anders macht.

Und als die Verirrten nach dem Kirchdorf namens Kautokeino kamen, da fingen sie an, alle und jeden zu dem Bekenntnis zu zwingen, die Herren noch strenger. Da schlugen sie so hart zu wie Diebshunde. Und hinter Ruth, dem Kaufmann, liefen sie her, auf den Boden hinauf, und stachen ihn mit dem Messer in die Schulter und töteten ihn dort. Und das Blut floß durch die Bodendiele herab. Und dann verbrannten sie das ganze Gehöft. Und den andern, den Lehnsmann, töteten sie auch und verbrannten alles. Und auf diese Weise führten sie diese traurigen Taten aus. Und den Pfarrer folterten sie so traurig, daß man es nicht beschreiben kann. Sie banden ihn fest und schlugen ihn so hart, daß er hin und wieder ohnmächtig wurde.

Und als die Verirrten aus der Gefangenschaft zurückkamen, da waren sie ganz arm; sie hatten nicht ein einziges Rentier. Da waren sie gezwungen anzufangen, andern Lappen zu dienen, selbst wenn sie die Lappenarbeit beinahe vergessen hatten; aber es war doch keine andere Zuflucht, in die sie sich begeben konnten, als dieselbe Arbeit auszuführen, die sie in der Jugend gelernt hatten; das lernten sie doch am schnellsten wieder. Und ihre Verwandten halfen auch, gaben auch ein wenig Kleider und Nahrung, bis sie anfingen zu arbeiten und sich einige Mittel zu verdienen. Und manche verheirateten sich auch. —

Dieser Pfarrer wurde Thuuri ein so guter Freund, daß er Gevatter bei seinem Sohn sein wollte, und das wurde er. Und der Pfarrer Voßlef war Gevatter bei demjenigen, der dies schreibt.

ERZÄHLUNG VON LAPPLANDS UNBEKANNTEN TIEREN

Lappland ist das Land, wo es solche Tiere gibt, von denen die Menschen nicht recht wissen, wie sie sich ernähren. Aber wohl wissen die Menschen das, daß es auf einem Teil der Erde eine Art Tiere gibt, weniger wertvolle Tiere, die an den Stellen leben, wo andere Tiere sich nicht ernähren können. Und die Menschen lassen einige Tiere nicht auf besseren Erdboden hinkommen, obwohl sie nicht sicher wissen, wie sie sich dort ernähren, wo sie sind. Die Menschen lassen die Tiere nirgendwo hinkommen; die Leute meinen, daß es nicht gut ist, sie sich so ausbreiten zu lassen; wenn sie sich bis jetzt ernährt haben, können sie sich wohl auch mit weniger Land ernähren. »Wir brauchen selbst Boden, und wenn wir hier oben Land finden, worauf wir uns ernähren können, so scheuchen wir sie von da fort, wo man solche Erde findet, wo wir uns ernähren und aufhalten können, und dahin, wo das Land für uns unbrauchbar ist. Wohl sind diese Tiere überall auf dem guten Erdboden gewesen, aber unsere Vorfahren haben sie da fortgescheucht. Und diese Tiere sind leicht zu verscheuchen, sie sind sehr scheu. Auch ist es nicht gefährlich, wenn sie sich da nicht so gut ernähren sollten, sie brauchen sich nicht zu vermehren, und es ist nicht gefährlich, wenn es ihnen schlechtgeht und sie gequält werden, sie sind an so ein Leben gewöhnt.« Auch sind die Menschen niemals unter sie gegangen, um sie richtig zu untersuchen, wenn sie auch von weither mit einem Fernrohr gesehen haben, daß hier Tiere sind und daß sie leben. Aber doch wissen die Menschen nicht sicher, wie sie leben. Ein Teil von den

Menschen meint, daß diese Tiere besonders gut leben, und möglicherweise wünschen auch einige, daß sie gut leben möchten, auch diese Tiere, da es doch Tiere sind, die keinen Schaden tun; obwohl einige Menschen sie für schädlich halten und dies solchen Leuten erzählen, die nichts davon wissen, daß sie schädlich seien; und diese Menschen haben Lust, sie zu vernichten; aber ein Teil von der Obrigkeit des Reiches gibt doch nicht die Erlaubnis, die Tiere zu vernichten. Und wohl gab es auch Menschen, die, wenn sie die Beschwerlichkeiten und die schlechten Verhältnisse der Tiere kannten, nicht unterlassen konnten zu trauern; wohl weinten sie viele Male, wenn die Tiere so viel Qual, Hunger und Kälte ertragen mußten. Aber andere Menschen würden sie töten, als wären sie Elentiere[1], wenn es erlaubt wäre; aber da es nicht erlaubt ist, sie zu töten, so sind sie gezwungen, sie leben zu lassen; aber doch können sie die Obrigkeit dazu bringen, ihnen so weit zu glauben, daß sie ihnen Erlaubnis gibt, sie mehr und mehr zu verdrängen auf die Weise, daß sie ihr Land nach und nach einschränken. Und wenn es so weitergeht, werden die Tiere vernichtet, und nur durch Leiden, die wohl gegen das Tierschutzgesetz sind.

Wenn diese Tiere einen Hausherrn hätten und er verstünde, wie sie litten, so kaufte er möglicherweise mehr Land für sie. Aber da sie nicht einen solchen richtigen Hausherrn haben, so bleibt für sie, unter der Qual zu leben bis an den Tod, was eine traurige Sache für den ist, der denkt und versteht.

Aber der, der dieses schreibt, wünscht doch, daß die Gnade auch ihre Augen erleuchten möge, wie die der andern Geschöpfe der Erde, welche von demselben Gott geschaffen sind.

[1] Die finnischen Ansiedler in dem nördlichen Schweden betrieben eine ausgedehnte und unbarmherzige Wilddieberei auf Elentiere, daher das Gleichnis.

Schließlich sind wir in Gottes Schoß, wie das Kind auf seiner Mutter Knie, wo es seine beste Zuflucht hat.

ABBILDUNGEN

Ziehende Raiden

Hier sieht man acht *Raiden.* Die drei unteren *Raiden* gehen in einer Reihe; die erste hat einen Fluß im Tal passiert; man sieht den See, aus dem der Fluß entspringt, ebenso ist der Zufluß des Sees durch klare Gebirgsbäche angegeben. Das vorderste Rentier in der vordersten *Raide* trägt an der Seite eine Wiege. Das vorderste Rentier in der nachfolgenden *Raide* trägt ein Kind auf dem Rücken. Zwei Hunde sieht man links von der Frau, die die dritte *Raide* leitet und über einen Bach geht. Das letzte Rentier trägt die Zeltstangen, und hinter ihm kommt ein Hund. Die meisten von diesen Rentieren haben kurzes Geweih, woraus ersichtlich ist, daß es eine Frühlingswanderung ist; einige haben das Geweih noch nicht abgeworfen.

Die obersten fünf *Raiden* illustrieren eine Herbstwanderung (siehe den Text S. 34). Alle Rentiere hier haben volle, ausgewachsene Geweihe. Auf dem vordersten Rentier, ganz zur Rechten, reitet ein Kind, und das hinterste Rentier in derselben *Raide* trägt die Zeltstangen. Der Lappe, der die nachfolgende *Raide* leitet, hat die viereckige Kautokeino-Mütze auf; die andern Männer tragen die spitze Mütze mit der roten Quaste, wie sie in Torne Lapmark getragen wird. Neben den Zeltstangen hinter der dritten und mittelsten *Raide* geht ein größeres Kind. Turi hat auch die Spur der *Raide* angegeben; man sieht, daß sie eine Kurve bildet, der die nächste *Raide* genau folgt. Die fünfte und unterste *Raide* besteht nur aus zwei Rentieren; auf dem hintersten reitet ein Kind, und unmittelbar hinter dem Rentier geht ein anderes Kind mit einem Stab in der Hand und einem Hund hinter sich. Das vordere Rentier trägt eine Wiege, in der ein Kind liegt; eine Frau steht daneben und stillt es, eine andere Frau hält den Rentierzügel. Ihnen folgen zwei alte Lappen — vorzüglich charakterisiert —, zwei Kinder und ein junger Hund.

Ein Lagerplatz im Herbst

»Die Herde auf dem Versammlungsplatz in der Brunstzeit« hat Turi ganz unten auf die Zeichnung geschrieben. Zuoberst, rechts, steht ein Lappe Posten, damit die Rentiere nicht entschlüpfen sollen. Zuoberst, links, hält ein Hund die Herde zusammen. Davor läuft ein Lappe, im Begriff, seinen Lasso zu einem neuen Wurf aufzuwickeln; vor ihm wirft ein anderer Lappe gerade seinen Lasso um die Zacken einer Rentierkuh, die gemolken werden soll; um diese Zeit melken die Lappen fleißig (siehe den Text S. 57, 59). Rechts von den lassowerfenden Lappen steht ein Mann und hält eine Rentierkuh, die von einer Frau gemolken wird; ebenso ganz rechts mitten auf der Zeichnung. Die Herde ist um diese Zeit sehr unruhig, die wütenden Stiere stoßen und jagen auf dem Platze nach den Rentierkühen umher. — Vor der Kote, ganz unten rechts, sieht man den Holzbaum; an der inwendigen Seite liegt das geschlagene Holz, an der äußeren Seite das ungeschlagene Holz. Rechts von der Kote sieht man eine Rentierschlachterei, in der Nähe steht das Fleischgerüst; davor treiben sich Kinder und Hunde herum. In der Nähe der Kote stehen einige Erwachsene in einem Gespräch. Links von ihnen begrüßen zwei Lappen einander mit der gewöhnlichen halben Umarmung. In der kleinen Schar Rentiere links von ihnen hat Turi versucht, ein weißes Rentier zu zeichnen, indem er den Hintergrund dunkel schraffiert hat; es ist eine Rentierkuh, was man an dem kleinen Geweih sieht; sie hat eine Glocke um den Hals; die Glocke wird gern bei den Rentieren angebracht, die sich aus irgendeinem Grund vor den andern auszeichnen. In der Kotentür links und neben der Kote stehen Kinder und Erwachsene als Zuschauer. Gerade vor der Kote spielt ein junger Hund mit einem Stock.

Čokkiat rakaťaiki alo lina saŭs

In der Rentierkoppel zur Herbstzeit

Im Herbst, wenn das Rentier nach Süden zieht, läßt es sich nicht vermeiden, daß die Herden vermischt werden. Die verschiedenen Rentierbesitzer setzen dann einen alten Zaun instand, wenn er auf einem passenden Platz steht, oder machen einen neuen, und hier hinein jagt man dann alle die vermischten Tiere, und die Scheidung geht so vor sich, daß jeder Besitzer oder jede *Sida* ihre Herde bekommt. Diese Ausscheidung der Rentiere wird mehrmals im Laufe des Herbstes vorgenommen, bis alle Herden fertig sind.

Die kreisförmige Koppel wird von einem Flechtwerk aus gefällten Birkenbäumen gebildet; durch ein ähnliches Flechtwerk wird sie in so viele Abteilungen geteilt, wie erforderlich sind, um die ausgeschiedenen Rentierherden abzusperren. In der äußersten Koppel läßt man eine größere Öffnung, durch die die Rentiere hineingejagt werden, dann schließt man die Öffnung schnell mit gefällten Birkenbäumen, die zu diesem Zweck bereit liegen. Auf dieser Zeichnung hat die Rentierkoppel drei Abteilungen, und die Rentiere befinden sich darin. Die Öffnung ist daher geschlossen, so daß sie nicht sichtbar ist. Draußen auf dem Platz befinden sich einzelne freistehende Birken und recht hohe Baumstümpfe; um diese schlingt man in schwierigeren Fällen den Lasso, um ein widerspenstiges Rentier besser halten zu können, wenn man es melken oder zeichnen will. Die Ausscheidung geht auf die Weise vor sich, daß das Rentier mit dem Lasso gefangen und in die Abteilung hineingeführt wird, wohin es gehört; vor der Tür werden ein oder zwei Wächter aufgestellt, die die Rentiere verhindern sollen, auszubrechen und sich wieder mit den andern zu vermischen. Es sind oft Frauen oder größere Kinder, die zu diesem Amt benutzt werden, doch sieht man auch häufig die Frauen mit dem Lasso werfen und sich mit den Rentieren tummeln, ebensogut wie die Männer. Zwei Frauen vereinigen sich oft, so daß die eine die Rentierkuh mit dem Lasso einfängt und sie hält, während die andere melkt. In der Rentierkoppel herrscht Leben und Bewegung; überall sieht man Melkszenen und Lassowerfen, Rentiere von aller Art und in jedem Alter laufen hierhin und dahin in dichtem Gewimmel. Außerhalb des Zaunes sieht man einen Hund drei Rentiere verfolgen, die nicht mit der übrigen Herde hineingekommen sind. Auf der entgegengesetzten Seite, außerhalb des Zaunes, ist eine kleine Gruppe Birken gezeichnet; drei Hunde verfolgen mit Interesse, was in der Koppel vor sich geht, zu der ihnen der Zutritt streng verboten ist. Der große dunkle Fleck ist ein

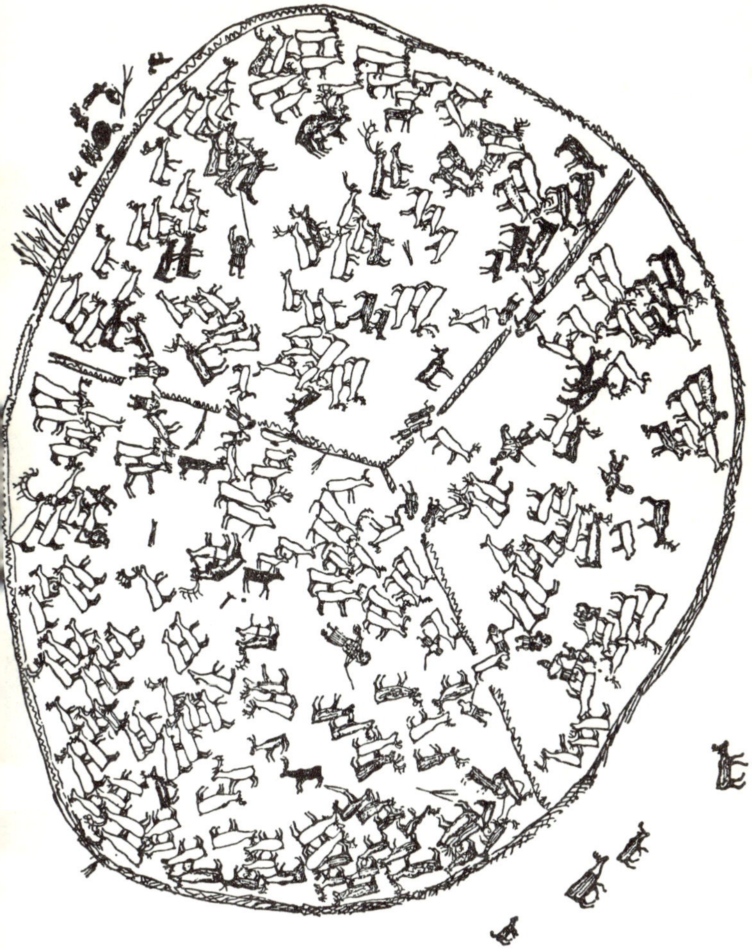

Stein; daneben stehen ein paar Kinder und sehen zu. Eine Frau ist im Begriff, die Wiege mit dem Kind an einen Baumzweig zu hängen, damit sie ungehindert von dem Wiegenkind über den Zaun springen und an der Arbeit da drinnen teilnehmen kann. Mehrere von den Lappen haben in der Hitze des Kampfes die Mützen verloren, und das lange Haar umbraust ihnen wild den Kopf.

Wanderung zur Winterzeit

Hier sieht man eine *Sida* auf der Wanderung mit der Herde und den Schlitten-*Raiden.* Vor der Herde geht der Lappe mit dem Leitrentier; er ist auf Schneeschuhen und benutzt als Schneeschuhstab eine Schneeschaufel, das Schaufelblatt nach oben gewendet. Ein Lappe und ein Lappenmädchen folgen der Herde und halten sie mit ihren Hunden zusammen; darunter sieht man zwei *Raiden.* Die erste wird von einem Mann geleitet, vor ihm geht der Hund. Die Spur bezeichnet, daß eine andere *Raide* vorausgegangen ist. In dem Fahrschlitten des Leiters hat ein größeres Kind Platz genommen. Der letzte Schlitten in der vordersten *Raide* ist ein Deckelschlitten. Die andern sind gewöhnliche Flechtschlitten, mit einer Rentierhaut zugedeckt und zugeschnürt. Die nächste *Raide* wird von der Hausfrau geleitet, die zusammen mit einem Kinde voranfährt; das ist die »Koten-*Raide*« (siehe Text S. 63). Hinter dem letzten Schlitten schleppt das Kotengestell her. Der längliche Kreis zwischen den *Raiden* bezeichnet einen zugefrorenen See; der Schlitten der Hausfrau wird vom Hindernis ein wenig in die Höhe gehoben, und das letzte Rentier in der ersten *Raide* zieht mit Mühe den schweren Deckelschlitten über den Rand des Sees hinab. — Wenn Turi Lappen auf Schneeschuhen zeichnet, läßt er die Schneeschuhe sich gewöhnlich kreuzen, ein Unfall, der in Wirklichkeit den im Schneeschuhlaufen sehr geübten Lappen nur äußerst selten zustößt.

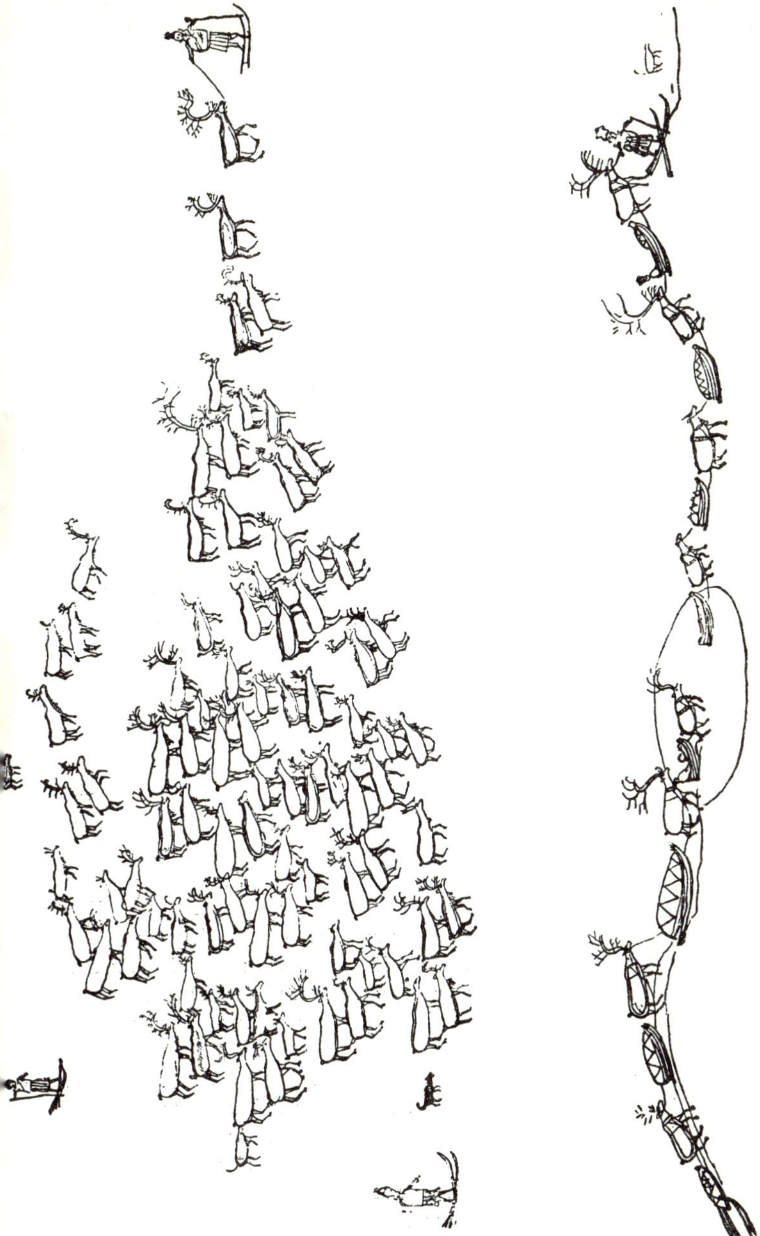

Ein Winterwohnplatz

»Ein Winterwohnplatz ist hier unten gezeichnet«, hat Turi ganz oben auf die Zeichnung geschrieben. Dieser Wohnplatz besteht aus drei Koten mit Zubehör von Schlitten und Gerüsten. Daß die Lappen sich auf längere Zeit niedergelassen haben, ersieht man daraus, daß die Schlitten Seite an Seite geordnet und auf zwei Baumstämmen untergebracht sind, wie Boote, die an Land gezogen sind. Auch das Vorhandensein von Föhren bezeichnet, daß man zu dem eigentlichen Winterwohnplatz gelangt ist. Ganz zur Linken unter der Rentierherde sieht man eine kräftige Föhre, darunter wieder einige kleinere Birken. Zuoberst ist eine abgestorbene Föhre gezeichnet; diese sind von den Lappen sehr begehrt, da sie eine leicht anzuzündende und stark wärmende Feuerung abgeben. Die große Tanne in der Mitte mit den beiden kleineren dahinter ist ebenso wie die anderen Bäume so charakteristisch gezeichnet, daß eine Erklärung eigentlich überflüssig ist. Neben der mittleren Kote steht ein junger Lappe und macht einem jungen Mädchen den Hof. In der Kotentür steht eine Frau und beobachtet sie. Vor der Kote ist der Holzbaum angebracht. Der Tür zunächst liegt das geschlagene Holz, und auf der anderen Seite des Holzbaumes liegt ein Haufen ungehauener Zweige. Rechts sind vier Schlitten Seite an Seite angebracht, verpackt und zugeschnürt; über ihnen sieht man Böcke mit aufgehängten Sachen. Und neben dem Fleischgerüst geht eine Rentierschlachterei vor sich: das Rentier liegt im Schnee auf dem Rücken, und der Lappe beugt sich darüber und jagt ihm das Messer in die Brust. Ganz zur Rechten fahren vier Lappen in ihren Schlitten, von besonders großgeweihigen Zugrentieren gezogen. An der Spitze der Schlitten ist das Reisebündel festgeschnürt. Ein paar Hunde laufen mit. Überall auf dem Wohnplatz sieht man die Rentiere herumlaufen (das sind die Rentiere, die mit Begehrlichkeit Urin lecken; solche Rentiere streben mit Vorliebe dem Lager zu, wenn sich die Herde zu weit weg befindet; sie gewöhnen sich dadurch daran, Menschen zu sehen, werden zahmer und sind leichter zu leiten, weshalb der Lappe auf diese Eigenschaft bei den Rentieren Wert legt). Turi hat im übrigen das Leben so gezeichnet, wie es sich täglich auf dem Wohnplatz abspielt. Zwischen den Koten sieht man Lappen von und zu einem kleinen Kaffeebesuch bei den Nachbarn hin und her gehen. Rechts von den zwei vordersten Koten mit den fünf aufgestellten Schlitten tritt ein Lappe von seinen Schneeschuhen, der eben vom Rentierhüten heimkehrt; unter ihm steht ein Mädchen auf Schneeschuhen, links von ihr

schleppt ein Kind eine Birke nach dem Holzhaufen hin. An dem nächsten Holzhaufen steht ein Lappe, die Axt in der Hand, während ihm »das große Messer« aus dem Gürtel herausguckt. Links von den beiden Rentieren steht die Tonne mit gesalzenem Fisch. Hinter den Koten sieht man Gerüste für Kleider und gegen das eine Fleischgerüst ein Paar Schneeschuhe aufgestellt. Der dunkle Rand zuoberst an den Koten bezeichnet den stark rauchgeschwärzten Teil des Zelttuches. An dem dichten Rauch aus allen drei Koten sieht man, daß da drinnen ein warmes und helles Feuer brennt.

Auf dem Kirchplatz

Turi hat die jährliche Kirchenfahrt der Torne-Lappen nach der alten Kirche von Jukkasjärvi gezeichnet. (Von den Lappen wird sie auch Susanna-Kirche genannt; nach ihrer Aussage erhält nämlich eine Kirche ihren Namen nach dem ersten, der auf dem Kirchhof begraben wird.) In früheren Zeiten, als nur wenige Menschen auf dem Kirchplatz wohnten, mußten die Lappen kleine Holzhütten aufführen, die sie während des Aufenthaltes dort benutzten. Einige brachten auch Koten mit, die sie zu vorübergehender Benutzung aufstellten. Auf der Zeichnung sieht man eine Kote und fünf kleine Kirchenbuden. Von allen Seiten kommen die Lappen in ihren kleinen bootförmigen Schlitten und mit ihren unzertrennlichen Begleitern, den Hunden. Mehreren von den Rentieren hängt die Zunge aus dem Maul heraus, wie es ihre Gewohnheit ist, wenn sie stark laufen und angestrengt sind. Die Lappen, Erwachsene und Kinder, bewegen sich überall auf dem Platz, zwischen den Hütten und auf dem Wege zur Kirche. Zwischen dem Glockenturm und der Kirche selbst hat Turi eine Föhre gezeichnet, die man in der Tat an diesem Ort vorfindet. In den untersten Zweigen ist eine erhängte Gestalt angebracht; als Grund hierfür erklärt Turi, daß ein Mann, der sich im Walde erhängt hatte, dort bei der Kirche begraben wurde, und da wuchs selbst eine Föhre beim Grabe empor, genauso wie die, an der er sich erhängt hatte. Die kopflosen Gestalten hinter der Kirche sind Geister, die auf den Kirchhöfen umherwandern. Die schwarzen Striche außen herum bezeichnen die Einfriedigung des Kirchhofes. Ganz zuoberst und weiter unten, ganz zur Rechten, sieht man einen Rentierkörper und Menschen skizziert.

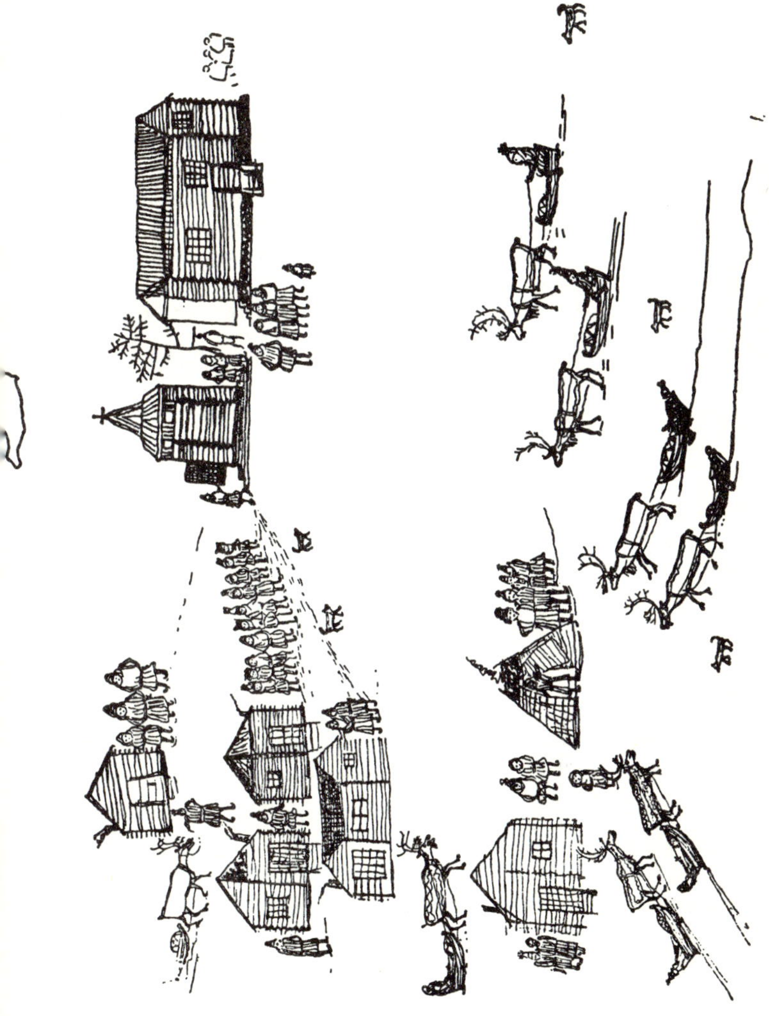

Wölfe in der Rentierherde

Turi hat hier eine Schar Rentiere gezeichnet, die von sieben Wölfen überfallen werden; ihre Fangweise ist deutlich angegeben; sie zersprengen die Schar in mehrere kleinere Teile und fallen die einzelnen Rentiere an. Diese fahren verwirrt von dannen, die Zunge aus dem Halse den Kopf hintenüber geworfen und mit erhobenem Schwanz. Aus der großen Deutlichkeit der Spuren geht hervor, daß der Überfall im Winter bei tiefem Schnee geschieht. Drei Rentiere sind schon übermannt. Das eine in der Mitte wird von zwei Wölfen zerrissen, der Bauch ist aufgerissen und die Eingeweide treten heraus. Und links davon hat einer von den Wölfen eine Schar von sechs Rentieren auseinandergesprengt, und das hinterste Rentier wird eben eingeholt. Darauf wird die große Schar von zwei Wölfen gejagt; das letzte Rentier ist im Begriff, ihre Beute zu werden.

Wanderung nach und von Norwegen

Turi hat hinten auf seine Zeichnung geschrieben: »Eine *Sida,* die nach Norwegen zwischen hohen Bergen wandert, im Frühling und im Herbst.« Oben links sieht man die Herde über den steilen Felsabhang hinabkommen; eine kleine Schar drängt sich aus den Reihen der Nachzügler vor, wird aber gleich von einem Lappen und zwei Hunden verfolgt. Der eine Hund ist schon so weit gelangt, daß er im Begriff ist, die Herde zurückzutreiben. Turi hat auch einen großen Hund gezeichnet, der das hinterste Rentier zurückreißt. Daß ein Hund ein Rentier vernichtet, kann wohl vorkommen, wie es auch geschieht, daß ein Rentier einen Hund tötet. Die Rentiere kommen eben von dem baumlosen Teil des Berges und gehen in die Waldregionen hinab. Zwei Lappen mit ihren Hunden stehen unten am Fluß vor der Herde, um sie zum Übergang über die Brücke zusammenzuhalten. Die beiden *Raiden,* die zu dieser Herde gehören, haben gerade die Brücke passiert und gehen nun hintereinander den Berg ganz oben rechts hinauf. Die erste *Raide* besteht aus sechs Rentieren, die Lasten tragen. In der nächsten *Raide* sind drei Rentiere, von denen das rechte die Kote trägt; auf jedem der vordersten reitet ein Kind. Rechts von der letzten *Raide* gehen zwei Lappen, zweiundsiebzig und achtzig Jahre alt; ihr Alter hat Turi unter die Figuren geschrieben. Vor ihnen wandert ein zwölfjähriges Kind mit einem Hund. Ganz oben rechts neben der vordersten Raide geht ebenfalls ein alter siebzigjähriger Lappe und ein zehnjähriges Kind und ein Hund.

Man muß sich vorstellen, daß diese hier beschriebene *Sida* sich auf der Frühlingswanderung nach Norwegen befindet, wohingegen die beiden *Raiden,* die den entgegengesetzten Weg ganz rechts auf der Zeichnung einschlagen, sich auf der Herbstwanderung von Norwegen zurück befinden sollen. Alle Rentiere haben ausgewachsene Geweihe. Die vorderste *Raide* besteht aus fünf Rentieren mit Lasten. Das Rentier, das dem Leiter zunächst geht, trägt ein Kind auf dem Rücken. Die beiden Rentiere in der nachfolgenden *Raide* tragen auch jedes ein Kind. Unmittelbar rechts von dieser *Raide* sieht man den Wald mit den niedrigen, kleinen, buschigen Birkenbäumen beginnen, weiter unten werden die Birken schlanker. An mehreren Stellen auf der Zeichnung hat Turi die von Schnee und Sturm gebeugten und zum Teil gebrochenen Bäume angegeben. Zu beiden Seiten des Flusses im Tal, wo der Wald am üppigsten wächst, sieht man sowohl Laubbäume als auch Nadelbäume. Ganz zur Rechten, oben in der Ecke, hat Turi den Berggipfel zeichnen wollen mit dem Gletscher auf der Spitze

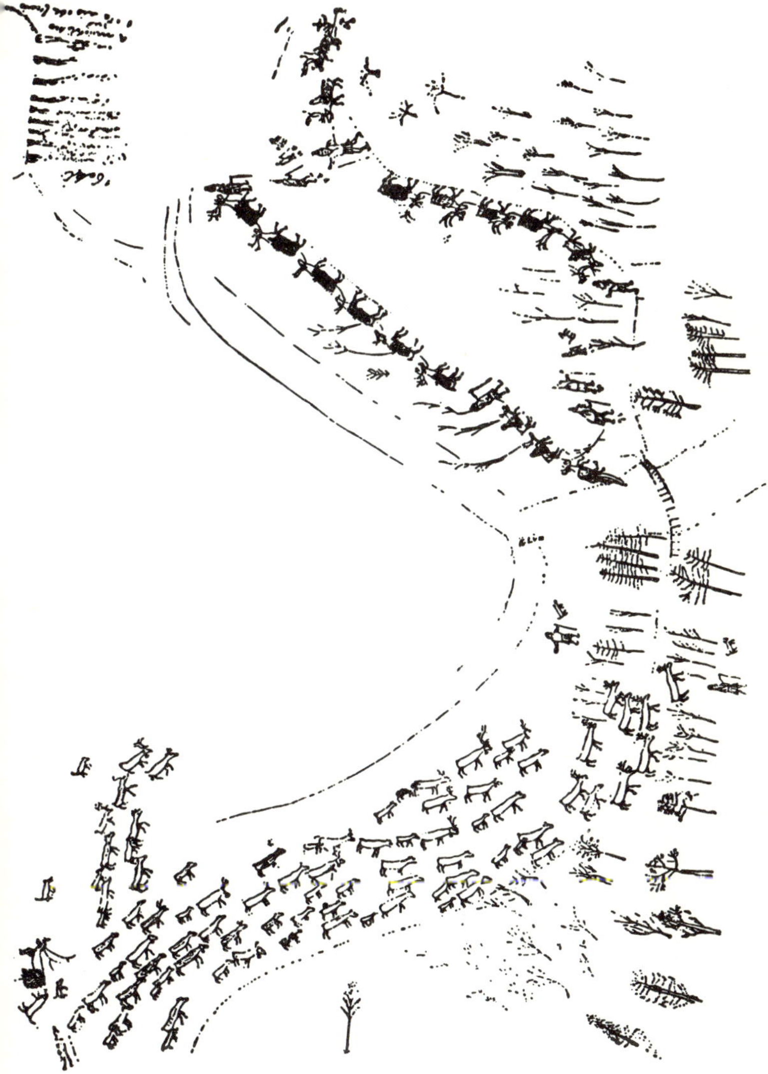

und den jähen Felswänden mit Schluchten nach unten zu. Er hat dazu geschrieben: »Der Schnee und der große Eisgletscher auf dem Berge.« — Ein Pfeil zuoberst mitten auf der Zeichnung gibt Süd und Nord an.

Die Sida passiert einen Fluß zur Frühlingszeit

Ganz zur Rechten oben sieht man einen Lappen mit seiner *Raide* über den Fluß waten; in der linken Hand hält er den Stab, womit er sich vorwärtstastet, um Unebenheiten auf dem Grund zu vermeiden. In der rechten Hand hat er den aufgewickelten Rentierzaum, den er über die Schulter gelegt hat, um sein Rentier dicht an sich zu halten, so daß er es stützen kann, wenn es im Fluß strauchelt. Die *Raide* besteht aus sechs Rentieren mit voller Bepackung. Das letzte Rentier trägt die Kote: die beiden Teile des Zelttuches trägt es zusammengerollt, eine auf jeder Seite; die Stangen des Kotengestelles schleppen mit dem einen Ende an der Erde, das andere Ende ist durchbohrt und mit einem Strick in zwei Bündeln zusammengehalten, die auf den Saumhölzern festgebunden sind, eines zu jeder Seite des Rentieres. Hier auf der Zeichnung verrät das »Kotenrentier« Unlust, in den Fluß zu gehen. Es zieht den Zügel stramm, der an seinem Kopf und Hals befestigt ist, und läßt sich nur widerstrebend mit fortziehen. Die Zeichnung zeigt, daß die *Raide* da hinübergeht, wo der Fluß breiter und weniger tief und reißend ist. Die dunklen Flecke im Wasser sollen Steine andeuten. Unterhalb der *Raide* schwimmen die Rentierkühe und -kälber über den Fluß. Ein Teil ist an das jenseitige Ufer gelangt, wo zwei Lappen mit ihren Hunden bereit stehen, um die Herde zu empfangen und sie zusammenzuhalten. Man muß sich vorstellen, daß der oberste von den beiden Lappen seinen Lasso benutzt hat, den er in der linken Hand schleppen läßt; er hat keine Zeit gehabt, ihn nach dem Wurf aufzuwickeln. In der rechten Hand hält er den Stab. Auf dem Kopf trägt er ebenso wie der Lappe unten die spitze Zipfelmütze, die von den Torne-Lappen getragen wird (wohingegen der Lappe, der dem jenseitigen Ufer zunächst steht, die vierkantige Mütze trägt, wie sie von den Kautokeino-Lappen benutzt wird). Kreuzweise über Rücken und Brust hat er ein paar Rentierzügel, und man sieht den hohen Kragen des Pelzes über den Kopf aufragen. Um die Hüften hat er den Gürtel, in dem das Messer hängt. Sein Hund ist träge, er

steht da und sieht einem fliehenden Rentier nach, das er doch nicht zurückholen mag; dahingegen tut ein anderer Hund seine Pflicht. Sein Herr, der Lappe ganz unten rechts, schwingt seinen Stab, um die Rentiere zusammenzuhalten; hinten im Gürtel sieht man »das große Messer«; und der Pelz oberhalb des Körpers ist vorn stark ausgebeult: dort und in dem Brustloch pflegt der Lappe nämlich die Kleinigkeiten aufzubewahren, die er mit sich führt, Pfeife, Tabaksbeutel, die »Spiegeldose« mit Streichhölzern, einen Löffel, den Geldbeutel und dergleichen. Ein Teil von den Rentieren, die über den Fluß gelangt sind, streben wieder dahin zurück, um nach ihren Kälbern zu sehen. Im Fluß sieht man viele schwimmende Rentierkühe und -kälber. Wenn das Rentier stark läuft oder wenn es schwimmt, hält es den Hals gestreckt und den Schwanz in die Höhe, was Turi auch überall angegeben hat. — Ganz oben links auf der Zeichnung sieht man vier Lappen, die aufgestellt sind, um die Nachzügler zusammenzuhalten; eine Anzahl Rentiere versucht umzukehren, entweder um nach ihren abhanden gekommenen Kälbern zu suchen oder zurückgeschreckt von dem Fluß und von den Hunden. Ein kleines verirrtes Kalb (von den Hunden unter anderem durch den kürzeren Schwanz zu unterscheiden) läuft an ihnen vorüber. Die Figur ganz oben links und die Figur am Baum unten sind Frauen. Ihre Kleidung ist fast wie die der Männer, nur tragen sie Frauenmützen und haben keine großen Messer im Gürtel. Hier und dort findet man auf der Zeichnung Birken, wie auch die Ufer des Flusses zum Teil mit Bäumen und einigen wenigen Birken bewachsen sind. Der größte Teil der Rentiere hat kurze Geweihe, einige sind ganz ohne Geweih, was im Verein mit den neugeborenen Kälbern deutlich angibt, daß es Frühling ist, wo die Geweihe der Rentiere frisch auswachsen.

Von Emilie Demant benutzte Literatur

F. Castrén, *Resa til Lappland år 1838*. Stockholm 1843.

F. Castrén, *Nodiiska resa och forskningen*. Helsingfors 1852. Band 1.

J. A. Englund, *Lats Levi Lästadius*. In: *Theologisk Tidskrift*. Uppsala 1876.

J. A. Friis, *Lappiske sprogprøver. En samling lappiske eventyr, ordsprog, og gåder*. Christiania 1856.

J. A. Friis, *Lappisk mythologi, eventyr og folkesagn*. Christiania 1871.

F. W. Hvosleff, *Noget om den religiøse bevaegelse i Koutokaeino*. In: *Theologisk tidskrift for den norske kirke*. Band 7. Christiania 1857.

Zwei Briefe an Bischof Juell. In: *Christiania Posten*, Nr. 1539. Christiana 1852 [Über den Kautokeino-Aufstand.]

O. Nicolaisen, *Fra Nordlands fortid*. Christiania 1889.

J. Qvigstad, *Ny Magasin for Naturvidenskab*. Band 39, 40, 42. Christiania 1901–1903. (Über lappische Pflanzen- und Tiernamen.)

J. Qvigstad und G. Sandberg, *Lappiske eventyr og sagn*. Christiania 1887.

J. M. Thiele, *Danmarks folkesagn*. København 1843.

S. Tromholt, *Under Nordlysets Straaler*. København 1889.

K. B. Wiklund, *Lapparnas sång og poesi*. Uppsala 1906.

INHALT

Die ältesten Berichte von den Lappen, die ein Lappe den andern erzählt hat

Das Bergvolk

Von der Fanglehre

Hier fängt die Erzählung von den Doktorkünsten der Lappen an

Geschichten und Sagen

Johan Turis ERZÄHLUNG VOM LEBEN DER LAPPEN, überliefert von Emilie Demant und aus dem Dänischen übersetzt von Mathilde Mann, ist im Mai 1992 als neunundachtzigster Band der ANDEREN BIBLIOTHEK im Eichborn Verlag, Frankfurt am Main, erschienen.

Die Erstausgabe dieses Buches wurde 1910 in Stockholm gedruckt und von der AB Nordiska Bokhandeln vertrieben. Sie trägt den Titel *En Bog om Lappernes Liv. Muittalus samid birra.* Af den svenske lap Johan Turi. Oversat og udgivet av Emilie Demant.

Die deutsche Übersetzung von Mathilde Mann erschien erstmals 1912 im Verlag der Literarischen Anstalt Rütten & Loening, Frankfurt am Main, unter dem Titel *Das Buch des Lappen Johan Turi;* sie wurde für die vorliegende Neuausgabe durchgesehen; die Ortsangaben wurden, soweit das möglich war, auf den heutigen Stand gebracht.

Sie sind am Ende der Lektüre einer ERFOLGSAUSGABE der ANDEREN BIBLIOTHEK angelangt. Diese ERFOLGSAUSGABE wurde auf modernen Produktionsanlagen hergestellt und unterscheidet sich deutlich vom Erstdruck.

Was ist die ANDERE BIBLIOTHEK?

Die ANDERE BIBLIOTHEK ist, wie die Frankfurter Allgemeine Zeitung schrieb, »eine Buchreihe, die ihresgleichen sucht«. In ihr erscheinen seit Anfang 1985 »ebenso gute wie schöne Bücher«, Monat für Monat ein Band; ausgewählt und herausgegeben von Hans Magnus Enzensberger unter dem Motto: »Wir drucken nur Bücher, die wir selber lesen möchten.«

In der ANDEREN BIBLIOTHEK wurden bedeutende literarische Entdeckungen wie der Roman »Die letzte Welt« von Christoph Ransmayr oder die Erzählungen »Fromme Lügen« von Irene Dische vorgestellt. Isaak Babels berühmte Erzählungen sind in der ANDEREN BIBLIOTHEK ebenso zu finden wie die frivolen »Blitzlichter« der Brüder Goncourt (in der brillanten Übersetzung von Anita Albus) oder Seumes »Spaziergang nach Syrakus im Jahre 1802«.

Die ANDERE BIBLIOTHEK ist längst auch zum Liebhaberobjekt für Sammler, Bibliophile und leidenschaftliche Leser geworden. Sie wird von Franz Greno kunstvoll ausgestattet und in der handwerklichen Tradition Gutenbergs nach den Regeln der »Schwarzen Kunst« in der Nördlinger Buchdruck-Werkstatt gedruckt. Jeder Band bietet individuelle Typographie. Es wird eigens für die ANDERE BIBLIOTHEK entwickeltes holz- und säurefreies Papier der Papierfabrik Niefern verwendet.

Jeder Band der ANDEREN BIBLIOTHEK wird im Buchdruckverfahren vom Original-Monotype Bleisatz auf der Condor-Schnellpresse gedruckt; wenn die Erstauflage fertiggestellt ist, wird der Bleisatz eingeschmolzen.

Die limitierte Buchdruck-Ausgabe der ANDEREN BIBLIOTHEK ist in zwei Varianten erhältlich:

1. Normalausgabe

Hiervon werden in der Regel zwischen acht- und zwölftausend Exemplare aufgelegt.

Ausstattung: Solider, schöner Einband mit eigens gefertigten Überzugspapieren, bewährter Fadenheftung, Lesebändchen, Rückenschild mit goldener, geprägter Schrift. Die Buchbindearbeiten besorgt G. Lachenmaier in Reutlingen.

2. Leder-Vorzugsausgabe

Die Leder-Vorzugsausgabe ist numeriert und auf 999 Exemplare limitiert.

Ausstattung: Flexibler Einband aus lindgrünem, rein pflanzlich gegerbtem, ostindischem Ziegenleder – von Hand ausgeführt bei G. Lachenmaier in Reutlingen. Fadenheftung, Lesebändchen, Rückenschild mit goldener, geprägter Schrift. Im Kolophon numeriert.